中論正義

——上册——

孫正德老師 著

ISBN 978-626-98256-4-6

目錄

蕭序

關於《中論》之眞實義，古來多被部派佛教聲聞凡夫論師之遺緒謬解錯說，而且在末法世代之二十世紀中，假借學術界文獻考證及註解之名義，廣爲宣揚，藉以混淆正法，令《中論》正法之弘揚被大量抵消，使令極多學人誤以爲《中論》之義即是部派佛教聲聞僧所說之理，步入歧途而不自知；乃至有人因此誤以爲佛法皆悉已知已證，成就大妄語業而猶沾沾自喜。爲救如是諸人等，重新註釋《中論》即有必要，而且不容寬緩，宜應盡速爲之，是故方有孫正德老師出而爲之，以救學術界及部派佛教聲聞凡夫僧之末法遺緒等人。

世尊早已預記：正法之消亡，不會猶如大船突然多載珍寶而沈沒，而是猶如漸漸多載世間仿冒珍寶然後漸漸沈沒；預示末法時代將有許多相似像法出現於人間，並混入《大藏經》中，長期不斷混淆正法，令正法的眞實義隱沒不彰，於是正法大船漸漸沈沒。明指末法時代學人不辨眞僞，正法說爲非法，非法說爲正法，正律說爲非律，非律說爲正律，於是學人廣被誤導之後，正法大船漸漸沈沒，皆坐未曾實證之凡夫僧廣造相似像法書籍所致，當知其罪深重，何況出而抵制正法者。

世尊如是之言，實謂末法時代學人於未證三乘菩提之前，不宜著書立說以言佛法義理及修證，否則皆有破壞正法之實，因相似像法必定以外道常見斷見等邪理混淆佛法，令正法被廣爲稀釋而不令學人得知故。若是聞見正法之時出而否定，如現時琅琊閣、張志成等人者，已非宣揚相似像法者，而是公然抵制正法者，但仍屬古天竺部派佛教諸聲聞僧之遺緒，並無創新之說，唯食釋印順邪見唾沫，於學術界而言殊無絲毫可取之處。

古德有謂：正人說邪法，邪法亦正；邪人說正法，正法亦邪。此謂已被邪見所染之學人自謂已悟或已證佛法，其實皆墮六十二種外道邪見中而不自知，所有正法被其解說之後皆變成邪法。猶如古天竺龍樹與其弟子提婆菩薩間的遺時議論，時弟子提婆戲謂龍樹曰：「若師父以六識論解說《中論》者，將立時加以破盡。」於是師徒以此爲戲，提婆隨即加以破盡。但若以八識論而對《中論》論述正理之時，即使論中的聲聞僧以六識論邪見發問之言，其問亦得成爲正見正理，無可反駁；是謂「正人說邪法，邪法亦正；邪人說正法，正法亦邪。」

然而不論任何時期，一切大師所說佛法之正訛，其差別唯在所依是正法之八識論或世俗法之六識論，無外於此。觀乎禪宗祖師一悟之後轉依成功，智慧即生，非唯所說皆合聖教，其自身所說亦成聖教，如諸菩薩。此謂實證法界眞相之菩薩，既已現見實相而依其現觀加以演說者，所說即成聖教量故，諸佛菩薩所說皆依現觀而說故；不可猶如張志成愚人竟要求實證者所說應依學術界未證之人士思惟臆度所說錯誤內容爲準，援引而說方符其意，實乃顚倒邪謬而不可救藥。

若不信此言，依憑自己閱讀佛經後的思惟臆想而造論者，皆將同於佛護、清辨、安慧、宗喀巴、阿底峽、寂天、釋印順之流，緣熟時必被善知識所破，猶如釋印順強勢一世，宣稱已經成佛之人，而終不敢面對平實評破其邪見書中所說而有所回應，被持續評破十餘年之後抑鬱以終。張志成者即是釋印順末流，而猶自以爲是，竟敢要求實證者必須依據釋印順邪見而推廣六識論常見外道法等，何有絲毫智慧可言。

玄奘大師乃地後菩薩，示現於人間時亦未依其證量完全示現，猶如舍利弗示現爲鳩摩羅什或克勤圓悟時，亦未依其證量完全示現，而以人類易於親近之證量而示現之；此謂隱其證量而示現如同凡夫，與 佛所預記之一切世間樂見離車童子，以七地滿心之證量而示現如同凡夫無異。眞欲修證大乘菩提之學人於此應知，莫觀其世間表相而錯失追隨善知識之機會。

綜觀三乘菩提，猶如平實於《阿含正義》書中及演繹諸經時所說，皆以八識立論，否則二乘菩提所證解脫果標的之無餘涅槃，於「不受後有」之後，必墮斷滅空而與斷見外道無異；若不依八識論正理而修證，大乘菩提之證悟亦必墮於常見外道境界中，不離各種不同層次的離念靈知或各類粗細意識境界，便與三乘菩提永遠絕緣。如是正理，若有學人於論議《中論》之時必先知之，然後求證第八識如來藏，悟後再閱《中論》之時，方得證明平實所說皆是誠實語，並無絲毫遮隱之處；此亦是對末法學人的肯切之言，謂所言已經指出佛法修證之唯一光明大道故。

如是簡言三乘菩提實證之大前提已，入法之道已經明言，謂一切學人欲讀《中論》而求得論中眞實義時，應當先讀此部《中論正義》，求證三乘菩提斯有可冀；即以爲序，用助此《中論正義》之梓行，以廣流通而助學人早得親證實相般若。

佛子　平實　謹序

二〇二一年季夏　於松柏山居

自序

《中論》的內容即是中觀之論頌，以實相般若的中道性論述「無有眞實體之五陰現象諸法，尙無有色體可得，何處當有常與無常，受想行識亦復如是」；以實相般若現觀色等諸法無有實體之生可得、是故亦無實體之滅可說，因此而說不生亦不滅、不斷亦不常、不一亦不異、不來亦不去，成就中道實相之觀行，簡稱中觀。然而色等五陰諸法現象上之無常、苦、空、無我並非眞實般若波羅蜜，世尊在《般若經》中指出，若所說皆是五陰的無常苦空、是我是無我、是清淨是不清淨，依此所說而修行般若，世尊說此等求五陰若常若無常、若我若無我、若淨若不淨者，皆是行有所得的相似般若波羅蜜多。因爲五陰諸法皆不離能取與所取，而般若空性是離於能取與所取的，因爲沒有能取性與所取性，故說爲以無性爲自性，不同於五陰諸法沒有實體、沒有自性的無自性；而五陰的無實體、無自性卻不能外於般若空性而有，謂蘊處界入等自性乃是般若空性之所支援而現行的自性，皆屬於空性如來藏，以空性含攝而非一非異，所以說若是單依止以五陰的無常苦空而說修行般若，即稱為相似般若，非真實般若故。

般若空性非五陰的無自性空，五陰的無自性空非般若空性，只有實證般若理體—自心如來藏—的菩薩，能夠依止於自心現量而有法眼與慧眼，可驗證經中 佛陀所說的空性與空相非一非異之真實義；空性乃是無能取與所取以及二取依緣而有之性，但是有二取所無之真實自性，因此稱為空性。而空性的相貌即是離有離無、離異離一，這就是空性的相貌故稱為空相；非三界有（離有）非斷滅空（離無），與所變生五陰諸法非一（離一）非異（離異），如是顯示其中道性，故說要依親證第八識如來藏而現起的真實般若方有中道性。此第八識空性由於永無變異故說為真如，真性常如無轉易故，由於無顛倒的義理而說為實際。真如實際之理體即是自心如來藏，五陰之無常苦空無我自性，僅是顯現空相之離有離無而已，因此不得離於自心如來而僅依五陰之無自性來論實相、說空性，五陰等空相無有實體與自性故，依據性空唯名的思想而說空花、或者影像、或者幻化之城而說有說無，皆是戲論故。

誤解般若正理而以五陰諸法之無常苦空無我等論述般若實相與空性者，於正法期末、像法期初即已存在，主要根源於小乘凡夫僧的部派佛教，在沒有實證阿羅漢、下至須陀洹解脫果，以及沒有建立正確如實的大乘法正知見，乃至不信受阿賴耶識即是涅槃本際的情況下，如同 世尊所破的以五陰無自性空的相似般若熾然而說，對眞實般若生起邪想而有諸多異見於各部派流傳，乃至出而與菩薩諍論不已。相似般若即是相似像法，世尊說相似像法出現於世間將導致正法滅沒，具有般若實相智慧乃至道種智的菩薩，爲了護持正法久住於世間，皆會針對相似般若、相似像法進行摧邪顯正；部派佛教諸聲聞凡夫僧不服指正，出而相爭，於是成爲空有之爭。立此空有之爭的人即是學術界人士，都是繼承部派佛教假中觀思想者，妄將實證空性的菩薩誣爲執著於三界有的人。龍樹菩薩與提婆菩薩師資[1]於像法期初，值遇相似般若瀰漫於佛教界，爲了破斥相似般若所僞說的空性，於是造作了《中論》與其後所著

1【師資】師徒、師弟（師父與弟子）之意。《翻譯名義集》卷一：「天台云：『師有匠成之能，學者具資稟之德，資則捨父從師，敬師如父；師之謙讓，處資如弟。』……南山云：『佛法增益廣大，實由師資相攝，互相敦遇，財法兩濟，日益業深，行久德固，皆賴此矣。……』」《大正藏》冊五十四，頁 1072，上 26-中 5。

的論典，於《中論》中除了辨正論述眞僞，也將問難者所說之邪見一併列入偈頌中；如果沒有眞實般若之擇法眼者，多數誤會該邪見爲《中論》之正見而予以引用，而如是錯會之學人多爲《中論》所破斥相似般若之隨學者。

如釋印順在其《中觀論頌講記》頁二十七中說到：【**本論名爲中觀，而重心在開示一切法空的觀門，明一切法「不生不滅」等自性不可得。**】釋印順認爲只要存著「一切法有不生不滅性」之見解者，即是自性見，說《中論》就是在破此自性見；而《中論》一開始即是以不生亦不滅、不常亦不斷之般若空性眞實義禮敬如來，如果說「一切法不生不滅」不可得，又如何有不生亦不滅呢？釋印順很明確的否定有眞實如來藏，認爲如來藏心體的不生不滅即是自性見、即是外道神我見；因此，釋印順所說的「空」僅能緣於五陰諸法的無常苦空，如是而說常與無常、我與無我、淨與不淨，世尊說此等即是相似般若而非眞實般若。

釋印順所依據的皆是小乘部派佛教諸凡夫僧流傳下來的相似般若，乃至是否定大乘而主張「大乘非佛說」者，充滿著斷常見與邪見，正是龍樹菩薩於論中多處所破斥之對象。因爲釋印順不知道：五陰等一切法沒有眞實體與自性，皆爲如來藏藉緣所變生幻化者，故說沒有眞實體的生也沒有眞實體的滅，如是依空性而說不生亦不滅；然而空性的理體「自心如來」雖然能生蘊處界入等世間法，而其自住境界係人我空、法我空故，離諸語言道、離諸戲論、寂滅寂靜，無有一法可得故，如是而說空性心如來藏的自住境界有爲亦無、無爲亦無，亦無不生不滅、不來不去等中道性，指的乃是自心如來迥無一法的無餘涅槃。釋印順不知不解《中論》所論述的重點是眞實般若的空性與空相，墮在中道心如來藏所生的蘊處界入等現象界諸法中，以其相似般若的邪見貪緣實相界的眞實般若，所產生的過失必然逃不過有正法眼目者之檢點；平實導師於諸多著作中已經針對釋印順的邪見作了諸多的針砭，每一冊書出版時也都有寄給他，令其十餘年中不能置一詞以辯，即是一個明顯的實例。

平實導師曾經說過，《中論》所有的論頌，包含外道質疑的偈頌在內，運用正確的空性義理予以解釋都能通，因爲般若實相中道的智慧本來就能夠含攝兩邊而不墮於兩邊；若依六識論而作解釋時，即使龍樹的答偈亦會解釋錯誤。屬於常邊或者斷邊的邪見，若從般若實相的眞義予以論述時必能收攝之，就好像世間萬法（包括三惡道之法），沒有一法能夠脫離如來藏而得以存在、成立。猶如 世尊在《實相般若波羅蜜經》中說到：「貪無戲論性，瞋無戲論性，癡無戲論性；何以故？一切法無戲論性故。一切法無戲論性，即般若波羅蜜無戲論性。」此中 世尊所說的，即是現象界中的貪瞋癡等現起，都不離般若波羅蜜的實相空性故，平實導師所說的亦是同樣道理。

筆者的任務是要正確的申論《中論》的正義，因此多著墨於論頌問答的背景因素，邪見之內容、為何有該邪見，論主所作之破斥論述辨正，以及顯說空性的理體自心如來藏諸多面向作為補充。由於這樣的緣故，本書分為十個章節，首先從史實著手探究《中論》寫作的背景，以期能讓讀者更加明白論頌中所出現問答之緣由；接著第二章對阿賴耶識略作論述，因為小乘部派佛教以及六識論者對空性阿賴耶識存在著諸多偏見與誤解，而阿賴耶識即是般若空性理體如來藏，所以有必要加以說明。第三章開始，針對總共二十七品五百偈的論頌，為了標出《中論》正說的面向，筆者建立了以下項目：

以中道實性論述一切法無生（第一品到第二品）、以中觀論述五陰十八界之體性（第三品到第六品）、以中觀論述五陰十八界無生空相之理（第七品到第十一品）、以中觀論述五陰無自性空相（第十二品到第十五品）、以中觀論述一切法之無生唯心所現（第十六品到第十八品）、論述中道實相無生即是法身如來（第十九品到第二十二品）、以實相論述賢聖法的修道與涅槃的實證（第二十三品到第二十六品）、於五陰計有眞實我之邪見（第二十七品）等八個項目，分別於八個章節中分析說明論頌之眞實義。從八個項目中也可以概略看出，以相似般若而說的相似像法，影響了佛教徒對全面佛法正知見的建立與修證，擴大了相似像法及附佛外道攫取佛教資源的生存空間，令正法的弘揚橫受擠壓而逐漸消滅，是故對其評論分析與破斥必須牽涉到相關的議題，否則彼等邪見難斷、信根難增長也。

本書的撰寫，最原始的因緣乃是二〇〇三年正覺同修會法難的退轉事件，當時退轉者乃是因為信受了釋印順六識論的緣起性空而誤解了《中論》，認為找到阿賴耶識時並不是開悟，主張「阿賴耶識是可滅的有為法；應當以離於語言文字的覺知心領受五陰諸法無自性空，如是方為證眞如」。如是佛法即成為思想而非實證，當時筆者覺得《中論》必須予以正確解釋，著手整理相關的資料時，發現到藏密應成派中觀嚴重曲解《中論》而打著龍樹菩薩中論法脈繼承者的旗號，全面性的入侵佛教，以佛教名相包裹著其邪淫的雙身修法而暗度陳倉，後來並創立了實修雙身法的金剛乘而主張其超越佛教正統的三乘菩提。因此，筆者以所搜集到的資料先行撰寫了《中觀金鑑》，至於《中論》本文的釋論則於之後方陸續著手撰寫。

後於二〇一九年中，有推崇釋印順六識論以及學術研究的退轉者，認為佛法的修證應依止學術研究的結論而非親證者的現量，結合了會外原本反對正覺同修會的六識論隨學者，在網路上化名為琅琊閣，同於二〇〇三年退轉者以相似般若曲解《中論》而重蹈覆轍，並且引用了諸多未實證佛法之學術研究者取材錯誤所得的文獻紀錄，以支撐其相似般若的邪思維，撰寫文章毀謗　平實導師所弘傳的如來藏正法。從此處也可以管窺為何　世尊說「相似佛法出現於世間，則將使正法滅沒」的道理了。

於末法時期難得有眞實善知識——平實導師出世宣揚　世尊的一佛乘如來藏法寶，筆者有幸於　導師座下聽聞熏習與修學實證超過二十五年，依止於　導師無私無我所傳授的一佛乘全面性法寶，不離如來藏一味眞如而滋長對大乘法的善根，以不退於十住位為前提而進入十行位繼續修學實相般若，得到　佛菩薩與　導師的教導與護念，方得有些許能力完成《中論》之釋論。反觀入寶山卻空手而回之退轉者，由於未具足對大乘法之信，同時彼等被誤導之相似般若邪見堅固難壞故，於正法不能信受而有所退轉實屬正常；然而爲了護念在正法中修學的菩薩能夠信解眞實般若，長養信等五善根而於正法中得到安隱的助力，期能福慧增長、早證佛菩提，得到今世利、後世利的大善果報，《中論》正義的闡釋即有必要；於今完稿，特於此說明因緣以爲序。

菩薩戒子 **孫正德** 謹序

二〇二一年季夏於正覺講堂

第一章　《中論》背景探究

第一節　《中論》作者簡介

龍樹菩薩之「**龍樹**」名稱，梵文爲 Nāgārjuna，梵文音譯爲那伽曷樹那（或者那伽闕剌樹那），「那伽」等同於漢語龍或者象的意思，姚秦時期鳩摩羅什將那伽曷樹那翻譯爲**龍樹**，所採取的除了以「那伽」爲龍的意思以外，並以龍王成就其道，配以其在樹下出生，字阿周陀那（樹名叫作阿周陀那），而翻譯爲龍樹[2]。唐朝時期玄奘師資翻譯爲龍猛，乃是單純將梵語那伽曷樹那意譯爲漢語龍猛[3]；另有元魏時期瞿曇般若流支

2《龍樹菩薩傳》，《大正藏》冊五十，頁 185，中 4-5。
3《大唐西域記》卷八，《大正藏》冊五十一，頁 912，下 17-18。

翻譯無著菩薩所著《順中論》，將《中論》之作者翻譯爲龍勝[4]。翻譯雖不同，所指卻是同一人，本書將採用「龍樹」之翻譯，因爲一般使用率較高，以利共識故。

根據《佛祖歷代通載》所記載[5]，龍樹菩薩出生於西天竺，於迦毘摩羅（或作「毘羅」）尊者處得法後，到南印度弘法，禪宗尊爲西天第十四祖，此時期約於世尊示滅後第七個百年。龍樹菩薩座下有眾多弟子，其中有被尊爲禪宗西天十五祖之提婆菩薩；提婆菩薩因布施左眼而缺一眼的緣故，又被稱爲迦那提婆；「提婆」梵文爲 Deva（又稱 Āryadeva 聖提婆），等同於漢語「天」的意思，故又被稱爲聖天菩薩。除了提婆菩薩以外，根據藏人多羅那他所著《印度佛教史》的記載[6]，龍樹菩薩座下除了提婆菩薩以妙智論辨降伏外道以外，另有一位弟子名爲如來賢，梵文爲 Tathāgatabhadra，又稱爲龍召，寫了《如來藏贊》的論典，當時之男女小孩等甚至把其中之偈頌當作歌曲而唱頌，如是宣揚如來藏法而使之流傳於世。

---

4 《順中論》，《大正藏》冊三十，頁 39，下 10-11。

5 《佛祖歷代通載》卷四，《大正藏》冊四十九，頁 503，上 22-23。

6 多羅那他著，張建木譯，《印度佛教史》第十七章，四川民族出版社，頁 98-99。

龍樹菩薩住世期間與壽量，根據《大唐西域記》的記載：「龍猛菩薩善閑藥術，**餐餌養生，壽年數百志貌不衰。**」[7]於《佛祖歷代通載》之記載[8]，世尊入滅三百年以後，即附註此時之後，將有龍猛菩薩造《中論》等破除有見；又再於世尊示滅七百年時記載，十四祖龍樹尊者付法予提婆菩薩之事蹟。另於鳩摩羅什所譯《龍樹菩薩傳》中記載[9]，稱龍樹菩薩爲第十三祖，三百餘年任持佛法。依據以上書中之記載，龍樹菩薩於天竺實際之壽量最少兩三百年，比較可以明確指出的部分，應當是約於世尊示滅後第七個百年前後，龍樹菩薩偕同弟子提婆菩薩摧邪顯正、破有無見，廣弘大乘佛法，如世尊於《楞伽經》中預先之授記。

龍樹菩薩之著作，依據鳩摩羅什所譯《龍樹菩薩傳》之記載，有摧伏外道、廣明大乘而作《優婆提舍》（或稱爲優波提舍，此爲梵文 Upadeśa 音譯，乃是「論」之義，即分別廣說而辯其相貌）十萬偈、《莊嚴佛道論》五千偈、《大慈方便論》五千偈、《無畏論》十

7《大唐西域記》卷十，《大正藏》冊五十一，頁 929，中 21-22。

8《佛祖歷代通載》卷三、四，《大正藏》冊四十九，頁 499，上 26；頁 502，下 13；頁 503，上 22-中 16。

9《龍樹菩薩傳》，《大正藏》冊五十，頁 186，下 5。

萬偈，《中論》即出於《無畏論》中[10]。依據《開元釋教錄》、《大唐內典錄》、《貞元新訂釋教目錄》等之記載，於姚秦時期所翻譯出來的有《大智度論》一百卷、《中論》四卷、《十二門論》一卷、《十住毘婆沙論》十四卷，元魏時期所翻譯出來的有《迴諍論》一卷、《壹輸盧迦論》一卷等論著。關於《大智度論》，又稱爲《摩訶般若波羅蜜經釋論》；根據鳩摩羅什座下弟子釋僧叡撰寫《大智度論》之序中所說，論之略本有十萬偈，一偈有三十二字，共有三百二十萬言；鳩摩羅什法師以秦人（姚秦時期之人）好簡之故，翻譯時將原論裁而略之而成爲一百卷；若完備的翻譯原論，則有將近千餘卷之數量[11]。《大智度論》之原論到底是《優婆提舍》十萬偈，或者是《無畏論》十萬偈？翻譯者鳩摩羅什與釋僧叡並未詳細指陳。有古德稱《大智度論》即是《無畏論》，此說應予保留，無明確資料可以證明故。然而從《大智度論》卷一、十九、二十五、三十八中，皆提到「**如《中論》中偈說**」、「**《中論》中亦說**」等語句，以及於《十二門論》亦提到「**《中論》中已說**」、「**如《中論》中說**」如是語句，顯然已呈現《中論》

10《龍樹菩薩傳》，《大正藏》冊五十，頁 186，中 8-12。

11《大智度論》卷一，《大正藏》冊二十五，頁 57，中 9-24。

必然於《大智度論》及《十二門論》之前已經完成之跡象，故若說《中論》是出於《無畏論》中，則《大智度論》之原論是否為《無畏論》？尚待考證。

第二節　略說龍樹菩薩造《中論》之佛教史實

第一目　大天五事破和合眾

世尊於天竺示滅，七葉巖中雖有界內界外[12]二部結集，然百年中，由大迦葉等聲聞法諸聖弟子以及彌勒、文殊等菩薩任持佛法，修學解脫道及佛道之人，於經律論諸聖言教，理解情見上無有不同，是故人無異部、法無別執，一味和合、正教不虧。於世尊示滅後百餘年，有一商船主之子，梵文音譯名為摩訶提婆，漢語譯為大天；因與母發生淫亂而犯了殺父、殺阿羅漢及殺母之無間地獄罪，後深生憂悔，欲尋求滅罪，

[12] 七葉巖內、七葉巖外，稱為界內、界外；七葉巖或名七葉窟。界內五百結集為四阿含諸經，界外千人大結集為大乘諸經。

聽聞沙門釋子有滅罪法，即到一比丘所，殷勤固請、求度出家；此比丘僅見其殷勤固請而未經審問遮難，即度大天出家。此大天極為聰慧，出家不久即能誦持三藏文義，言詞清晰又善能化導，大天亦向人聲稱己為阿羅漢，因此於當時所住之波吒釐城百姓無不歸依之、仰慕之；當時之國王為無憂王（亦即阿育王），尚無能力區分凡聖，聽聞大天頗受城中百姓歸仰，即數次召請大天入宮予以恭敬供養。此後大天出於王宮住在僧伽藍中時，不正思惟而於夢中流失不淨。大天令弟子洗濯污衣，弟子問大天：「阿羅漢者乃是諸漏已盡，為何師父還會有漏失不淨之事發生？」大天告訴其弟子：「這是受到天魔所嬈，是屬於不淨漏失，猶如便利涕唾一般，阿羅漢亦不能免；這不屬於煩惱漏失，你不應於此感到疑怪。」這是大天所起的第一個惡見。

大天為令弟子歡喜親附，矯設方便而次第為弟子記別初果乃至阿羅漢等四種沙門果。被記別之弟子問大天：「阿羅漢應有證智，為何我自己都不知此實證的智慧呢？」大天告訴其弟子：「阿羅漢亦有無知，雖然已沒有染污的無知，但卻還有不染污的無知，所以你們不能自知此實證的智慧；不應對自己沒有信心。」這是大天所起的第二個惡見。

被記別爲阿羅漢的弟子又問大天：「曾經聽聞證阿羅漢之聖者已經斷除了疑惑，爲何我們對於諦實之法還存有疑惑？」大天告訴其弟子：「阿羅漢亦有疑惑，雖然已斷了隨眠性疑，但是於『處、非處』疑未斷；辟支佛於此尚未能斷，你們聲聞於諦實之法當然還有疑惑，但也不要自輕。」這是大天所起的第三個惡見。

之後大天的弟子們翻閱經典，得知阿羅漢有聖慧眼、於自身之解脫能夠自己證知，於是再問大天：「我們若是阿羅漢，應當能夠自己證知，爲何僅能由師父來印證我們入於阿羅漢果，卻沒有現前的智慧可以自己證知眞是阿羅漢？」大天告訴其弟子：「也有阿羅漢但由他入而不能自知，如舍利子（舍利弗）智慧第一、大目揵連神通第一，若不是佛予以記別，他們都不知道自己已證阿羅漢，更何況由他人而入者如何能自了？不應於此窮於詰問。」這是大天所起的第四個惡見。

大天雖如是造作諸多惡見誤導學人，尚自能思惟罪業深重，對於將來可能受到之劇苦果報亦深感憂感，於中夜思惟至此而數唱：「苦哉！苦哉！」其近住弟子聽聞以後，早晨起來參問大天：「昨夜爲何唱言苦哉？」大天答其弟子：「我乃召呼聖道，若不至誠，聖道終不現起。」這是大天所起的第五個惡見。

之後，大天集其所說五惡見事，而作成頌偈：「**餘所誘無知，猶豫他令入，道因聲故起，是名眞佛教。**」漸漸的上座比丘都捨報以後，某個十五日的夜晚，輪到大天主持布薩說戒，大天便自誦所造之頌偈；當時眾中多聞、持戒、修靜慮之有學、無學皆感驚訝而訶責之，並翻大天所造之頌成爲：「**餘所誘無知，猶豫他令入，道因聲故起，汝言非佛教。**」該布薩之夜，爲此事而整夜互相指責鬥諍。到天亮時，大天徒眾及多聞持戒修靜慮之有學無學眾，兩造相諍越來越盛而不能止息。後來無憂王亦來相勸，對於兩造各自所誦雖生疑而不能撿擇孰是孰非；當時無憂王無有能力區分凡聖，竟聽信大天之言：「應依多人語而滅諍。」於是無憂王令持兩種見解之僧眾各別分住，當時多聞持戒等賢聖朋眾耆年雖多而僧數少，大天朋眾耆年雖少而人數多，無憂王遂從多，依大天眾。後隨著各持之異見遂分成二部：一上座部，即是賢聖朋眾僧數較少者；二大眾部，即是大天朋眾人數較多者[13]。

由於賢聖眾不許大天五惡見事，出現了**人有異諍**、**法有異說**之事，破一和合而分

---

13 a. 大天五事破僧之史實，請參閱世友菩薩所造，窺基菩薩所記之《異部宗輪論述記》，《卍新纂續藏經》冊五十三，第八四四號經。
b. 《阿毘達摩大毘婆沙論》卷九十九，《大正藏》冊二十七，頁 510-512。

部；此時之分部，與世尊示滅後七葉巖結集之分部，名稱雖相同，而實質之意涵卻迥然不同，此後聲聞僧眾破根本法之諍來自於大天之惡見故。之後，承襲大天五惡見事之大眾部，由於凡多聖少，因此到了世尊示滅後將近二百年中，持續諸多乖諍而使和合僧眾再破和合，從大眾部再分出一說部、說出世部、雞胤部、多聞部、說假部等部派，仍屬於聲聞解脫道分裂之部派，並非從大乘佛教菩薩眾中分裂出來。

到了世尊示滅後滿二百年，當時摩揭陀國之王臣權貴及百姓唯奉事沙門而不尊崇外道，外道因貧於四事供養而私自剃髮成沙門出家之形，進入聲聞法大眾部僧團中，成為賊住比丘[14]；其中有一出家外道也叫作大天（與前一百年五事破和合眾之大天同名，為區別故，下文以外道大天稱之），乃是彼賊住比丘之首，多聞博學而受持三藏、能善說法，遂使聲聞佛教凡聖同流，眞沙門與假沙門合雜而處。此事被已具佛法知見、懂得分別凡聖之國王阿育王（即無憂王）知道以後，雖然將諸多外道假沙門逐出僧團，然而以外道大天為首之賊住外道尚有數百朋黨極盛，若強制予以剪除，恐怕他們破壞佛法，因此國王另造僧伽藍以安置外道大天為首之眞偽合雜僧眾，此即由大眾部再破和合僧

[14]【賊住比丘】指為得利養活命或為竊盜佛法，剃除鬚髮、被著袈裟，自言「我是比丘」，住於僧團之中。

而出制多山部。之後制多山部又因重新商議先前之大天五事而產生可或不可之乖諍，因此又分破和合僧而成制多山部、西山住部、北山住部[15]。

於世尊示滅後二百年內，聲聞大眾部因於異諍已經分破爲多部，而上座部雖僧數較少，但僧團中聖多凡少，於這二百年內皆是先弘傳經藏，後弘傳律藏及論藏（亦即對法藏），如是法同一味無有異諍而共和合。進入世尊滅後第三個百年之初時，迦多衍尼子（梵文 Kātyāyanī-putra 之音譯，或譯爲迦旃延尼子，或譯爲迦旃延子。迦旃延 Kātyāyana 是姓，尼者是女，意即其母姓迦旃延，是迦旃延之子的意思）出世，之後在上座部出家，此迦旃延尼子先弘對法，後弘經藏，乖離了上座部原先之宗旨，上座部內部因此鬥諍紛紜而分破。上座部專弘經藏之僧眾所說，後來被多弘對法者所伏而氣勢漸弱，專弘對法者聲勢較強，故據於舊處改名爲說一切有部（梵文爲 Sarvāstika，音譯爲薩婆多，薩婆多即是漢語「一切有」之義，故說一切有部即是薩婆多部，或又稱爲說因部），而專弘經藏僧眾移居於雪山而稱爲雪山部。

---

15 a. 請參閱世友菩薩所造，窺基菩薩所記之《異部宗輪論述記》，《卍新纂續藏經》冊五十三，第八四四號經。

b. 《善見律毘婆沙》卷二，《大正藏》冊二十四，頁 682。

之後，於此第三個百年中，從說一切有部又流出一部名犢子部，次後又從犢子部流出法上部、賢冑部、正量部、密林山部等四部；次後又從說一切有部流出一部名化地部，次後由化地部又流出一部名法藏部；至此第三個百年末，從說一切有部又出一部名飲光部（亦名善歲部）；至第四個百年初，從說一切有部又分出一部名經量部（亦名說轉部）。如是，上座部亦因隨情執理而分破成多部[16]。

第二目　大乘之諍

商船主之子摩訶提婆（大天），於佛門出家以後，引生五事破和合眾。大天其人聰明多智，能誦持三藏文義，並讀誦大乘經典。大乘經中說：「阿羅漢、辟支佛有餘過，非第一清淨，言得涅槃者是佛方便。……阿羅漢、辟支佛、最後身菩薩，為無明住地之所覆障故，於彼彼法不知不覺。」[17]、「阿羅漢雖盡諸漏脫煩惱障，應知尚有所

---

16 請參閱世友菩薩所造，窺基菩薩所記之《異部宗輪論述記》，《卍新纂續藏經》冊五十三，第八四四號經。

17 《勝鬘師子吼一乘大方便方廣經》，《大正藏》冊十二，頁 219，下 14-頁 220，上 27。

知障攝無明隨縛。」[18]乃是從究竟圓滿解脫分段生死與變易生死之佛道而言，《勝鬘經》中亦如是說。據此等經中所說，阿羅漢未實證涅槃實際如來藏故，尚有所知障所攝之無始無明未斷，尚於無始無明住地之煩惱不知不覺，如來藏所執藏之種子未究竟清淨故，說阿羅漢還有過失。而大天既未破除無始無明、實證如來藏之所在，亦未證得阿羅漢果，以其善於運用言詞化導他人而受到恭敬供養之因緣，遂自稱為阿羅漢，同時為令座下弟子歡喜親附，自行施設方便而次第記別其弟子得四種沙門果。於自身煩惱現行時，或者遭受到弟子質疑沒有真實得到智慧以及解脫之功德受用時，大天以其不解大乘經義之身分而濫引大乘經典之文句，緣於不守清淨戒而不實推求，妄言阿羅漢尚有不淨漏失；緣於自身未實證阿羅漢果之染污無知，而說阿羅漢於自解脫亦有不染污無知[19]，假借不染污無知為名義，不當援引而以邪見撥無阿羅漢之無漏智見；緣於自身未經無漏道斷除疑惑而實證阿羅漢果，說阿羅漢尚有疑惑，撥無阿羅漢自解

[18]《分別緣起初勝法門經》卷下，《大正藏》冊十六，頁 842，下 11-12。

[19] 染污無知指的是一念無明，不染污無知指的是無始無明。阿羅漢斷盡一念無明所含攝的我見與我執煩惱、證解脫果，但是沒有破除無始無明、親證涅槃本際如來藏，所以阿羅漢本來就對大乘法的般若實相智慧有不染污的無知存在。

脫之無漏道；緣於自身未經他度，未自實證解脫，說「阿羅漢可以不需自己實修除障、修背捨，但由他即能得度（由他人指引即可次第入阿羅漢果）」，以邪見而毀謗聖道；緣於自身未實修滅苦聖道，說聖道之現起是由至誠說苦之言語能召令起。

大天如是緣於其濫引大乘經文而曲解附會於聲聞法之果證中，於聲聞法阿羅漢解脫道不實推求，生起了不實分別所得之破僧眾五事而造惡偈：「**餘所誘無知，猶豫他令入，道因聲故起，是名眞佛教。**」大天將這五事安置於佛戒之後，於僧團布薩時誦出，引起了兩部之諍，於阿羅漢是否有無明、是否有疑等，各執其是或非是，因而分成大眾部與上座部二部。親附於大天之僧眾所成之大眾部，除了誦持阿含部的經律論三藏以外，因於大天領眾而樂援引大乘經句作爲根據，故大眾部亦誦持大乘經，然本質仍屬聲聞法部眾；若是經由大天師資嫡系流傳者，應當都是沒有實證阿羅漢果者。因此大眾部與上座部，除了因於大天五事而分部異執以外，大眾部雖常貪緣大乘經教，但以未親證如來藏，不知生死與涅槃不二，不知皆是緣於如來藏而假名施設生死與涅槃，故大眾部另執之生死涅槃皆是假名而無實義。上座部實證阿羅漢果之聖眾，雖已證阿羅漢果，然亦由於未親證涅槃之實際即是本來不生之如來藏，故上座部聖眾固執生死與涅槃皆是真實。

大天為首之大眾部，由於不知阿含部是講解現象界諸法的緣生緣滅，亦不知大乘諸經是講實相法界的境界，故將《華嚴》、《般若》等大乘經句雜於阿含三藏中而說，當時亦有信者與不信者；不信者認為唯有第一次結集阿含三藏時，由阿難尊者、優波離尊者等所誦出之經、律、雜三藏可信，於此三藏外，諸大乘經皆不可信。有信大乘者，認為當時尚有親聞佛說大乘法之菩薩們存在，因此可信；從自身思量大乘道理亦認知應有大乘，否則聲聞解脫道所證涅槃應歸於斷滅，或「則阿羅漢即應是佛，即不該所有阿羅漢仍非是佛」，因此認為大乘經教可信；亦信其師所說，是故可信[20]。由於信大乘與不信大乘者之諍，因此又從大眾部分成三部，其中一說部主張生死涅槃皆無實體，但有假名；而說出世部主張世間法但有假名，皆無實體，出世之法皆是實有；雞胤部則主張對法藏論是實教，而經、律是佛之權宜方便教，故唯弘對法論，不弘經、律[21]。

20《三論玄義》，《大正藏》冊四十五，頁 8，下 18-25。

21 請參閱世友菩薩所造，窺基菩薩所記之《異部宗輪論述記》，《卍新纂續藏經》冊五十三，第八

大眾部所分出之部派，包括一說部、出世說部、灰山住部（亦即雞胤部）、多聞部、分別說部（亦即說假部）等，皆將大天五事計為所執[22]，意即大天為首之大眾部所分破之部派皆認同大天所起之五事，顯示出該部派僧眾皆未實證阿羅漢果，亦多數未親證「生死涅槃不二」所依之如來藏。不能眞實了知：「生死與涅槃皆是假名而說」之基礎，乃是以親證本來不生之如來藏所得之大乘無生智，現觀如來藏所生之五蘊有生死，此生與死皆由如來藏假借因緣聚散幻化而說，如來藏於生與死之現象中仍無生死；如來藏本自無生死故稱為涅槃，五蘊滅後獨存如來藏無生無死故名涅槃，故以如來藏自住之無生死假說生死之因、假說生死苦滅了為涅槃。因此，以計執大天五事為見地之部派，若離大乘經而說，必定無法如理而說「生死與涅槃皆是假名而說」之眞實理，於是必須代代改進而有演變，即是學術界所說佛教法義的弘傳不斷演變的事，但無關於大乘法的弘傳；又講經弘法者自身未能眞實證得解脫果，縱然聰明多智、善於言說，若自稱已證阿羅漢果，卻無阿羅漢自解脫之無漏智慧與清淨功德，即導致他人不信大

[22]《部執異論》，《大正藏》冊四十九，頁 20，上 27-中 2。四四號經。

乘經，此應是因於大天五事分破僧眾所造成他人不信大乘的關鍵。然而從聲聞上座部分部之各部派，不論後來是否有援引或弘揚大乘經教，本質仍屬聲聞部派，無關大乘菩薩們之法教弘揚前後一貫。

聲聞上座部乃是因於不認同大天五事而與大眾部分破為二部，後時上座部內部亦出現行彼大天五事之執，有不許者因此生起了乖諍而再分部，同時亦因於迦旃延尼子著重於對法藏論之弘傳，因此與上座部以弘經藏為上首之宗旨相違背，以迦旃延尼子為首者則分立出為說一切有部（亦稱薩婆多部），原上座部分立以後稱為雪山部。

迦旃延尼子廣為搜集一切人、天、諸龍、夜叉等所曾聽聞佛所說阿毘達磨，若略若廣乃至一句一偈之所得，共諸阿羅漢與菩薩簡擇其義，製造《阿毘達磨八揵度論》[23]，後亦造毘婆沙[24]釋之，稱為《阿毘達磨大毘婆沙論》（唐朝時期玄奘菩薩師資所翻譯，有

---

23 即《阿毘曇八犍度論》。【阿毘達磨】abhidharma，又譯作阿毘曇。意譯為對法、大法、論。【犍度】skandha，又譯作揵度、乾度。意指蘊、聚、結。可為論中分別篇章之名，一犍度即一篇或一章、一品、一節之義。

24【毘婆沙】vibhāṣā，又譯作鞞婆沙。意譯為廣解、廣說、勝說、種種說。註釋「經」者，多稱為優婆提舍；而註釋「律」或「論」者，通常稱為毘婆沙。

二百卷，完整函蓋八揵度之論文。北涼時期天竺沙門浮陀跋摩與漢人釋道泰共同翻譯之《阿毘曇毘婆沙論》，當時適值南北朝戰亂，之後北涼被滅，零亂中僅收拾了六十卷，唯有函蓋「雜、使、智」三揵度之論文）。迦旃延尼子所造之八揵度論，主要分為：一、業揵度，辨明身口意三業之善惡因果。二、使揵度，辨明八百煩惱法相。三、智揵度，辨明聲聞十智之內容。四、定揵度，辨明八種定乃至心解脫。五、根揵度，辨明二十二根性。六、大揵度，辨明四大與色解脫。七、見揵度，破六十二外道見。八、雜揵度，十二因緣法等前七項所未含攝者。說一切有部諸師多弘此《阿毘達磨大毘婆沙論》者，即稱為毘婆沙師；於迦旃延尼子出世後三百年，世親菩薩（由梵文 Vasubamdhu〔或作 Vasubandhu〕直接音譯則為婆藪盤豆或筏蘇槃豆，世親乃是漢語之義，亦有翻譯為天親者）於聲聞部派中的說一切有部出家，故當時所學還是小乘，勤學毘婆沙義而通達，並為眾人講解毘婆沙義，一日講畢即造一偈，攝一日所說義；後次第造六百餘偈含攝毘婆沙義，而無人能破，此即是後來集成的《俱舍論偈》。迦旃延尼子諸弟子毘婆沙師不能解《俱舍論》諸偈之深意，乞求世親聖僧為彼作長行解釋偈義，世親因此廣為闡述一切有部所執之義，於偏頗之處舉出過失，並以經中之義予以辨正，所成之論即是《阿毘達磨俱舍論》（玄奘菩薩所翻譯。真諦三藏所翻譯名為《阿毘達磨俱舍釋論》），毘婆沙師閱讀以後才發現到彼等所執之義，已被世親所破而苦惱不堪。[25]

世親當時遍通大眾部所分裂諸部及上座部所分裂諸部所執之義，能妙解小乘；但是當時仍執於小乘而不信大乘，說摩訶衍非是佛說（意即大乘非佛說），世親之兄長無著菩薩見其弟聰明過人、識解深廣，唯恐其弟造論破壞大乘；即以身疾爲由，召其弟與之相見，無著菩薩乃告其弟：「汝不信大乘、恆生毀謗，以此惡業必永淪惡道，我今愁苦、命將不全。」世親聽聞而心生驚懼，即請其兄爲其解說大乘，無著菩薩爲其弟略說大乘要義，以世親之聰慧，隨即悟知大乘之理確實過於小乘，即隨其兄遍學大乘義。之後隨於無著菩薩所解而能通達，能明確思惟世尊前後所轉法輪悉與理相應，無有乖悖；若無大乘則無三乘道果，對於昔日毀謗大乘，於大乘不生信樂之罪業感到恐懼。此時世親菩薩深自咎責，欲悔先前之過，乃到無著菩薩面前懺悔，並欲割去舌頭以謝無根毀謗大乘之重罪；無著菩薩勸世親菩薩：「汝應以舌善加解說大乘，以此爲滅罪方便，更勝於割千舌。」之後，世親菩薩開始造作大乘論，善說大乘法要，諸如釋義無著菩薩所造《攝大乘論》之《攝大乘論釋》，以及《辯中邊論》、《唯識三十

25《婆藪槃豆法師傳》，《大正藏》冊五十，頁 190，中 5-18。

論頌》等，後來成爲千部論師，[26] 鄰於初地。

迦旃延尼子所造《阿毘達磨大毘婆沙論》中，對於「如何是菩薩」所作之申論與釋義，龍樹菩薩於《大智度論》中記錄與迦旃延尼子弟子眾之問答，評論說一切有部僅信彼毘婆沙之論而不信受大乘經中佛所說之語，以及由於不知諸法實相而不如法釋義「如何是菩薩」所產生之過失。以下先舉示《阿毘達磨大毘婆沙論》卷一七六中相關之論文，後引龍樹菩薩《大智度論》之評論予以證實。

> 復次，爲斷實非菩薩，起菩薩增上慢故，而作斯論。所以者何？有諸有情，以一食施，或以一衣或一住處，乃至或以一楊枝施，或受持一戒，或誦一伽他，或一攝心觀不淨等，便師子吼作如是言：「我因此故定當作佛。」爲斷如是增上慢故，顯雖經於三無數劫具修種種難行苦行，若未修習妙相業者，猶未應言我是菩薩，況彼極劣增上慢者。是故菩薩乃至初無數劫滿時，雖具修種種難行苦行，而未能決定自知作佛；第二無數劫滿時，雖能決定自知作佛，而猶未敢發無畏言我當作佛；第三無數劫滿已修妙相業時，亦決定知我當作佛，亦發無畏師子吼言：「我

26《婆藪槃豆法師傳》，《大正藏》冊五十，頁 190，下 12-頁 191，上 9。

當作佛。」齊何名菩薩？答：齊能造作增長相異熟業。問：若諸有情發阿耨多羅三藐三菩提心能不退轉，從此便應說爲菩薩，何故乃至造作增長相異熟業方名菩薩耶？答：若於菩提決定及趣決定，乃名眞實菩薩；從初發心乃至未修妙相業來，雖於菩提決定，而趣未決定，未得名爲眞實菩薩；要至修習妙相業時，乃於菩提決定，趣亦決定，是故齊此方名菩薩。[27]

於論中，尊者迦旃延尼子等爲斷他人於略行六度時，以有所得之心，生起增上慢而自稱爲定當作佛之眞實菩薩，其立意良好；然而於釋義中卻顯偏差而未能如理，故遭龍樹菩薩予以評論。眞實菩薩之定義，於《般若經》中曾說，菩薩能如實知一切法無實、無生亦無虛妄，於一切法無所執著、無所分別，以無所得爲方便而發菩提心、行菩薩道者，爲眞實菩薩[28]。如是定義眞實菩薩的前提，乃是指菩薩實證本來不生之自心如來藏阿賴耶識心體，而現前觀察阿賴耶識心體能生蘊處界諸法，所生之蘊處界

27《大正藏》冊二十七，頁 886，下 14-頁 887，上 7。

28 a.《大般若波羅蜜多經》卷五九四，《大正藏》冊七，頁 1071，上 28-中 21。
b.《大般若波羅蜜多經》卷五九四，《大正藏》冊七，頁 1071，下 22-頁 1072，上 7。

諸法皆是因緣所生而無絲毫眞實法性，蘊處界諸法皆是阿賴耶識心體本來具足之種子功能，而阿賴耶識心體本來無生，故已攝歸常住阿賴耶識心之蘊處界諸法種子功能，亦是本來無生；阿賴耶識心體不染著於萬法而自性清淨，其眞如無我法性恆不變異，於諸法中平等無分別而隨順緣起，眞實不虛而可實證；菩薩轉依自心如來藏之眞如無我、無所得法性，於生死涅槃等一切法無所執著而發菩提心。雖然初入七住位實證阿賴耶識心體之三賢位菩薩，尚未通達所見道之內容，然而七住位以上三賢位及諸地之不退菩薩，皆能決定自知當來依止作佛之心爲所證之自心如來藏，於菩薩道業上所修之六度乃至十度波羅蜜多，亦皆迴向於無上正等正覺，故諸不退之眞實菩薩，於佛菩提心得決定而趣向於佛菩提道業之修證。

未實證涅槃本際自心如來藏之小乘僧人，如迦旃延尼子之弟子等，不知諸法實相，不知小乘所證之無餘涅槃乃世尊所施設入一佛乘之方便；僅閱讀部派分部所執之《毘婆沙論》，未能親近菩薩善知識學大乘法，未能閱讀大乘經論，未證大乘無生法忍種智，故對於異作異受、陰作陰受、相似不斷，乃至無作無受之因果勝義皆不能如實了知。關於三十二大人相，世尊於經中開示，菩薩雖然於三十二相一一相業成就時名爲滿三大阿僧祇劫，然而菩薩卻是於無量世中供養師長、諸佛菩薩，布施持戒，以四攝法攝受眾生，行十善業等身口意業，方得成就三十二相之一一相[29]。故轉輪聖王亦有三十二相，提婆達多、難陀亦有三十相，然彼等皆未入於最後身菩薩百劫修相好之位；若對於如何是菩薩之定義，僅認知於百劫修相好時方得名爲眞實菩薩，亦僅認知成佛所得之三十二大人相於最後百劫時才修得，皆屬偏差而有過失。

因此，龍樹菩薩於當時面對如是小乘部派異執之曲解大乘、不信大乘諸言論時，亦指名而予以評論，茲摘錄如下：

摩訶衍人言：「是迦旃延尼子弟子輩，是生死人，不誦不讀摩訶衍經，非大菩薩。不知諸法實相，自以利根智，於佛法中作論議，諸結使、智、定、根等於中作義，尚處處有失，何況欲作菩薩論議？」……迦旃延尼子弟子輩言：「三阿僧祇劫中未有佛相，亦無種佛相因緣，云何當知是菩薩？一切法先有相，然後可知其實，若無相則不知。」……佛說於五百弟子中，難陀比丘端正第一。此相易得，云何言於九十一大劫中種，餘一生中得？是爲大失！汝言初阿僧祇劫中，不知當作

29《優婆塞戒經》卷一〈修三十二相業品 第六〉，《大正藏》冊二十四，頁 1038，下 27-頁 1040，上 18。

佛、不作佛；二阿僧祇劫中，知當作佛，不自稱說；三阿僧祇劫中，知得作佛，能為人說。佛何處說是語？何經中有是語？若聲聞法三藏中說？若摩訶衍中說？迦旃延尼子弟子輩言：「雖佛口三藏中不說，義理應爾，阿毘曇鞞婆沙菩薩品中如是說。」[30]

迦旃延尼子之弟子們認為，根據《阿毘達磨大毘婆沙論》〈菩薩品〉中之論述，三十二相唯於第三阿僧祇劫專修相好中得，於當時方種佛之三十二相因緣；雖然此於阿含三藏集結中沒有記載，彼等仍堅持《毘婆沙》中之論意即是佛意。龍樹菩薩以其親證實相般若波羅蜜所得之無生法忍道種智，不能認同彼等小乘部派異執曲解大乘而強言為佛意之言論，故有如上之辨正與評論記載於《大智度論》中。龍樹菩薩舉示《首楞嚴三昧經》中佛所說菩薩四種授記：有未發心而與授記，有適發心而與授記，有密授記，有得無生法忍現前授記；如是授記，有他人盡知而己身不知者，亦有他人與己身盡知者；如是以佛所說菩薩四種授記，證明《毘婆沙》中所說不如理，顯示小乘人不懂大乘極深法義而妄作釋義。對於龍樹菩薩所提之辨正，彼等迦

[30] 《大智度論》卷四，《大正藏》冊二十五，頁 91，下 7-12 及頁 92，上 20-28。

旃延尼子弟子們卻回應說：「摩訶衍中雖有此語，我亦不都信。」[31]如是不信大乘經典為佛所說眞實佛法，偏執於部派所執而不能信受大乘經典，有如下原因：

一、商船主之子大天，乃聲聞法中人，既未實證阿羅漢解脫果，亦未親證如來藏阿賴耶識，故不能如實了知菩薩藏正法，卻自稱已證阿羅漢果，並濫用大乘法義名相，以其聰明及言詞之善巧，蠱惑佛弟子追隨，造作違背解脫證德、違背佛戒之大天五事邪見，未離戒禁取見，受到追隨者之受持而成為小乘部派分裂之因，以及依小乘法而不信受大乘經典之因。

二、於聲聞法大眾部中未實證阿羅漢解脫果者，及上座部傳承於實證阿羅漢果之小乘各部派，僅依止於所執之阿含部經、律、雜三藏，或者侷限於蘊處界相應之法相分別所造之論，皆未能及於佛法之根源——諸法實相第一義諦，故說一切有部所造之《毘婆沙論》，終被通達小乘諸部之世親菩薩所破。說一切有部視彼等之《毘婆沙》意旨如同佛說，卻不能全部信受大乘經中之佛語，而於說一切有部出家、尚未修學大乘之世親菩薩，雖然破了《毘婆沙》，但是小乘各部

31《大智度論》卷四，《大正藏》冊二十五，頁 92，中 3-10。

派的理論讓迴心前的世親也不信大乘，也認爲大乘非佛說。

依據以上之事蹟判定，未斷蘊處界身見而證得初分解脫乃至阿羅漢果者，若未熏習般若實相正知見，乃至雖有般若正見而仍未實證實相心阿賴耶識心體者，不能了知或不能實證解脫道所證之涅槃即是入胎識阿賴耶識心體本來無生之施設，不能了知生死與涅槃皆是依止於阿賴耶識心體而假說，唯於蘊處界諸生滅法計著有無；則彼等於大乘經典所說，唯能以生滅法之知見，妄想大乘之本來無生與不落兩邊之實相般若境界。自身於大乘不能生信者，亦絕對不能教導他人於大乘生信，則於聲聞解脫道亦無能實證。由於解脫道乃是從佛菩提道所析出之方便法門，當時修學解脫道之部派佛教小乘諸師，不知、不解、不信大乘，於離開大乘根本理體之際破和合僧而分裂成多部，此諸聲聞部派由各自之情解而計執有無，皆計其所執而破他人之非，故繫屬於小乘之部派佛教產生諸多分裂與法義演變；而彼等皆於其所不知、不證、不信之大乘法義生起諍論，由表相而不從事實眞相觀之，即成爲佛法有所演變之現象，然而究其本質實是聲聞人錯解大乘法而起諍之演變過程，與大乘法之弘揚無關。

信受大乘法、修學大乘法、實證大乘法之菩薩，於阿含部經、律、雜三藏及大乘經、律、論三藏，相互觀待之間絕無矛盾與諍論。例如當時之馬鳴菩薩、龍樹菩薩與提婆菩薩師資，以及其後之無著菩薩、世親菩薩、玄奘菩薩與窺基菩薩、克勤菩薩與大慧宗杲師資，因爲實證一佛乘之根本理體如來藏阿賴耶識心體的緣故，雖或隔代承傳而法義前後無殊，從未演變。世親菩薩於修學小乘之時，由於沒有善知識給予解說大乘殊勝妙法之義理，於通達當時小乘部派所執之法義時，雖然已能析破說一切有部毘婆沙之偏離與不足，但是後來於聽聞無著菩薩略說大乘要義之餘，即能悟知大乘之理遠超小乘，若無大乘則三乘道果皆成爲戲論，此大乘之理即是一佛乘之根本理體如來藏阿賴耶識心體。因此世親菩薩後來於無著菩薩座下覺悟其自身如來藏阿賴耶識心體，並通達見道內容以後，爲懺悔並滅除曾造不信大乘、謗大乘非佛說之大罪，乃精勤釋義無著菩薩所造《攝大乘論》，辨正並如是申論：大乘眞實是佛說，應信實有阿賴耶識心體可證，阿賴耶識心體即是大乘之體；大乘殊勝之處異於聲聞乘，大乘乃是世尊專爲菩薩所說而於聲聞乘不見說等。並舉示諸多聖言教及三乘戒定慧之證量，證明實有阿賴耶識心體，以及阿賴耶識心體攝受大乘諸多論述。[32]

---

[32]《攝大乘論本》卷上，《大正藏》冊三十一，頁 133，上 3-4。

若有不信大乘而相信大乘非佛說者，都應該以世親菩薩實際經歷過之事蹟爲借鏡。世親菩薩是已經通達小乘各部派所執之義理者，亦能評論說一切有部所最尊崇之《毘婆沙論》，而聲聞部派佛教已證聖果者亦無人能破其所造之《俱舍論》；倘若大乘之理不是勝於小乘、大乘之理不是三乘道果之根本，那麼世親菩薩即無理由放棄其所通達之小乘，也不可能覺悟有一個佛法根本理體之存在，因而認知成佛大菩提之殊勝妙理不在小乘法中，成佛之大菩提殊勝妙理都在大乘經中，摩訶衍諸經中佛語早已處處宣說著。因此可知，大乘非佛說、大小乘之諍，其實只是聲聞法部派佛教中人對大乘法的謬解而自相諍論著，與大乘法中諸菩薩所弘揚之正法妙義無關，大乘佛法從來未曾演變過，並且已經由世親菩薩所造之《俱舍論》到《攝大乘論釋》、《辯中邊論》、《唯識三十頌》所終結；只是近代有些人心有成見，故意忽略這些史實而拒絕舉述之。這是眞實存在的歷史事蹟，亦記載於《大正藏》中，不應再有人忽略此一史實，如同駝鳥心態一般繼續主張大乘非佛說而不信大乘。不信大乘者，主要在於未能値遇善說大乘之善知識，樂於閱讀不能勝解大乘之聲聞人所造之所謂大乘論典，非但不能於小乘解脫道之斷身見初分解脫有所實證，更於大乘佛法生疑起諍；如是事實具載於《成唯識論》及《述記》中，今仍可稽。故應如同世親菩薩接受無著菩薩之教導一般，尋找善說大乘佛法之善知識，親近之而聽聞、熏習、思惟、學習，定能於大乘發起善信，入於佛之正法中。

第三目　略述小乘部派之異執

部派佛教皆屬聲聞法小乘佛教，並非大乘法之教派，而與菩薩們所住持之大乘法教同時並行弘揚著；不應將聲聞法之部派佛教等同於大乘佛教，因爲大乘佛教並無分裂之事實可供記述。與尊者迦旃延尼子及其弟子眾同時期，當時於說一切有部出家之尊者世友（梵文爲 Vasumitra，音譯爲伐蘇蜜呾羅或婆蘇蜜多羅，唐朝時翻成漢語之義爲世友或天友）造了《異部宗輪論》，記載大眾部與上座部分裂爲多部之事蹟，舉述各部隨其理解及情見不同故所執之法有別，告訴世人：法本無差，是因爲人的因素而產生異部之諍。唐朝玄奘菩薩之弟子窺基菩薩，見當時多數人雖求大乘法，卻偏於狹隘之法道上，亦且多數不知「部派佛教屬於聲聞法，是以聲聞法的知見來理解及造論闡釋大乘法」[33]；由於未實證中道心或者未熏習般若實相正知見者，所說心性本淨之法同於大眾部

[33] 譬如安惠（或作安慧）造《大乘廣五蘊論》，清辨造《大乘掌珍論》。

小乘人之偏執，若說因緣假有之法卻混雜著說假部偏執之說；爲借古鑑今，窺基菩薩爲此《異部宗輪論》造了疏文，稱爲《異部宗輪論述記》，以免世人將大乘法安置於小乘方便法中，墮於不知涅槃根本理之狹小淺陋過失中[34]。以下主要引用《異部宗輪論述記》所記載各部派較具代表性所執不同之宗義，予以分析判攝，呈現小乘部派佛教偏執之處。

一、**大眾部**、**一說部**、**說出世部**、**雞胤部**，此四部又被合稱爲**分別說部**，或者稱爲分別論者，梵文音譯爲「毘婆闍婆提」（或「毘婆闍縛地」）。略舉分別說部所

34《異部宗輪論述記》：「異部宗輪論也者，世友菩薩之所作也。宗謂異部所崇之理，輪謂顯能摧之用，譬諸王之有輪寶，而能無不駈（驅）寇殄怨也。於乎賢劫之應眞，何翅爲學小乘者，亦愍澆末之世，人作異競，遂令大乘之玄軫枉于殊途也，我慈恩大師爲之疏，蓋亦在此乎。可謂此書也亦記路之的標也。奈何輓近法與世降，雖其脂轄大乘者，取道隘也，軋轍折阪，蹉焉跎焉，猶失軏軏然。疇知，闇闇然談心性本淨全同大眾部，喋喋乎說因緣假有尚混說假部；是豈有它？取標之不正也，不可不愼焉。而今行之疏本，錯簡多多，讀者或病（基辯）。曾住南京之日，得善本一卷，韞匵重襲以自珍焉；屬日，有近事廣流者，志存法住，以促公世，勸誘丁寧，不啻連城（基辯），常有意弘法，何空求善賈爲？遂附梓云：庶後進之子，能無癈之，則終以見照乘之光，亦方無行大乘於隘地之失。」《卍新纂續藏》冊五十三，頁 567，中 8-22。

宗之義為：

甲、心遍於身。

意即細意識遍依身住，即認為「觸手刺足時俱能覺受，故知細意識遍住於身」。

乙、心隨依境，卷舒可得。

認為識心無先所依所緣定識，定屬此根；意即無有必定屬於眼根、依於眼根、緣於色塵之眼識等。

丙、心性本淨，客塵隨煩惱之所雜染說為不淨。

主張有情無始以來有心即染，此染經修道可離可滅，惟此心性本淨不可滅。

丁、緣起支性是無為法。

由無明為前，後有行等支，此理是一，性常決定；主張十二支分是有為所攝，而理是無為。

戊、過去未來非實有體。

認爲現有體用可名實有，過去未來體用無故，則非實有。

二、**說假部**。略舉其所宗之義爲：

甲、十二處非眞實。

認爲「依」與「緣」是積聚法，積聚之法皆是假；現在世之識不名爲「意」，入過去時方名爲「意」，「處」即是識所依止之體。

乙、諸行相待、展轉和合，假名爲苦，無士夫用。

意即非由現在士夫作用方有苦。

三、**說一切有部**。略舉其所宗之義爲：

甲、諸法有者皆二所攝，一、名，二、色；過去、未來體亦是實有；一切法處皆是所知，亦是所識及所通達。

乙、有爲事有三種，謂三世，別有實體。

丙、緣起支性定是有爲。

丁、心及心所法體各實有；心及心所定有所緣；自性不與自性相應；心不與心相應；佛與二乘解脫無異，三乘聖道各有差別；有情但依現有執受相續假立，說一切行皆刹那滅。

戊、定無少法能從先世至後世等，以無我故。若說假我可有移轉，隨活時行攝無餘，命滅則法即滅，故不移至後世，無一實法轉變至後世。皆破實我法。

四、雪山部。此即是原上座部。略舉其所宗之義爲：

甲、有阿羅漢爲餘所誘等五事。意即大天五事。此大天五事乃原本上座部不認同，故與大眾部起諍而分出；初分破之時，雪山部尚未立此宗，後與說一切有部起諍再分破時，無有五事之舊上座部弟子失去本宗，只好立了大天五事爲其宗。

五、犢子部。略舉其所宗之義爲：

甲、補特伽羅非即蘊離蘊。認爲有一實我非有爲非無爲，然而與蘊不即不離，意即補特伽羅是非即蘊、非離蘊之實我。非即蘊、非離蘊我不可說，不可言形量大小等，乃至成佛，此我常在。

乙、依蘊處界假施設名。

主張我非即、離蘊處界，世間言說色是我乃至法是我，但依蘊等假施設此我名，我實非蘊等。

丙、法若離補特伽羅，無從前世轉至後世，依補特伽羅可說有移轉。

主張命根滅時法亦隨滅，然補特伽羅我不滅故，能從前世至後世，法不離我，亦可說有移轉。

丁、諸行有暫住，亦有剎那滅。

此於餘部不同，餘部多主張一切行皆剎那滅。

六、**化地部**。略舉其所宗之義爲：

甲、入胎爲初、命終爲後，色根大種皆有轉變，心、心所法亦有轉變。

即一期生死初後之中，色等諸法有轉變，然而非剎那生滅故有轉變；前法於現在滅已，無別有法從未來來，但由前法爲因力故引後法起，後法即是前法爲因轉作，雖剎那滅而轉變義成。此說不同於說一切有部，說一切有部認爲前法滅已，後由未來法生至現在。

乙、佛與二乘皆同一道、同一解脫。

主張從聲聞至佛皆爲舊道體，不改性類；是同一道體，唯轉下成中、轉中成上；解脫唯擇滅斷染與無知而得。

七、經量部。略舉其所宗之義爲：

甲、諸蘊有從前世轉至後世，立說轉之名，故又稱爲說轉部。

意即主張有實法我能從前世轉至後世。然而以諸蘊有爲實法我，到底是以其常故能從前世轉至後世？或以其體無常、多相續住而說爲轉？此部未於所宗定義。[35]

乙、有根邊蘊，有一味蘊。

---

35 經部師安惠論師所造《大乘廣五蘊論》爲其代表。

意即有一細意識具有四蘊，無始來展轉和合一味而轉，稱爲一味蘊。此一味蘊細意識住生死根本故說爲根，由此根故有五蘊，間斷五蘊之法是末所起，故稱爲根邊蘊。

丙、執有勝義補特伽羅。

執此勝義補特伽羅微細難可施設，即此勝義補特伽羅爲實我。不同於犢子部之非即蘊非離蘊，此部主張蘊外有別體爲實我故。[36]

上舉聲聞佛教各部派異執之法義，於當時互相評破而生諍論，皆非大乘佛教中弘法之事相。各部派爲免自家宗派聲聞法所證涅槃成爲斷滅空，故皆對能生名色之本識如來藏有所臆測；其中以犢子部之臆測比較接近大乘本識法，但並未實證，而其臆測所說亦有許多錯誤，餘部則偏離大乘本識正理更遠。又觀各部所諍，多屬未斷戒禁取

---

[36] 請參閱：

a. 世友菩薩所造，窺基菩薩所記之《異部宗輪論述記》，《卍新纂續藏經》冊五十三，第八四四號經。

b.《大乘法苑義林章》卷一，《大正藏》冊四十五，頁 250，下 19-23。

見、未斷見取見者之諍論，所言非唯不能觸及大乘義，乃至不能觸及阿羅漢之涅槃實證。部派佛教屬於聲聞教，與大乘佛教並存共弘，但不可避免地會受同時弘傳的大乘法教本識正理影響，如同佛世諸阿羅漢們不得不探詢無餘涅槃中是否有本識常存不滅一般。由是緣故，聲聞部派佛教不能避開是否有實我常住的討論，而且由於都不曾實證本識，於是不能定於一尊，乃有不斷諍論而衍生所說實我不斷演變之現象，實非大乘佛法有所演變。上舉聲聞諸多部派對實我本識命題之討論，即可明證部派佛教有所演變，但都不是大乘佛教所弘法義有所演變，乃純屬聲聞部派佛教凡夫僧之間，對於大乘實我本識之有無以及內涵所作之諍論，因而產生不斷演變之現象，且各派所執之宗義皆不能企及勝義諦，與大乘佛教古今始終不變的弘法內容無關。

例如說一切有部所造之毘婆沙中，針對分別說部所宗之「緣起支性是無為法，過去未來非實有體」，與其所宗「緣起支是有為，三世皆別有實體」有諍；針對說假部所宗「十二處非眞實」，與其所宗「心、心所法體各實有，心、心所法定有所緣」之法義有諍，故於毘婆沙中予以評破而守護其宗[37]。關於說一切有部毘婆沙師所申論「三

37《阿毘曇毘婆沙論》卷十三，《大正藏》冊二十八，頁 92，中 11 起；

世實有」之說，世親菩薩於釋義其所造《俱舍論頌》時，於中指出各別論師之名而予以一一評破。世親菩薩指出：若現世法是實有物，過去未來亦應是實有物；法若是由自體實有，則所說「**此法未生、此法已滅，於前世何法先不有，由此故說此法未生，復由何法後不有，由此故說此法已滅**」即不能成立，三世之義皆不能成就；若自體實有即無須待他因他緣而有而生，亦不得由缺他因他緣而無而滅故。世親菩薩據此予以辨正：應說「**若法未生，是名未來世；若法已生未滅，是名現在世；若法已謝滅，是名過去世**」，由此立義可得說有，非由實有故說。[38]

世親菩薩又從二法生識之理，質疑毘婆沙師三世實有之論，以「意、法爲緣生意識」爲例，指出：其中之法是否如意根一樣作爲意識之能生緣？若是，則無爲法亦應成爲現在意識之能生緣，然涅槃性違一切生而立爲能生緣，不應正理；若法但能爲意識之所緣境，則過去、未來皆應成爲意識之所緣境，則應如現在觀彼爲有，因爲毘婆

38 《阿毘曇毘婆沙論》卷二十，《大正藏》冊二十八，頁 148，中 1 起；《阿毘達磨大毘婆沙論》卷一九七，《大正藏》冊二十七，頁 983，上 22 起。《阿毘達磨俱舍釋論》卷十四，《大正藏》冊二十九，頁 258，中 25-下 13。

沙師主張過去、未來是實有故；然若如現在能觀彼爲有，則即是現在而非過去、未來。倘若說現在無過去、未來之體，則應許有緣無境之意識；毘婆沙師之宗旨爲「一切有含攝三世，皆是所知及所識」，而所知與所識應是意識之所緣，故應有一個其體全無而是所緣境之第十三處，然而一切有中唯有十二處，無有十三處，[39]故毘婆沙師執實有過去、未來，此有諸多過失而遭當時僅通達小乘法之世親菩薩所破，而彼等皆無力回應。

綜觀小乘各部所執之宗旨，皆是於名色及蘊處界諸法中，妄想有一本來自性清淨之無爲法，妄想將其建立爲能貫穿三世因果之法，進而妄想以聲聞法解脫道之修行來達成佛道之果證等等；由於小乘僅於生滅有爲之名色及蘊處界範圍內修學、思惟、觀行，不能觸及生滅有爲法之根源——本來無生而能藉眾緣出生萬法之實相心；彼等以生滅有爲之蘊處界法爲觀修範圍，所造之阿毘達磨或者毘婆沙，亦僅止於針對煩惱結使之生起滅除等法相、四禪八定及八背捨之心相乃至聲聞十智等內容進行申論。小乘部派凡夫諸師不能信受大乘，對於大乘經典中之佛語不能全信，乃至經部師安惠其實

[39]《阿毘達磨俱舍論》卷二十，《大正藏》冊二十九，頁 105，中 26-下 22。

不懂大乘法義，卻妄造《大乘廣五蘊論》，將能出生五蘊之如來藏阿賴耶識，顛倒攝入阿賴耶識所生五蘊之識蘊中。聲聞凡夫以這樣的顚倒妄想爲基礎，來臆測及闡述實義菩薩依所證得之般若實相智方能眞實了知之法界實相—能生名色的實我—本識如來藏，當知彼等所猜測及闡述者，永無可能契符大乘實相正義；譬如於成就三世之事與理方面，即已被當時尚未修學大乘而已通達小乘諸部宗旨之世親菩薩所破了，更何況能探討大乘實義菩薩所學所觀行之內容爲何？

聲聞部派佛教諸師所臆測而不能知之大乘所說「本來自性清淨心而有染污」，乃是指第八識如來藏心體本來自性清淨，但是執藏著七轉識相應之我見我執及習氣種子等種種雜染種子，故此如來藏心體有阿賴耶識之名稱[40]；三乘行者經過修道斷除我見我執乃至法執等分段生死及變易生死所攝煩惱，使得第八識含藏種子有諸染淨差別，故有阿賴耶識、異熟識及無垢識[41]之不同階段名稱；而如來藏心體本來清淨之眞如

---

[40] 阿賴耶，謂對於分段生死種子具有能藏、所藏、我愛執藏之體性。斷此體性後即滅阿賴耶名——即名異熟識而不再名爲阿賴耶識，如是名爲滅阿賴耶識。

[41] 滅阿賴耶識後，進而斷盡煩惱障習氣種子及無始無明（所知障）所攝塵沙惑，方名無垢識，屬究竟佛地境界。

自性恆不轉變，如是等皆是菩薩於親證如來藏心體而見道以後，乃至進入初地修道位之所修所學所現觀者。

部派佛教小乘諸師如分別說部，僅能以意識心之層次，想像「有一個意識細心遍身住持，其心性本淨，不依根亦不緣於塵，可隨境而現」，此乃是否定四阿含中佛說「本識即出生名色之第八識如來藏」正理以後所建立者。彼等小乘諸部所認知之識僅止於六識，由於未曾證知第八識如來藏心體，又定義已入於過去之意識為意根——以意識種子為意根，故窺基菩薩於《異部宗輪論述記》中斷定，彼等分別說部所立「心遍於身」者乃是細意識，亦斷定經量部所宗諸蘊有能從前世轉至後世，所稱之一味蘊即是以細意識具有四蘊而能從前世轉至後世，認取此一味蘊為生死輪迴之根本。

部派佛教時期，小乘諸部修學十二因緣法，純粹於十二有支順觀流轉，了知生死苦純大苦聚之因；逆觀十二有支緣起之還滅，了知純大苦聚能滅之理；然而彼等不能知十因緣法乃為十二因緣法之基石，不知「必先認定實有名色所緣之第八識，方於十二因緣可以觀修成功」，故否定第八識而造成久修聲聞法卻仍不能實證解脫果，乃至有所說法義不斷演變之歷史事相出現，無關古今弘傳之大乘法義始終不變之事實。有何爲證而作是說？譬如《阿含經》中佛說十二有支緣起法之根本爲十因緣法——先觀行十因緣法而推知確有本識能生名色，推知本識爲名色因、名色本、名色習、名色緣，推知名色由本識出生；若能滅除此一無明——現觀名色虛妄，經過修斷我執煩惱而解脫於名色執著的繫縛，即能避免本識再度出生名色，捨壽即入無餘涅槃、解脫生死痛苦。[42] 如是密意宣說因緣法之實相——大乘理體入胎識，唯有實證此入胎識如來藏阿賴耶識之菩薩，方能了知佛所宣說十因緣法之眞實義；無佛之世，諸辟支佛亦由十因緣之觀行完成（其中之識支唯推知而未實證），方能完成十二因緣之觀行而成就辟支佛果。而小乘部派分別說部及說一切有部，不知不證能入胎出生名色之本識，不信受大乘如來藏妙義，亦不解十因緣法之意涵，誤以爲十二因緣法與十因緣法僅是增說與減說的不同，如是於聲聞解脫道正法之基本知見已經偏差，故僅能以其六識論邪見爲基礎，順逆觀十二因緣而各別主張緣起支是無爲或者主張緣起支是有爲。說一切有部之毘婆沙師對於佛密意宣說之十因緣法全無認知，足以證明：彼等於造論時確實不知不證入胎識，對於佛所說觀十因緣時「齊入胎識而還」的道理，以及菩薩觀行十因緣法

[42] 詳見平實導師著，《阿含正義》第二輯、第三輯，正智出版社（台北市），二〇〇七年八月初版。

之證境，都是不知所以然的。茲舉示毘婆沙師於《阿毘達磨大毘婆沙論》中之言論記錄如下：

問：菩薩何故逆觀緣起，唯至於識，心便轉還？為智力窮？為爾焰盡？設爾何失？若智力窮，不應正理，菩薩智見無邊際故；若爾焰盡，理亦不然，行與無明猶未觀故。

答：應作是說，非智力窮，非爾焰盡，但由菩薩於行、無明，先已觀故；謂先觀有，即已觀行；先觀愛取，已觀無明。

問：先觀老死已，觀名色六處觸受；先觀生已觀識，於名色等應不重觀。

答：先略後廣，先總後別，無重觀失。

問：若爾，生識無廣略異，何為重觀？

答：厭畏生故，再觀無失。謂我世尊先菩薩位厭老病死，逾城出家，作是思惟：此老死苦由誰而有？即便現見由續生心。復思：此心由誰而起？即知由業。復思：此業從何而生？知從煩惱。復思：煩惱依誰而生？即知依事。復思：

此事由誰而轉？即知此轉**由結生心**。菩薩爾時便作是念：一切過患皆由此心。故於此心深生厭異，雖無廣略而更重觀，齊識轉還，義屬於此。[43]

問：何緣菩薩流轉分中但觀十支，還滅分中具觀十二支耶？

答：菩薩憎惡流轉故，但觀十支；愛樂還滅故，具觀十二支。復次，流轉分中多諸過患，牽心劣故但觀十支；還滅分中多諸功德，牽心勝故具觀十二支。[44]

小乘毘婆沙師討論：菩薩於逆觀緣起時作十因緣觀，爲何齊識而還？爲何十因緣觀不能超過此識而再進觀此識之前有何因緣能生此識？如是齊識而還之義爲何？毘婆沙師認爲菩薩從老死、生、有等如是逆觀緣起，於觀察到因緣所生之六識時，因爲厭惡畏懼生死的緣故，再一次觀察一切生死過患皆由此六識心而引生，由此六識心於根塵觸處諸事中了知分別，故有受與貪愛等諸多煩惱而產生愛取之業，因此而有後有之名色，乃至生、老死等苦。毘婆沙師如是之釋義，即是以其小乘凡夫之心，忖量大乘賢聖菩薩之腹，不解經中佛所說十因緣法之逆觀緣起法，乃密意宣說入胎識與名色

43《阿毘達磨大毘婆沙論》卷二十四，《大正藏》冊二十七，頁 124，上 26-中 15。
44《阿毘達磨大毘婆沙論》卷二十四，《大正藏》冊二十七，頁 125，上 10-14。

之關係，是以「**齊識而還，不能過彼**」之至教量，楷定蘊處界諸法之根源即是能出生名色之入胎識[45]——無有一法不被此入胎識所含攝，無有一法能夠超越此入胎識而存在於三界。彼等如是以聲聞凡夫六識論邪見，而將超越小乘所知蘊處界現象法之極限——法界實相勝義法要，膚淺地解說爲同於小乘畏懼生死苦而僅是爲了重觀六識心之過患；毘婆沙師這樣的釋義，實已扭曲了十因緣法中的佛意，亦凸顯小乘部派佛教之所知、所修、所證，確實僅侷限於生滅法與生死苦之解脫，未曾有與菩薩同樣親證般若實相的證境與智慧，亦未了知菩薩於生死中不畏懼生死苦之尊貴種性；彼等認爲菩薩於逆觀緣起法時重觀識支，是爲了急證解脫以消除生死苦之畏懼，認爲「齊識而還」之識支即是第六識心，並無廣略之差別，故認定逆觀十因緣法「齊識而還」再重觀十二因緣法，就是爲了厭惡生死而已。此一論點，現代聲稱專門研究阿含及部派佛教而不信受大乘之已故釋印順，亦於其著作中主張：大乘佛教是從部派佛教求證阿羅漢道所發展下來的，而中國禪宗所傳證悟自心如來的法門，就是大乘佛教「**自利急證**

45 a.《長阿含經》〈（一三）大緣方便經〉，《大正藏》冊一，頁 61，中 8 起。
b.《雜阿含經》卷十二，第二八七經，《大正藏》冊二，頁 80，中 24 起。

精神的復活」[46]，可見釋印順當時確實僅信受小乘部派佛教所造之論而不信大乘經論，才會與彼等毘婆沙師一樣，以聲聞部派佛教小乘人狹隘之見解，管窺菩薩不可思議之實相法界智慧證境與心量。

佛於經中說菩薩「**了知諸法如實相，常行生死即涅槃**」，菩薩親證蘊處界之實相——入胎識，如實了知生死與涅槃皆是依入胎識如來藏阿賴耶識心體所施設，故了知生死與涅槃不二、生死即涅槃；菩薩如是常行於「生死即涅槃」之智慧中而世世習行菩薩道，不見有我、人、眾生等相而利益眾生，不畏懼無量劫生死之苦，亦不於生死產生怖畏而退求小乘之解脫。親證入胎識之菩薩必定能與佛所宣說十因緣法「**齊識而還，不能過彼**」之眞實義相應，此入胎識即是六道凡夫生死輪迴及二乘無學聖者

46 釋印順著，《無諍之辯》：【菩薩的不求急證（不修禪定，不得解脫），要三大阿僧祇劫，無量無邊阿僧祇劫，在生死中打滾，利益眾生：這叫一般人如何忍受得了？超越自利自了的大乘法，面對這些問題（採取偏重信仰的辦法，此處不談），於是在「入世出世」，「悲智無礙」，「自利利他」，「成佛度生」——大乘姿態下，展開了更適應的，或稱爲更高的大乘佛教。這一佛法的最大特色，是「自利急證精神的復活」。不過從前是求證阿羅漢，現在是急求成佛。傳統的中國佛教，是屬於這一型的，是在中國高僧的闡揚下，達到更完善的地步。】正聞出版社（竹北市），二〇一四年一月修訂版一刷，頁 185-186。

所證有餘涅槃之實相，即是二乘無學捨壽所入無餘涅槃之實際，亦是菩薩修學佛菩提道所依止之般若理體；因此菩薩進入修道位修學種智之前，須先圓滿見道位，此中以眞見道爲首要，而菩薩之眞見道即是證悟入胎識如來藏阿賴耶識心體——現觀如來藏入胎識之眞如法性永遠不變，意即**證悟自心如來藏而親證唯識性**是成爲眞實菩薩之條件，這是十方世界一切修學佛菩提道之見道菩薩所必經之第一關，次第如是。小乘毘婆沙師說菩薩是厭惡生死故重觀識支、「齊識而還」，或如釋印順說菩薩證悟自心如來、修學佛道是「自利急證精神的復活」，皆是不解二乘解脫道眞義及大乘佛菩提道宗旨，師心自用所說出來之戲論。

小乘法是從大乘法中方便析出，是釋迦世尊在娑婆度眾之方便施設，大乘法一佛乘才是諸佛世尊所共同宣說之成佛不二法門，故大乘佛法絕對不是從小乘本質的部派佛教所發展衍生出來的，因爲小乘諸師針對菩薩法所作之申論皆是曲解佛意，亦違背了永遠不變的法界實相，所說不外於現象界諸法，全部無涉於成佛之道，不得使人成佛；當知另有成佛之道如大乘經所說，證明大乘眞是佛說。聲聞部派佛教的小乘各部派所執，諸如說一切有部之「三世實有」，分別說部之「過去未來非實有」；說假部之「十二處非眞實」，說一切有部之「十二處實有」；分別說部之「緣起支性是無爲法」，說一切有部之「緣起是有爲法」；說一切有部之「無有實法能轉變至後世」，犢子部之「實有補特伽羅我不滅」，經量部之「諸蘊有從前世轉至後世」；犢子部之「補特伽羅我非即蘊、非離蘊」，經量部之「勝義補特伽羅蘊外有別體」；化地部之「佛與二乘皆同一道、同一解脫」，說一切有部之「佛與二乘解脫無異而三聖道各有差別」。如是種種隨自情解不同而各自所執之說，互相不容而產生諍論，皆是緣於不知、不證、不解、不信受彼等小乘法所由來之大乘母法——《阿含經》中十因緣法所開示「名色所由之入胎識常住不壞」，因此各部僅能於其意識心所緣之生滅法中，思忖不生不滅法之大乘第八識眞如法相，以作爲彼等小乘所學空相法存在之依靠——令蘊處界滅盡後之無餘涅槃不致成爲斷滅空。然蘊處界等空相法乃是生滅有爲之法，無有自體與自性，故蘊處界等法無有絲毫法性能施設爲不生不滅法，亦不能以蘊處界等生滅法來成就無量世生滅法之生住異滅——生滅法必須依不生滅法才能成就生住異滅現象故。因此修學大乘佛菩提道之菩薩必須依止大乘了義法，佛亦於菩薩戒中制定禁戒，不許菩薩心中背捨大乘常住經律而受持二乘聲聞之經論[47]，以免墮於小乘部派異執所產生之過失

[47]《梵網經》卷下：「若佛子心背大乘常住經律，言非佛說，而受持二乘聲聞、外道惡見一切禁戒邪見經律者，犯輕垢罪。」《大正藏》冊二十四，頁 1005，下 5-7。

中。

針對聲聞部派佛教各部派之異執與諍論，以及不信大乘法之背景，當時通達大乘般若實相之龍樹菩薩，爲了迴轉小乘部派佛教之諍論，爲了申論生滅法不能成就不生不滅法之理，也爲了申論不生不滅法之眞實義，因此造了《中觀論頌》；於論頌中，皆是緣於以實證入胎識如來藏阿賴耶識心體所得之般若實相證境，爲對治部派佛教小乘各部偏離大乘理體而異執諸法之有無，故分成〈因緣品〉、〈去來品〉、〈六情品〉、〈五陰品〉、〈作者品〉等，開示正確之佛法般若中道眞實空義以破解小乘諸執，救護部派佛教小乘學人免於落入斷見與常見中。《中觀論頌》之釋義將於第三章詳細闡述，此處暫不預述。

第二章　阿賴耶識

第一節　小乘所認知之阿賴耶

小乘部派諸師對於世尊所宣說緣起法十二有支之流轉分與還滅分，於識支之領解僅止於世尊所說因緣而起之六識身；關於世尊於《大緣方便經》密意所宣說入胎出生名色之**識**，彼等申論爲結生之識——三世生死流轉中收藏結使之本識，本屬正確判攝，然而卻又以細意識思忖之、取代之，因此又偏離世尊所說之緣起法正觀；譬如經量部主張有「**一味蘊**」爲生死之根本，即是指細意識以及其相應之受想思心所法，合細意識及心所法爲四蘊，想像此四蘊和合一味而展轉爲生死之根本，落入五蘊我中，導致我見堅固難斷。

又譬如分別說部，亦以其所知六識身之範圍，主張有心性本淨之細意識遍依身住，說「此細意識不依於定根，可隨依於境而分別」，同屬我見所攝——墮入識陰我之中。因此，彼等對於菩薩所觀十支因緣法「齊入胎識而還」之道理，亦誤解為「菩薩由於厭惡流轉的緣故，而重觀識陰一支以求能解脫於細意識展轉生死之過失」，成為解脫道中之非法。入胎之識或者小乘部派諸師所說結生相續之識，如果是意識之細分而稱為細意識，則意識乃是以根塵二法為緣而生之法，有生之法必定是可滅之法，亦必定要依意根與法塵二法為緣方能生起及存在；這個知見，一切修學阿含解脫道之小乘諸師都有共識，因為佛在《阿含》中說過「**諸所有意識，彼一切皆意法因緣生故**」。即以曾經通達小乘部派諸宗而不信大乘，尚在聲聞法時之世親菩薩而言，於其未信受大乘前所造之《俱舍論》中，也未曾主張意識常住不滅。世親菩薩能從不信大乘轉變為信受大乘之最大關鍵，乃是聽聞其兄無著菩薩對其開示「所知依、入胎識、大乘法體即是阿賴耶識心體」之法要而生信；無著菩薩所造之《攝大乘論》，可以說是針對當時通達小乘諸部法要而不信受大乘之世親菩薩，所開示教導之大乘宗義的一個全貌。以下舉示部分論文說明之：

復次，何故聲聞乘中，不說此心名阿賴耶識、名阿陀那識？由此深細境所攝故。

所以者何？由諸聲聞不於一切境智處轉，是故於彼雖離此說，然智得成，解脫成就，故不爲說。若諸菩薩，定於一切境智處轉，是故爲說；若離此智，不易證得一切智智。

復次，聲聞乘中，亦以異門密意已說阿賴耶識。如彼《增壹阿笈摩》說，世間衆生愛阿賴耶、樂阿賴耶、欣阿賴耶、憙阿賴耶；爲斷如是阿賴耶故，說正法時恭敬攝耳，住求解心，法隨法行。如來出世如是甚奇，希有正法出現世間，於聲聞乘如來出現，四德經中由此異門密意已顯阿賴耶識。於大衆部《阿笈摩》中，亦以異門密意說此名根本識，如樹依根。化地部中亦以異門密意說此名窮生死蘊，有處有時見色心斷，非阿賴耶識中彼種有斷。阿賴耶如是所知依，說阿賴耶識爲性、阿陀那識爲性、心爲性、阿賴耶爲性、根本識爲性、窮生死蘊爲性等。由此異門，阿賴耶識成大王路。[48]

無著菩薩與世親菩薩皆生活於小乘部派異執之時期，無著菩薩爲了挽救其弟世親免於造下誹謗大乘之重罪，於是以世親所修學、所熟悉之聲聞背景，爲世親廣解

48《攝大乘論本》卷上，《大正藏》冊三十一，頁 134，上 11-中 1。

世尊所說法之眞實義，以及聲聞人雖曾聽聞而不解其義之法；最重要者，即是所知依、一切種子識——阿賴耶識。無著菩薩舉示聲聞乘中曾聽聞世尊開示者所傳下來，世尊爲讓一心求出離生死之聲聞弟子斷除執取阿賴耶識爲我之我執染污，以異門密意已宣說阿賴耶識，如所說之愛阿賴耶、樂阿賴耶、欣阿賴耶、喜阿賴耶；聲聞弟子住於求解脫之心，依止於世尊所說之法而習行斷除三界愛之道業。如是聲聞小乘諸師將阿賴耶視爲貪愛、我執煩惱，不能以現量而知世間眾生愛樂阿賴耶識之眞實內容，不能領解世間眾生愛樂執取阿賴耶識何種法性爲自內我，因此不能理解斷除三界貪愛即是斷除世間眾生執取阿賴耶識含藏我執染污煩惱之現行，誤將「斷除阿賴耶識心體所執藏染污煩惱之現行」錯解爲即是「應滅除阿賴耶識心體」，因此而誤認爲阿賴耶識是應滅及可滅之法；說一切有部毘婆沙師所尊崇之《阿毘達磨大毘婆沙論》中，亦妄說「**阿賴耶者謂愛**」[49]，都屬誤會阿賴耶識心體自性而無法理解《阿含》所說根本識之正理者。無著菩薩又舉大眾部諸師曾聽聞世尊說法者所傳承下來的《阿含經》中所說之根本識，一切法生起之根本如樹依根之道理，即是世尊以異

[49]《阿毘達磨大毘婆沙論》卷一四五，《大正藏》冊二十七，頁 746，下 14。

門宣說阿賴耶識是一切法生起之根本，是以根本識之法性密意而說阿賴耶識。化地部諸師曾聽聞世尊說法者所傳下來的《阿含經》中，所說之窮生死蘊，即是指能恆時不斷、相續生滅流注諸法之殊勝眞實異熟果體，具有五蘊色心之種子功能者，即是阿賴耶識；雖然經過禪定之伏除加行功德，於無色界色法斷而不現行，無想定等無心位六識心斷而不現行，但阿賴耶識心中本自具有之色心種子功能，仍然依止不生不滅之心體而未曾斷除，仍有異熟功能存在而無法遠離分段生死苦。無著菩薩爲世親菩薩解釋，說阿賴耶識、阿陀那識、心、阿賴耶、根本識、窮生死蘊等名，皆是以心體之異門法性而說，所指是同一阿賴耶識心體，如此廣大法性之阿賴耶識心體眞實是佛所說之大乘法體，亦是二乘解脫之法體，否則二乘解脫即成斷滅；世親由是悟入大乘法體，乃至進修之後鄰於初地而住（由於曾謗大乘法故當世不得入地）。

由於小乘部派佛教各派之異執，大眾部諸師乃是於阿賴耶識心體以外別執有根本識，也就是彼等所說之一味蘊細意識；化地部諸師亦是於阿賴耶識心體以外別執有窮生死蘊之法；犢子部亦於阿賴耶識心體以外執有一非即蘊非離蘊之補特伽羅實我；如是皆於不信受大乘眞實法體以後，另立不存在之想像法；同屬猜測第八識法體而不能入於平等性，所說必然皆有過失，由此而互相諍論。因此無著菩薩特地將聲聞小乘人由於不知、不解、不證阿賴耶識心體，而於阿賴耶識心體之異門法性各有偏執之現象，爲世親菩薩開示講解。

如同說一切有部之毘婆沙師將阿賴耶說爲貪愛而不是如世尊所說爲心體一樣，其他聲聞小乘部派諸師亦將阿賴耶說爲身見煩惱，以是緣故，無著菩薩爲世親菩薩如是舉示說明：

復有一類，謂薄伽梵所說衆生愛阿賴耶，乃至廣說，此中五取蘊說名阿賴耶；有餘復謂貪俱樂受名阿賴耶，有餘復謂薩迦耶見名阿賴耶。此等諸師由教及證愚於藏識故，作此執，如是安立。阿賴耶名隨聲聞乘安立，道理亦不相應。若不愚者取此藏識安立，彼說阿賴耶名，如是安立則爲最勝。云何最勝？若五取蘊名阿賴耶，生惡趣中一向苦處最可厭逆，衆生一向不起愛樂，於中執藏，不應道理，以彼常求速捨離故。若貪俱樂受名阿賴耶，第四靜慮以上無有，具彼有情常有厭逆，於中執藏，亦不應理。若薩迦耶見名阿賴耶，於此正法中信解無我者恒有厭逆，於中執藏，亦不應理。阿賴耶識內我性攝，雖生惡趣一向苦處，求離苦蘊，然於藏識我愛隨縛未嘗求離；雖生第四靜慮以上，於貪俱樂恒有厭逆，然於藏識我愛隨縛；雖於此正法信解無我者厭逆我見，然於藏識我愛隨縛。是故安立阿賴耶識名阿賴耶，成就最勝。50

略釋以上論文如下：「又有一類人，於佛所說眾生愛阿賴耶、樂阿賴耶，乃至廣說阿賴耶之教門中，於其中將五取蘊說爲即是佛所說之阿賴耶；又有其他的說法，主張具有貪愛之樂受即是佛所說之樂阿賴耶；又有其他的說法，主張緣於五蘊之身見即是佛所說之阿賴耶。這一類小乘部派佛教諸師都是由於在教門不如實了知藏識阿賴耶識，以及未曾實證藏識阿賴耶識的緣故，各自都有所執而如是安立。阿賴耶的名相，隨於聲聞部派佛教諸師各自安立，他們安立後講出來的法義也都與眞實道理不能相應。若實證藏識阿賴耶識之不愚癡菩薩，將此藏識依其貪愛生死種子的自性而安立阿賴耶之名稱以後，說出來的法義是與眞實理相應而最殊勝的。爲何這樣的安立最殊勝呢？假如像聲聞部派佛教一般將五取蘊立名爲阿賴耶（阿賴耶是我愛執藏之義），然而生於三惡道中一向皆是最可厭逆之不可愛異熟果，眾生一向不愛樂於

50《攝大乘論本》卷上，《大正藏》冊三十一，頁 134，中 2-21。

如是不可愛之苦果，若說五蘊即是阿賴耶而使眾生愛樂執藏如是純苦五蘊，這說法不會與眞實道理相應，因爲眾生常求儘速捨離惡趣五蘊故。若說與貪愛同時存在之樂受即是阿賴耶，然而四禪以上（含）一切有情已捨諸受、無有樂受；具有能出生於四禪天及四空天能力之有情常有厭逆貪俱樂受的心態，如果說這些有情仍有貪俱樂受而繼續執著不捨，這個主張不應道理，因爲這些有情都仍有阿賴耶識而同時已捨貪俱樂受。若說緣於五蘊所生之身見即是阿賴耶，於佛之正法中信解五蘊無我者，對身見恆有厭惡悖逆之心，應當於信解之時即捨阿賴耶，竟說信解以後仍執藏身見而將身見名爲阿賴耶，不應道理。事實上菩薩所勝解者，乃是眾生一向攝取阿賴耶識爲自內我，雖然生於一向苦處之三惡道中，雖求離三惡道之苦受五陰，然而卻繼續執取阿賴耶識爲內我，生起對於阿賴耶識內我之愛著而不曾一時捨離；雖然已經生於四禪天以上，對於有貪愛並存之樂受恆有厭逆，然而卻依舊執取阿賴耶識爲內我而繼續生起我愛，繼續隨於對阿賴耶識功能的我愛而被繫縛；雖然有人於正法中已經信解無我正理而且厭逆我見，然而心中執取阿賴耶識爲內我，繼續生起我愛而隨於我愛所繫縛，仍不能於信解而斷我見之時即滅除阿賴耶性。菩薩因爲能夠洞見而如是勝解眞實理，故而於未能斷除執取阿賴耶識爲內我者之藏識安立阿賴耶識之名，完全不同於聲聞小乘與眞實理不相應之安立阿賴耶名，這樣成就底智慧才是最殊勝的。」

無著菩薩如是開示教導世親菩薩：聲聞小乘住於求解脫之心，讀受世尊宣說眾生的愛阿賴耶以後，這些部派佛教諸師所領解之阿賴耶卻只是五取蘊、貪愛、薩迦耶見，是與眞實道理不相應的，不能達於三界一切法而有不定之過失。又說：菩薩由於實證藏識阿賴耶識心體的緣故，不愚於世尊之法教與現量所證，因此對於內執阿賴耶識爲實我之染污極重位，安立藏識爲阿賴耶識而有阿賴耶之名；然阿賴耶性可經由修除三界愛而滅除，以是不再名爲阿賴耶識而仍名異熟識，故名爲「滅阿賴耶識」，然而菩薩道中對於藏識心體及色心等種子功能不應斷除，非屬修所斷之法，亦無方法可以滅除第八識心體，因爲第八識心體是所知依、是一切法生起之根本故，得成就無漏有爲法故。

從巴利文翻譯出來之南傳大藏經，於其經藏（Sutta pitaka）增支部（巴利名Avguttara-nikaya）經典中，亦有如無著菩薩所提到，《增壹阿笈摩》說世間眾生愛阿賴耶等等經教語句，舉示如下：

諸比丘！由於如來、應供、正自覺者之出現，四種之希有未曾有法出現。四者爲何？諸比丘！有情愛樂（阿賴耶）所執處〔1〕、欣悅所執處、歡喜所執處〔2〕，如來說示非所執處法時，彼進聽、傾耳，知喚起心。諸比丘！由於如來、應供、正自覺者之出現，此第一之希有未曾有法出現。

註：1愛樂所執處底本之 ālayarāmā，在暹作 ālayārāmā，正確。以下倣之。
2歡喜所執處底本之 ālayasamuditā，在暹本及其他作 ālayasammuditā，正確，以下倣之。[51]

阿賴耶之梵文爲 Ālaya，巴利文與梵文對於阿賴耶之拼音並無差別，因此上舉經文中之有情愛樂所執處即是有情愛樂阿賴耶，翻譯者於經文及註解中皆有說明，等同於玄奘菩薩從梵文翻譯無著菩薩於《攝大乘論》所說之「**世間眾生愛阿賴耶**」；如是欣悅所執處即是欣悅阿賴耶，歡喜所執處即是歡喜阿賴耶。

世間眾生乃至聲聞小乘諸師，不能了知眾生執阿賴耶識爲自內我，即是遍計所執處之法相，依止於此遍計所執煩惱，造作一切福業、非福業及不動行之業，即能

51《漢譯南傳大藏經》增支部經典二，第四集第一二八經，頁 220，上 2-6。

成為牽引之因，執藏於藏識心體中，使得阿賴耶識心體引生依他起、無有自性之五蘊名色諸法。阿賴耶識心體具有本來清淨、眞如無我之自性，又具有執持一切世間出世間、有漏無漏種子之功德法性，具有能了別祂所執持之一切法並隨順因緣而成滿運行之菩提法性；世間眾生內執阿賴耶識為我而愛樂之、欣悅之、歡喜之，造作一切繫縛於三界之種種業行而將我執煩惱執藏於藏識心體中，縱然厭逆諸受而不能出離異熟苦果，這就是世間眾生及聲聞小乘諸師無明之處，故諸佛菩薩稱之為愚者。

無著菩薩所說之不愚者，即是指能明了苦諦眞實性之菩薩，意即逆觀十因緣齊入胎識而還，了知無有一法能超越入胎識而存在：入胎識即是一切法生起之根本，入胎識即是生蘊與死蘊所依之眞實異熟體，入胎識即是能窮生死蘊之法體，入胎識即是能生名色五蘊之阿賴耶識。菩薩由於實證藏識阿賴耶識心體的緣故，能現觀阿賴耶識心體與由阿賴耶識幻化與造所成之名色五蘊，眞妄和合似一；能現觀覺知心自我所執之阿賴耶性，亦能現觀阿賴耶識心體隨順覺知心之眞如清淨無我自性，這樣現觀所得之超越現象界蘊處界之法界眞相智慧，即稱為實相般若。如來所說示之非所執處法，即是具有眞如無我清淨自性之藏識阿賴耶識心體，是本來解脫、非修所成，是聲聞小乘所修出離三界生死之解脫實際，亦是施設聲聞涅槃之所依法體，亦是施設無窮生死流轉之法體；惟有實證阿賴耶識心體之菩薩能夠眞實領解如來所說，不愚於如來所說而勝解依於藏識異門法性而安立之阿賴耶識、阿賴耶、阿陀那識、心、根本識、窮生死蘊等諸名稱之眞實義；如是安立阿賴耶名者方屬智者，亦是三界最勝有情。

第二節 阿賴耶識心體是般若理體

世親菩薩從通達小乘部派諸宗法義及不信大乘之聲聞人背景，轉而信受大乘、弘揚大乘之轉機，即是親近善知識無著菩薩，經無著菩薩方便善巧之開示與教導，實證阿賴耶識心體而生起實相般若智慧，方能與世尊於阿含諸經所說之密意相應，能通達般若諸經所說之第一義中道實相，能勝解方廣唯識諸經所說佛道修證之次第內容與法要。世親菩薩後來所造之《唯識三十頌》，即是將其所通達證境，以頌偈之方式廣論八識心王之體性與相用，並經由資糧位、加行位、通達位、修習位及究竟位等唯識五位，申論菩薩修學大乘佛道所證悟與所修之內涵。玄奘菩薩將護法菩薩等十位論師，針對《唯識三十頌》之釋義雜糅為十卷之《成唯識論》，流傳至今；玄奘菩薩於中印度曲女城立「眞唯識量」無遮大會之歷史事蹟，乃是戒日王為即將返回中國之玄奘菩薩所設，廣召天竺解得法義之沙門、婆羅門及諸小乘外道等，奘師以眞唯識立量，經十八日無人能破斥[52]。這樣的歷史事蹟表示著：實證大乘法的理體阿賴耶識心體者，依止佛於般若、方廣唯識諸大乘經典之至教量，以及善於修學實證阿賴耶識心體之賢聖實義菩薩乃至等覺菩薩依於自心現量實證後所造之論，必定能夠通達佛於阿含諸經密意所說之眞實義，以及般若諸經佛以無自性密意所說第一義空眞實義，也必定解了佛於方廣唯識諸經顯了而說如來藏識之法義，皆是緣於大乘理體阿賴耶識心體諸多異門法性之無二法門。今人平實導師亦依如是實證密意，於二〇〇一年元月公開聲明接受第一義諦無遮大會之法義辨正，今仍公布此一公開聲明於尚在流通之《邪見與佛法》書中，不曾中止；其實相般若智慧及其無畏之示現，皆由實證如來藏阿賴耶識心體而發起眞如智慧所致。

無著菩薩亦說，由於諸多異門法性成就阿賴耶識廣大法門，猶如大王路，因此

---

52 《宗鏡錄》卷五十一，《大正藏》冊四十八，頁 717，下 28-頁 718，上 3。

阿賴耶識即是所知依、一切種子識，一切有漏無漏法種皆由阿賴耶識所執藏，蘊處界諸法皆由阿賴耶識直接或者間接展轉所出生，一切法依止於阿賴耶識而生住異滅，一切有爲法、無爲法之種種名皆緣於阿賴耶識之法性而安立，故說阿賴耶識是大乘法之理體，自然亦是二乘涅槃之所依理體，否則無餘涅槃即成斷滅空；菩薩所證本來自性清淨涅槃、二乘無學聖者所證有餘涅槃及無餘涅槃、佛地無住處涅槃等四種涅槃，亦皆依此理體而施設名稱。若欲信受大乘、入於大乘，首要就是信受有別於六識心之阿賴耶識眞實可證，倘若猶如部派佛教諸小乘僧及後世之隨學者，主張阿賴耶識是意識細分之假名，主張阿賴耶識是諸法緣起無自性空之假名，主張阿賴耶識是貪愛、我執、薩迦耶見，主張阿賴耶識是可滅之法、無有眞實法體，則永遠入不了大乘法而偏離佛道，必然同時偏離二乘解脫道之實證，永遠將以意識心處於種種境界之分位視爲無爲法之法體；非唯如此，亦將無法斷除我見而墮於常見或斷見之惡見中。

又由於部派聲聞及諸外道各各意識心所想像之萬法根本，皆是虛妄不實，非如阿賴耶識如來藏之可實證而令諸菩薩同法同見；由於部派佛教諸聲聞臆測阿賴耶識法性而非實證，因此不能如諸菩薩一般法同一味，導致部派佛教諸聲聞人互相之間不能證得法平等性而產生諍論，致有部派佛教諸小乘人之間互於所執欲摧破批判他派之歷史事件出現；然而此種互相摧破批判之現象，於馬鳴菩薩、龍樹菩薩、提婆菩薩、無著菩薩、世親菩薩、玄奘菩薩、窺基菩薩……乃至今天正覺同修會中，或如上至彌勒菩薩所造之論中皆未曾見，因爲諸菩薩造論所依止之智慧皆是緣於親證阿賴耶識心體而得法平等性，前後菩薩之現觀皆是法同一味故，只有後得智乃至種智之深淺廣狹而於根本無有諍議，故諸菩薩之間不會產生後後否定前前之諍論事相，唯有聲聞羅漢法中未證之凡夫妄說大乘佛法時，方被菩薩指正而仍非諍論，菩薩所破及所立皆屬眞實義故，所彰法義悉皆契合聲聞羅漢法及實相法界佛菩提道故。

若不信有阿賴耶識心體眞實可證，若不信阿賴耶識心體是大乘般若理體者，皆應以世親菩薩所經歷之眞實過程爲前車之鑑；再舉世親菩薩於釋義《攝大乘論》時所說法語證明之：

論曰：云何爲業雜染不成？行爲緣識不相應故，此若無者，取爲緣有亦不相應。

釋曰：爲辯業雜染不得成因緣，故次問：云何業雜染不成？「業爲緣識不相應

故」者，謂福非福及不動行生已謝滅，若不信有阿賴耶識，當於何處安立熏習？如六識身，不能任持所有熏習，於諸煩惱雜染事中已具顯示。「此若無」者，謂若無有行爲緣識；「取爲緣有亦不相應」者，謂亦無有取爲緣有。此復何緣？謂前諸行所熏習識，由取力故，熏習增長轉成有故；此中即業是雜染性，名業雜染；或依於業而有雜染，名業雜染。若不信有阿賴耶識，此業雜染亦不得成。[53]

略釋上舉論文中，世親菩薩釋論部分：「釋曰：爲了申辯他們所說之理在業雜染上面不得成就的因緣，所以接著問：爲何業雜染不能成就？《攝大乘論》中解釋說『以業行爲緣的六識心與業雜染不相應』的道理，這是說：當他們把阿賴耶識定義爲福業之行、非福業之行以及不動行的行爲識時，成爲受熏識與行爲識是同一識，當福行、非福行、不動行等業生起之後又謝滅了，所造的這些業種就不能存在了，若不信有阿賴耶識持種受熏時，應當於何處安立能熏與所熏的熏習道理？就像根塵二法爲緣所生之六識身，無有自體而不能自在、常常間斷，不能任持一切種子而不受熏習——是能熏而非所熏；這個道理於前面申論種種煩惱雜染業行等事之中，已說

53《攝大乘論釋》卷二，《大正藏》冊三十一，頁 331，中 17-29。

明種子體非如六識身不能持種，亦即若無阿賴耶識常住而能執持福、非福、不動業行等種子，則業雜染種子即不能成就，如是正理都已具體顯示了。『這個阿賴耶識心體若不存在』這一句話，是說明：假使沒有以行作爲所緣的六識，則『以取作爲所緣的後有也同樣不能與業雜染的道理相應』；這也同時是說明：若是別無阿賴耶識常住持種，必然也不會有以取作爲所緣的後有了。這又是什麼緣故而這樣說呢？這是說在前面各種福、非福、不動行中被六識熏習的阿賴耶識，由於執取這些業行種子力量的緣故，被不斷熏習增長而轉成後有勢力故；這其中所說之善惡業是雜染性，所以稱爲業雜染；或者由於造了善惡業而有雜染，稱爲業雜染。若不信六識外別有阿賴耶識能夠受熏持種，諸善惡業雜染種子即不能保存，那麼這個業雜染的道理也不能成就。」

世親菩薩於釋論中不斷地強調，若不信有阿賴耶識，則煩惱雜染、業雜染等都不可能成就；也就是說，意識等六識心都是有生有滅之法（夜夜間斷故），不能執持一切業行所成就的雜染種子（業雜染）；若沒有阿賴耶識的眞實存在，受熏而成就的業雜染之因果便不能成就。這是世親菩薩以其曾於小乘部派中不信大乘、不信有阿賴耶識時之親身經驗，後來因兄長無著菩薩幫助而實證阿賴耶識心體以後，證實了這個眞相；爲懺悔以前尚在小乘法時所犯毀謗大乘之罪，如是語重心長地於釋論中闡述大乘法體阿賴耶識之妙義，藉以護持大乘法而滅謗法重罪。

能夠履踐因位所造一切善惡業行而成就相應果報體者，必定是於因位時能遍一切時、遍一切處、遍一切界而且遍一切識，每一刹那都不間斷地現行蘊處界功能，並執持相應之雜染法種而完成受熏過程，亦有功德法性能了別所持業種並予以變異成熟爲果報體，這樣的法體就是無著菩薩向世親菩薩所開示的所知依、一切種子識——阿賴耶識，也就是世尊在《阿含經》中所開示能攝持受精卵、攝取四大以長養五根之入胎識、住胎識。倘若不信而否定此阿賴耶識眞實有，則無有能如實成就因果之法體，即無有能成熟所持業種之異熟識，亦無有能持一切種子不使失壞之識體，則諸佛所說之「**無始時來界、一切法等依**」之所知依、一切種子識、異熟識、無垢識等，皆成爲有名無實之戲論，如是則名爲謗佛者。然佛乃是如實語者、眞實語者、實證一切法者、一切法已究竟了知者，故應以具足信根之善而信受佛語，信受阿賴耶識是大乘法體，眞實可證。

佛於《般若經》中說，若有菩薩摩訶薩聽聞「**雖度無量無數眾生令至涅槃，而實無眾生有所度**」，聽聞此說不生驚怖，此菩薩摩訶薩即是被著大乘鎧，以大乘法而自莊嚴，能安住大乘[54]；所說者即是指實證大乘法體如來藏阿賴耶識心體之菩薩，能現觀一切有情都由阿賴耶識（如來藏）出生，一切有情各自本有具足的阿賴耶識心體，悉皆同爲不來不去、不生不滅、不垢不淨、不增不減之**本來自性清淨涅槃**，一切有情眾生皆平等無二。眾生若被菩薩善知識所度而證得自心如來藏阿賴耶識心體，即能現觀並安住於此本來性淨涅槃中，而此本來性淨涅槃乃眾生本自具足圓滿，並非從他而得，亦非修行之後始得；而菩薩善知識現觀五蘊法皆由自心如來藏所幻化、出生、含攝，無有一法外於自心如來藏而存在，以如是實相之智慧，觀五蘊法皆是假說而不可得，成就法智；並且等觀所度眾生之自心如來藏及五蘊法亦如是，成就類智，故能信受並勝解佛所說「**度無量無數眾生令至涅槃，實無眾生有所度**」之般若實相現量證境。

五蘊法皆是被如來藏藉諸因緣所生之生滅法，五蘊法無有自體、無有自性，由

---

[54] 《佛說佛母出生三法藏般若波羅蜜多經》卷一，《大正藏》冊八，頁 590，上 20-24。

如來藏藉因緣聚起而有，亦由如來藏依業種及異熟種將因緣散壞而無；五蘊法之本質乃是無常空，五蘊法緣起性空所說即是無常空，空故無我，無一法具有常住自體而非實相。實相者謂：定有一法不具蘊處界我之生滅性而無眾生我性，卻能無我性地常恆不滅而伴隨所生諸法不斷運轉，亦能獨處於無餘涅槃中不生一切法，絕對寂靜；如是法界中永不改變之常住法體，方是大乘法般若眞智所說實相境界；故大乘法所指不是以五蘊等生滅法的無常空作爲內涵，蘊處界之緣生性空不是大乘法之實相眞空。蘊處界萬法緣起性空之無常空，乃是由一實相法第八識藉諸因緣而成就之現象，不能稍離實相眞空一法而有蘊處界之生起，何況能有蘊處界之緣生性空？所謂緣起性空者，謂有一常住法藉諸緣生起蘊處界等法；若無主體者，是何法假借諸緣而生起蘊處界等？而蘊處界之緣生性空法，亦永遠墮於生滅無常之一邊，無有絲毫本來自在之法性，無有絲毫不來不去性、不生不滅性、不垢不淨性、不增不減性，故若主張諸法依緣即能生起，即成《中論》所破之自生或共生、他生、無因生之法；是故五蘊法之緣生性空無有本來性淨涅槃之自性，不是佛所說之般若實相眞空。

所謂實相空性者必屬妙有，以非世間有、三界有等世俗有故；乃是實相空性法體能幻化變生諸法，此法體同時含攝所變生諸法之生滅有爲性，於時時不斷支應諸法之生滅有爲中，能顯現法體自身不生不滅、不來不去、不垢不淨、不增不減之無爲涅槃性；而此實相空性於現行位中之法體，始終不墮於有漏法之一邊，亦不墮於斷滅無之一邊，卻有無漏有爲法之法性，此種含攝諸法而不墮於有無二邊之法性，稱爲不二之實性；於大乘法悟入之一切賢聖，現觀一切有情都同皆具有如是不二實性之法體，如是法體即是能生諸法之實相——如來藏心。大乘法之法體如來藏阿賴耶識心體，即是能幻化變生蘊處界諸法、具有不二實性之法體；實證此阿賴耶識心體之菩薩，得到諸佛菩薩善知識之攝受，轉依心體的眞如法性之後，生起了實相般若根本無分別智及少分後得無分別智，能現觀五蘊身確實是由阿賴耶識心體所親生；不生滅之實相心阿賴耶識心體函蓋所生之蘊處界萬法，二者不一亦不異。如是住於中道境界而作觀行時，即名成就中觀的行者，現觀五蘊身僅是阿賴耶識心體藉因緣所現行之生滅法相，故能勝解如是含攝有爲無爲諸法而不落於有無、斷常二邊之不二實性，非唯能證解五蘊身所由來之眞實相，亦能證解法界實相現量境界，如是證知已，實相般若瞭然於胸，即稱爲親證般若實相智，成實義菩薩摩訶薩。

實證阿賴耶識心體者即能夠勝解五蘊生住異滅之眞實相，亦即般若實相智緣於信受有阿賴耶識以及於阿賴耶識心體之實證，故說阿賴耶識心體是般若理體；亦因如是實證故，菩薩親自證實蘊處界緣起性空法及二乘涅槃法之所由，了知二乘涅槃實由此如來藏心而演述——所謂緣起者皆是由如來藏心藉緣而起，若無如來藏心即無眾緣之生起，則無緣起性空法可言；由是故說如來藏心亦是二乘菩提、二乘涅槃之理體。般若所言不二實性，歸屬於阿賴耶識心體如來藏，不二實性即是中道，不落於三界有，亦不落於斷滅無；非如小乘凡夫部派佛教所執之一向有，識陰六識皆不能往至後世而不得盡未來際故；亦非惡取空者所執之一向無，諸阿羅漢皆信有本識常住不壞故。

如是實證者，依止於般若實相智來現觀蘊處界諸法之緣生性空，以及現觀蘊處界本應歸屬於阿賴耶識心體之種子功能——若非阿賴耶識心體功能不斷運轉，蘊處界都無法有所作用故，而實相心體不生不滅、本來涅槃、本來無生；菩薩如是親證及現觀，故能勝解佛於《般若經》中爲諸菩薩所說「蘊處界諸法亦本來無生」之大乘法要；如是緣於具有中道性之阿賴耶識心體而現觀蘊處界諸法之智慧，親證一切法中不離世間、不即世間之中道現觀智慧，即是般若中觀智。無著菩薩爲了拯救世親菩薩免於誹謗大乘之地獄業果報，述說了《攝大乘論》而引導世親菩薩信受大乘、親證大乘，此乃針對世親菩薩通達小乘部派諸宗而不著於各宗謬執的情境，以直接顯說阿賴耶識心體乃至轉進「**三界唯心，萬法唯識**」之增上慧殊勝法要，使聰慧過人之世親菩薩能信受無疑並能實證；雖然其中般若中觀之闡述分量較少，然而皆是緣於同一理體阿賴耶識心體，而此乃無著菩薩爲世親菩薩所施設之方便，法因根器有深淺廣狹之運用善巧故。

龍樹菩薩與小乘部派佛教中之說一切有部迦旃延尼子之弟子等人同一時期，當時各部皆有其所執之宗義，而各部所宗皆是於蘊處界諸法計執有無。譬如分別說部計執細意識能遍依身住、緣起支性是無爲法、過去未來非實有體；說假部計執十二處非眞實；說一切有部計執三世別有實體、緣起支定是有爲、無有實我法；雪山部計執有大天五事；犢子部計執補特伽羅爲非即蘊非離蘊之實我；化地部計執佛與二乘皆同一道、同一解脫；經量部計執有「一味蘊」細意識爲生死之根本、蘊外有別體勝義補特伽羅實我。小乘部派佛教如是之計執者，皆是於無常、有爲、生滅性之蘊處界法中增益計執有實我法、有實體法、有無爲法，落入增益執中，如是部派佛教各部之所宗，皆不能相容而互有諍論（詳見說一切有部之《阿毘達摩毘婆沙論》）；龍樹菩薩爲破小乘諸部之所執以及諍論，運用其通達般若之方便善巧，並隨順於佛爲小乘人先說阿含解脫道，次爲度彼小乘人迴小向大以及爲菩薩說般若實相之說法次第，因此造了《中論》五百偈，並解釋《摩訶般若波羅蜜經》而造了《大智度論》。龍樹菩薩於其中闡述般若實相以破除諸部之異執，瞭解小乘欲於蘊處界諸法中求決定相，聽聞般若所說諸法畢竟空而不能解了眞實義，不能接受彼各別所執決定之法於大乘般若中皆是無常故空之無所得空法，因此而毀謗大乘爲非佛說[55]。龍樹菩薩觀察小乘執諸法一向有而不信大乘般若空、不信有阿賴耶識之背景，以及小乘視阿賴耶識爲煩惱貪愛、爲薩迦耶見之前提，故於《中論》及《大智度論》中皆未提及如來藏阿賴耶識之名稱，以免當代部派佛教小乘人生起煩惱，但直以諸法實相、大乘般若眞空之異門而論述，如同佛於般若諸經中隱覆阿賴耶識密意而說，是同樣道理。

[55]《大智度論》卷六十三，《大正藏》冊二十五，頁 503，下 1-7。

《般若經》所闡述者，即是以阿賴耶識心體不二實性爲基礎，宣說從阿賴耶識心體所變化出生之蘊處界諸法皆同樣無生、無所得空，故雖未顯說阿賴耶識之名稱，但不離本來無生之心體，名爲非心心、無心相心、不念心、無住心……；如是等名所說心，所說非生滅、非無常性、諸法實相、畢竟空、中道性等，所指皆是阿賴耶識心體之法性。舉《大智度論》中，龍樹菩薩隱說有不生不滅之心體能受熏爲例：

問曰：佛處處說觀有爲法無常、苦、空、無我，令人得道，云何言「無常墮邪見」？答曰：佛處處說無常，處處說不滅。如摩訶男釋王來至佛所，白佛言：「是迦毘羅人眾殷多，我或值奔車、逸馬、狂象、鬪人時，便失念佛心；是時自念：『我今若死，當生何處？』」佛告摩訶男：「汝勿怖勿畏！汝是時不生惡趣，必至善處。譬如樹常東向曲，若有斫者，必當東倒；善人亦如是，若身壞死時，善心意識長夜以信、戒、聞、施、慧熏心故，必得利益，上生天上。」若一切法念念生滅無常，佛云何言「諸功德熏心故必得上生」？以是故，知非無常性。[56]

能持種受熏之心不能是無常性，否則即無持種受熏而令業種現行之功能，而意識

56《大智度論》卷十八，《大正藏》冊二十五，頁 193，上 17-29。

乃是念念生滅具無常性之心，不能受熏持種，而且是能熏之心，故知必有另一心體非無常性，又是無覆無記，方能受熏持種，此心即是一切種子識阿賴耶識心體；於所舉上文中，龍樹菩薩已隱說有一非無常性之心體能受熏，並非一切法皆是念念生滅無常而無有眞實法體存在。又有一類從小乘部派分出，閱讀大乘經教但未實證解脫果及般若實相者，見般若諸經說諸法皆空，不能解了，自稱爲已證阿羅漢果並修學大乘菩提，如執大天五事者，計執諸法皆空無所有，龍樹菩薩訶責彼等爲邪見人，如下所舉《大智度論》論文：

觀空人亦言眞空無所有，與第三邪見有何等異？答曰：邪見破諸法令空；觀空人知諸法眞空，不破不壞。復次，邪見人言諸法皆空無所有，取諸法空相戲論；觀空人知諸法空，不取相、不戲論。[57]

取諸法空相戲論者，即是執取蘊處界諸法緣起性空之空相爲眞實，如是而說諸法皆空無所有，此乃說計執諸法一向空之惡取空者；聲聞部派佛教後人清辨、佛護，取緣生性空認作般若眞空，主張：若論世俗諦，心、境俱有；依緣起性空勝義，心、

57《大智度論》卷十八，《大正藏》冊二十五，頁 193，下 25-頁 194，上 1。

境俱空。彼等認取諸法緣生性空無有自體、無有自性爲勝義空，卻攀緣而聲稱承法於龍樹菩薩之《中論》；今之西藏密宗紅、白、花教承襲自清辨所傳者爲自續派中觀，黃教承襲自佛護所傳者爲應成派中觀[58]，俱屬六識論者，同皆否定如來藏阿賴耶識，盡都是龍樹菩薩所訶責「取諸法空相戲論，破諸法令空」之邪見人。眞空所說乃是般若實相，以不二之實性中道，現觀蘊處界諸法歸屬於如來藏阿賴耶識心體之本來無生；不同於小乘人以無常生滅之蘊處界緣生性空而壞滅諸法，說諸法皆空；緣起性空是依阿賴耶識常住的法性而有，緣生性空則是依蘊處界而有，謂蘊處界有生滅相、無常相、有爲相，故緣生性空之所觀者乃生滅無常之蘊處界，非眞實法性，故稱爲戲論。

諸法空相乃是諸法實相如來藏阿賴耶識心體藉眾緣所生蘊處界諸法之無常空相，倘若離於諸法實相而斷取蘊處界諸法緣起緣滅之空相以爲般若者，所說般若正觀及中觀即成戲論；何以故？無有母法爲因而僅有各別諸緣者，法不得成，故是戲

[58] 宗喀巴著，法尊法師譯，《菩提道次第廣論》卷二十，福智之聲出版社（台北），二〇〇五年三月第一版十八刷，頁 405。

論。若再於蘊處界諸法之緣起緣滅無有自體、無有自性之緣起無自性空計著，執取緣生性空之諸法空相而說一切法空，主張此「一切法空、一切法無所有」是諸法之因、是諸法之實相，則是於戲論上再妄加一重戲論。《般若波羅蜜多心經》所說：「是**諸法空相，不生不滅、不垢不淨、不增不減。**」[59]是依不二實性之般若實相，現觀蘊處界諸法歸屬於阿賴耶識心體，阿賴耶識心體具有不生不滅、不垢不淨、不增不滅之中道法性，而蘊處界諸法以及蘊處界能緣起緣滅之空相，皆是因阿賴耶識心體幻化而有，是阿賴耶識心體不二實性所含攝，因此而說蘊處界之諸法空相不生不滅、不垢不淨、不增不減。故諸法實相才是般若，般若非指蘊處界等諸法之虛相，這才是住於涅槃本際本來無生之法，才是自始至終永處中道之眞實法性，能如是現觀者方可名爲中觀師，如是之法才可稱爲般若波羅蜜，故龍樹菩薩說諸法實相是般若波羅蜜[60]，龍樹菩薩未曾說諸法空相等虛相是般若波羅蜜故。

　　龍樹菩薩所造之《中論》，即是以具有中道法性之阿賴耶識心體爲諸法實相之般

59《般若波羅蜜多心經》，《大正藏》冊八，頁 848，下 9-10。

60《大智度論》卷十八，《大正藏》冊二十五，頁 195，下 16。

若理體，申論蘊處界諸法空相之眞實法相，欲破除恆計蘊處界一切有之部派佛教小乘諸部所執，以及破除稱名爲菩薩而計緣生性空、一切法空之假名修學大乘之部派佛教所執。若有以爲《中論》所說爲諸法空相之一切法空，以爲緣生性空是《中論》所說中道之宗旨，則無法契入《中論》，無法入於大乘而不能於佛法眞實修證；倘若更以所曲解之緣生性空、一切法空註解《中論》、述說中道者，則皆爲龍樹菩薩所訶責「破諸法令空」之邪見人，所說皆是戲論，言不及義故。一切欲解《中論》眞實義者，都應詳讀第一章與第二章以後，再進入《中論》論文之釋義章節，即能以清晰之思路領解龍樹菩薩之法義開示。

第三章　以中道實性論述一切法無生

第一節　禮敬如來

菩薩造論，由於所得之智慧來自於佛之教導，故於論述大乘法義時，都先以所要論述法義內容之眞實義，以偈頌供養佛；一方面表示造論之菩薩能如實勝解佛所說法，另一方面也表示菩薩不違佛意，將所勝解之法要承接而弘傳，以茲表示對佛之恭敬、讚歎及供養。因此龍樹菩薩於《中論》之前頭，即先以偈頌標出造《中論》所依之中道根本理，以之禮讚佛陀。

頌曰：

不生亦不滅，不常亦不斷；不一亦不異，不來亦不出。

能說是因緣，善滅諸戲論；我稽首禮佛，諸說中第一。[61]

般若波羅蜜是以中道法性爲其實性，故眞實般若波羅蜜者，無有少法可取可捨而說其爲或生或滅、或常或斷、或一或異、或來或去。若純粹從五蘊、十二處、十八界法來說，有其因緣聚集之生相，以及因緣散壞之滅相，取此生滅相故說蘊處界無常；蘊處界是無常相故，唯是苦性一法而無有眞實我性，故異於第八識眞實我；由於取蘊處界法之過去、現在、未來三世法相，故有來有去。若說蘊處界諸法無常、苦、空、無我，即是先取蘊處界法之法相，再依止之而取其生滅、無常、一異、來去之相，因此而產生無常、苦、空、無我之空相智；此空相智乃是觀於生滅、斷常、一異、來去之一邊所得者，非眞實無二中道性之般若波羅蜜，僅爲相似之般若波羅蜜，於蘊處界取著，於蘊處界空取著的緣故。

蘊處界諸法之空並非眞實空法，故非眞實般若波羅蜜，何以故？蘊處界諸法之空乃是生滅有爲空、無常空，僅歸屬於因眾緣而生起、無自性空之空相，故此緣生而性空之現象非蘊處界諸法之實相，乃是蘊處界諸法非常住法本質之無常空相，亦即緣生

---

61 本書所採用者，乃是日本《大正藏》校注本，姚秦三藏法師鳩摩羅什所翻譯之版本。

性空無自性，非眞實之眞如空性而可以成爲出生諸法之實相。世尊以方便善巧於四阿含中廣說蘊處界諸法生滅有爲之空相以後，次於般若諸經爲諸菩薩宣說蘊處界諸法之實相。[62]菩薩了知蘊處界諸法之實相乃是本來自在、不生不滅之本住法；此本住法乃是能給予有情蘊處界果法之因，蘊處界諸法不能自生，亦非眾緣之一緣能生，亦非眾緣即能生，乃是以本住法自體所具足蘊處界種子爲因與眾緣和合而生；而本住法與眾緣和合出生蘊處界諸法，以其一味眞如無自性空性入於蘊處界諸法，成就蘊處界諸法生滅有爲法性，本住法之一味眞如無自性空性，能出生蘊處界諸法之種種差別法性，而仍然不改易本住法之眞如無自性空性一味無差別性，如是與蘊處界諸法和合運行如一，故說本住法與所出生之蘊處界不一亦不異。本住法本來自在無生，故無有滅，蘊處界諸法乃是本住法所含藏之種子功能，雖然有情於分段生死中蘊處界有生有滅，然而本住法所攝之蘊處界種子功能，隨於本住法法體之無生而不可滅，藉緣現起之蘊處界乃假名而說、無實體故；如是攝蘊處界歸於本住法第八識，而說蘊處界不生亦不滅、

[62]《大般若波羅蜜多經》卷三〇五，〈佛母品 第四十一〉：「善現！甚深般若波羅蜜多能示世間諸法實相者，謂能示世間五蘊實相，一切如來、應、正等覺亦說世間五蘊實相。」《大正藏》冊六，頁 553 下 3-6。

不常亦不斷、不來亦不去。

本住法是蘊處界諸法之實相，菩薩證知本住法乃是入胎之識，此入胎之識即是能聚集一切善惡業種，並生現一切相應善惡果報之心，此心即是自身蘊處界之實相；以證知此實相心為基礎，深入現觀並領解世尊於般若諸經所說此心不二實性之空性，這樣的智慧稱為般若，亦即能照見眞實之空性與假法空相之智慧，梵文直譯稱為般若，此實相般若即是了知諸法之本際，亦了知涅槃之本際與蘊處界之生死不二，故菩薩能安住於眾生本來常住涅槃之不可思議解脫境界，不畏懼生死苦而世世習行菩薩道業。因此，對於修學佛道而非單純二乘解脫道之誓願承擔如來家業之菩薩而言，要能如實勝解蘊處界諸法之因，而不墮於斷常、生滅、一異之戲論，此中實證實相心乃是不可替代之關鍵之鑰，唯有親證實相心而能現觀蘊處界諸法中道性之般若空，生起無生忍之眞實般若波羅蜜多，方才堪能修學道種智，乃至圓滿一切種智。何以故？因緣所生之法不能反成為諸法之因，非諸法之因而是諸法之因與眾緣所生者即非實相故，一切有情之色蘊、識蘊、受蘊、想蘊、行蘊皆是因緣所生法，故色蘊等五蘊之緣起無有自性之五蘊空非為能生五蘊之因；既然非能生五蘊之因，則若執取五蘊緣生性空之空作爲實相，認定緣生性空是般若空性者，即成爲理不能成就之戲論。故龍樹菩薩讚歎世尊所宣說不生亦不滅、不常亦不斷、不一亦不異、不來亦不去之般若實相，是蘊處界諸法生起之「因」緣，能善於滅除非因計因、無因見等虛妄計著無生之戲論，是一切說法師中最殊勝而無有能過者。

不生不滅之第八識實相心才是蘊處界諸法之因，外於實相心而妄計餘法爲諸法之生因者，皆是戲論所攝。所謂非因計因者，如外道所計大自在天、時節、微塵、勝性等爲能生世界之因，乃至小乘各部派傳承下來，於否定七、八二識之餘，妄計有意識細心或者意識極細心能入胎生五蘊，以及由小乘部派嫡出之應成派中觀及自續派中觀諸師、所計執蘊處界緣生性空爲勝義空性者，皆屬於非因計因之戲論。何以故？以外道所計之大自在天爲例，大自在天若能生世界，大自在天是常法還是無常法？大自在天是出生了以後才能生世界？或者大自在天未出生而生世界？倘若大自在天是常法，當知即是純無爲，如何能夠造作世界？若無爲的常法能造作世界，則虛空亦應能夠造作世界，而虛空卻不能造作世界，虛空僅是依止於色法所施設之色邊色，無有眞實法，如何能造作世界？倘若大自在天是無常法而能造作世界，一切瓶盆、桌椅、汽車、飛機等應當都能造作世界，而此事於現象界爲非量故。倘若又說大自在天既是常也是無常，故能夠造作世界，那麼虛空與瓶盆等應當皆能造作世界，然道理不成故。若大自在天是出生以後才造作世界，如瓶盆等一樣是不能造作世界的，因爲有生之法屬於無常法，無常法不得成爲諸法生起之因故；若大自在天是未出生而造作世界，則如同石女兒一樣，是不存在的法，如何能夠成爲諸法生起之因？故外道所計之大自在天、時節、微塵、勝性（冥性）等皆爲非因，皆是墮於生滅、斷常兩邊之法，皆非本來無生而離於生滅、斷常者，如是計著萬法之生因皆是戲論所攝。[63]

計著意識細心或者意識極細心能入胎出生五蘊者，同樣應一一給予檢驗：是常法還是無常法？是已出生而生五蘊？或者未出生而生五蘊？倘若意識細心是常法，則應當虛空亦能出生五蘊，事實不然；倘若意識細心是無常法而能生五蘊，則眼識乃至身識以及所相應之心所法，應當皆是能生五蘊而成爲蘊處界諸法之因，則意根法塵二法能生意識，眼根色塵二法能生眼識，乃至身根觸塵二法能生身識，此根塵等十二處更應當是能生五蘊而成爲蘊處界諸法之實相，則實相非唯一而成爲亂相，與戲論無二。

63 此段解說，參考龍樹菩薩造，無著菩薩所釋，《順中論》，《大正藏》冊三十，頁 41，上 25-中 20。

意識細心若是已出生而生五蘊，則同於無常法之過失，道理不能成；倘若意識細心是未出生而能生五蘊，則一切不存在之第十九界、第十三處諸想像之法如石女兒、兔角等，亦應能夠出生五蘊，則五蘊成爲無中生有之法，於理不相應。意識之本質乃是藉意根與法塵二法相觸所生者，不離生滅、斷常二邊，無有絲毫無生之理可得，如是檢驗，計執意識細心者與五蘊之生因不能相應，沒有道理可成就故。

計著蘊處界諸法緣生性空爲勝義空性者，亦當以同樣道理檢驗之：緣生性空是常法還是無常法？是已出生而生五蘊？或者未出生而生五蘊？是無常故空的現象或是心體？倘若緣生性空是常法，則應當虛空亦能出生五蘊，然此事不成；倘若緣生性空是無常法而能生五蘊，則四大、業種、父精母血、無明各各諸緣亦應皆能獨自出生五蘊，各各皆是無常法、緣生性空故，而事實上別別緣皆不能獨自出生五蘊。倘若緣生性空是已出生而生五蘊，同於無常法之過失，並且緣生性空乃是五蘊出生以後生滅無常、無有自體與自性之空相，如果緣生性空是能生五蘊之因，則一切母親出生了兒子以後，母親亦可成爲兒子所生，然此理不通，彼理亦不通故；倘若緣生性空是未出生而生五蘊，則一切無法如石女兒、兔角等皆能出生五蘊，但事實不然。若緣生性空是蘊處界緣生必滅的現象，則現象是所顯法，不能反過來出生蘊處界；若緣生性空是心體而辯爲能生蘊處界者，則緣生性空不應於蘊處界的藉緣生起而施設爲性空，是故進退失據。

倘若強辯緣生性空是無生法性，現見世尊所說之般若波羅蜜多乃是實相心之中道體性，則緣生性空應歸屬於心之體性，是歸屬於意識心嗎？或是意識細心、意識極細心？而意識細心、極細心皆是根塵二法爲緣所生之意識所攝，前段已辨正意識或者意識極細心非能生五蘊之因，如何攝屬於有生有滅之意識緣生性空而能夠成爲無生法及五蘊生因？故主張緣生性空爲具中道性之實相般若空性者，即是墮於無因論以及非因計因之戲論中。唯有世尊所宣說具足中道法性——不生不滅、不常不斷、不一不異、不來不去——能生蘊處界之心，即是入胎之識如來藏阿賴耶識（異熟識），是蘊處界諸法之實相，世尊善說蘊處界之「因」緣而能眞實滅除一切墮於我見、見取見、邊見、邪見所妄想計著之戲論無生法，離於此中道法性實相心之因緣，更無有法可成就無生之因法。

能夠通達蘊處界諸法無生之本際者，即是對如來之最上法供養，因此龍樹菩薩於申論《中論》之前，以實相心之般若中道無生法性來禮讚、供養如來，也同時表明《中論》論述之精髓即是實相心之般若中道無生法性。龍樹菩薩《中論》總共五百偈，以二十七品分別論述，首先是〈觀因緣品〉。

第二節 〈觀因緣品 第一〉

頌曰：

不生亦不滅，不常亦不斷，不一亦不異，不來亦不出。
能說是因緣，善滅諸戲論；我稽首禮佛，諸說中第一。
諸法不自生，亦不從他生；不共不無因，是故知無生。
如諸法自性，不在於緣中；以無自性故，他性亦復無。

釋論：「（前兩偈已於第一節解說故此處不重複）蘊處界諸法無有眞實自體，故非從自體而生自體，也不是從他緣而出生；亦非從其他諸緣所共同出生，但也不是無因而生，是能生諸法之法體自體本來不生，所生諸法有生必滅而無有眞實體存在，這才是無生的道理，才能說是緣起性空。就好像『所生蘊處界諸法之自性，不在於諸緣之中』一樣，蘊處界諸法無有眞實體故無自性，因此無有能生諸法法體之眞如空性自性。」

爲破除小乘各部派之異執，依止於世尊之聖教道理，令小乘以及假名大乘之學人能捨諸戲論、捨諸取著，入於諸法實相般若波羅蜜，早日進入佛法之正修行而成就佛菩提道，龍樹菩薩於闡述了般若波羅蜜之中道實性以後，以此中道實性爲基礎，中論蘊處界諸法無生之眞實道理。於阿含解脫道中，世尊處處宣說蘊處界諸法爲「因、緣」所生法，是無常而終歸壞滅之有爲法，蘊處界諸法由於無常故即是苦，是苦法故非眞實我，非眞實我故空，因此說因緣所生法皆是空。蘊處界諸法既是因緣所生法，必定不是能生蘊處界諸法之因，何以故？因緣所生之法無有自體，若蘊處界諸法有自體，則不需因緣而生，有自體則不需生法故；無有自體者，必須藉因藉緣而生，既是藉因藉緣而出生者即是所生法，如何反成爲能生諸法之因？故一切因緣所生諸法，空無自體，於空無自體諸法中強說因性則悖逆因明，所說必定不能成就。而一切空無自體諸法亦非諸緣即能生起，若無能藉眾緣出生諸法之根本因收藏其種子，則一切諸法尚不能現行與成就，何有一切法空之現象可成？亦何有緣生性空之可言？倘若主張所生諸法緣生性空之現象是諸法之實相，則此實相反要依止於被出生之法而有，如何能夠在諸法未生之前藉眾緣出生諸法？故緣生性空之現象非諸法之實相，能產生緣起性空現象之主體識方能出生諸法，彼等顛倒之理不可成故。蘊處界一切諸法之根源，意即能藉眾緣出生諸法者是諸法之實相，方是蘊處界一切法空之依處，即是第八識眞如。

蘊處界諸法之根源，藉眾緣出生蘊處界之法相，龍樹菩薩引用經中世尊之開示如是申論：「**諸法不自生，亦不從他生；不共不無因，是故知無生。**」諸法指的是五蘊、十二處、十八界等蘊處界，其中五蘊不自生五蘊，何以故？色蘊乃是四大聚集而成，色蘊並非實體而自在者，乃是四大聚集所成質礙之相，假稱此質礙之相爲色蘊，故色蘊非眞實有體。色蘊既然是四大聚合所成而假稱名者，當然無有不變的色蘊實體與法性得以出生色蘊，故色蘊不能自生。又色蘊於尚未出生之前本是空無，若謂色蘊能生色蘊者即是自性，成爲無中生有，理不得成。識蘊亦非由識蘊自身所生，識蘊中之眼識乃是眼根與色塵相觸以後，於內眼處與內色處現起了別色塵之識，由於此識依止於眼根而現起，故稱此了別色塵之識爲眼識；倘若眼識能夠自生眼識，則不需眼根與色塵之緣，應有眼識之自體隨時現前，世間應無生盲者，亦無後時眼根毀壞而看不見者，佛亦不應說眼識爲根塵二法爲緣所生者，故眼識不能自生眼識，否則即成無因自生。眼識如是，耳識、鼻識、舌識、身識、意識亦如是，皆須根塵二法爲緣才能被出生現起，故識蘊不能自生識蘊。受蘊不能自生受蘊，受蘊乃是經由六根觸六塵，六識現起領納六根所觸六塵之內容，其中順悅之受稱爲樂受、違逆之受稱爲苦受、不違不順之受稱爲不苦不樂受，六識所領受各別之三受皆因根與塵相觸而有，故種種受皆非由種種受自身所生；如是由十八種受聚集而說之爲受蘊，故說受蘊不能自生受蘊。

受蘊如是，想蘊亦如是不能自生想蘊；想蘊乃是經由六根觸六塵，六識現起取六塵相而了別稱爲想，取種種相所生之大想、小想、粗想、細想等，皆須六根觸六塵而有，故種種想皆非因種種想有其自體而從其自體而生，因此，想蘊不能自生想蘊。行蘊亦不能自生行蘊，行蘊是指六根觸六塵，六識現起領納觸的內容、取六塵相了別，於其中所生之思心所進行種種之造作，同時引發意根於五蘊運行所生每一剎那之思，含攝了身行、口行之造作相，如是皆須經由六根觸六塵，並非眼等六識及意根所相應之思心所有實體而能出生身口意等五蘊諸行，故行蘊不能自生行蘊，否則同犯無因生之大過。如同五蘊不能自生五蘊，十八界一一界亦不能自生，十二處一一處亦不能自生，皆須藉因藉緣才能被出生，故說諸法不自生。

蘊處界諸法不自生，是因爲蘊處界無有眞實自體，亦不能無中生有；只有能藉眾緣出生蘊處界諸法之中道實相心，心體眞實、本來不生而是無漏有爲法，方能藉緣出生蘊處界等；實相心如來藏具足蘊處界諸法之種子，方能藉業、煩惱、父母等因緣而出生蘊處界諸法，以其眞如法性隨順眾緣而出生變現蘊處界諸法，不受蘊處界諸法任何一法之繫縛與障礙，亦不改易其本來無生卻能生諸法之眞如無我空性，這才是世尊於經中所說「**無生者，自體不生而非不生**」[64]的無生眞相。如來藏心體自體不生，亦不能離於諸緣而自生諸法，所謂之生，本是第八識實相心之自性，生之自身並無自性，只是形容第八識有生之功能，是故生無作用，故名生無自性性，即爲一分勝義無自性性；此勝義無自性性成滿了蘊處界諸法不自生之生無自性性，故說諸法實相之眞如空性，才是成就依他緣而現起蘊處界諸法者，然而蘊處界等諸法都是依他起性而無常住自性，亦無自己之自性，本屬實相心所含藏之一切種子功能，故說第八識實相心

[64]《大乘入楞伽經》卷二，《大正藏》冊十六，頁 599，上 16。

為一切法空之因。

沒有眞實自體之蘊處界諸法不能自生，不得無中生有故。然而也不是單從眾緣之一一緣和合時即能出生，不能無因唯緣而生故；若眾緣之一一緣和合時即能出生蘊處界諸法，則應地水火風即能出生有情五根；有眼即能出生眼識、有眼即能有受有想、有眼即能思量造作；或者應當眼能出生耳識、耳能出生眼識，猶如石女能生子一樣，無順於世間之必然道理可說了。現象界中，四大不能出生五根，單有父母和合也不能常生有情；眼根毀損及眠熟等五位，雖有眼而眼識不生，亦無眼觸色塵所生之受、想與思。眼如是，耳鼻舌身意亦如是。大梵天或上帝等亦不能出生其他有情等蘊處界，以有情之蘊處界一切作為之功能差別（種子）並非來自大梵天或上帝故，故說「**諸法不自生，亦不從他生**」。

蘊處界諸法無有自體故非從自體生，亦不是從眾緣無有因相之一一緣和合所出生；諸法既無自體，他緣無有因相，如何可說由自體與他緣共同出生？例如眼識無有自體，色塵無有眼識之因，眼根亦無眼識之因，故眼識既不是從眼識自體而出生，亦非從色塵出生，也非從眼根出生。因此眼識也沒有道理是從不存在的眼識自體與色塵共同出生，或者說從不存在的眼識自體與眼根共同出生，甚至於眼根與色塵亦不能共同出生眼識，故說不從自他共生。但是諸法之出生，也不能離於蘊處界自體之法種以及一一緣，故說不共「**不無因**」，因爲實相心體如來藏阿賴耶識含藏著諸法的種子，故能藉煩惱、業種、眼根、色塵及意根作意之緣生起眼識，但眼識並非由阿賴耶識心體與眼根、色塵共生，而是以阿賴耶識心體本來具有之眼識種子爲因，藉著不壞之眼根、色塵及意根作意諸緣，由阿賴耶識所幻化生起。若無種子識阿賴耶識心體爲根本因，並執持根、塵、識、業種、煩惱等種子，則眼根、眼識、耳根、耳識等十八界諸法皆同於有緣無因而生，成爲無因有果之戲論。無因能生諸法即無因果律法可言，一切善惡果報形成皆屬無因而有故，因此說諸法非無因而生。以上道理，即是闡述諸法之出生「**不共不無因**」。

諸法不自生，亦不從他生，不從諸緣共生，也非無因生，此四種甚深的緣起，即是無生的眞實道理，何以故？世間諸法皆由因緣生，是本無今有之生死法，無有眞實不壞之自體與自在之法性，乃是以阿賴耶識心體爲因，與阿賴耶識所生的眾緣和合，由阿賴耶識心體興起變化而有，故說「**諸法不自生，亦不從他生，不共不無因**」。

阿賴耶識心體藉自己所生的眾緣和合而出生萬法，諸法乃是因緣和合現前而說有生，並非諸法有眞實體；既然無有諸法之眞實體，即不可說有諸法受生；隨著眾緣散壞，諸法不復現前，並非諸法有眞實體被毀壞，以阿賴耶識心體之種子因與眾緣離散而說諸法滅，故說無有一實法受生滅，一切法無生無滅。眞實理中，無始劫以來阿賴耶識心體即本來自在，不需藉緣而出生，故無有一法之增減與聚散得以使其壞滅，諸法皆是被阿賴耶識心體藉緣直接、間接乃至展轉出生者，諸法之生、住、異、滅，皆是依阿賴耶識心體與眾緣和合、與眾緣離散假名而說，世尊於經中以此甚深之緣起勝義說**「緣起非生，緣謝非滅」**，[65]此乃等同於**「無生者，自體不生而非不生」**所說無生的眞實義。龍樹菩薩以實證般若心體如來藏阿賴耶識所得之無生法忍，勝解世尊所宣說之無生，故以**「諸法不自生，亦不從他生；不共不無因，是故知無生」**闡述所要申論的中道，乃是以本來無生之阿賴耶識心體能生萬法之眞如空性爲基礎，而不是立基於被因緣所出生之蘊處界，無有眞實體與自性、墮於斷滅空之空相而論述，這是一切修學《中論》者所必須認清之處。

---

[65]《金剛三昧經》卷一，《大正藏》冊九，頁 367，中 10-11。

蘊處界諸法無有眞實體，體不可得故自性不可得。例如欲界有情之色蘊，眼、耳、鼻、舌、身沒有眞實體，皆是四大聚合而有之相，以分別所得之相來施設眼耳鼻舌身之名而給予對應稱呼；而眼等之相並非從一眼之眞實體而生，眼能與色塵相對、能攝取色塵之自性亦不在地水火風四大之緣中，故眼無有自性，耳鼻舌身亦如是。眼根與色塵相觸生起眼識，眼識非從一眼識眞實體而生，亦非從眼根或者色塵而生；眼識乃是阿賴耶識藉所生之眼根與所變現之內眼入，於根塵觸處化現出生一能了別內眼入之識，此識依於眼根了別色塵之內容故稱爲眼識，此眼識依眼了別色塵之自性不能獨立於眼根與色塵之外，而非有眞實眼識自在之自性可得，體不可得故自性不可得，謂眼識之體即是第八識所執藏之了別色塵的功能故。

如是，眼識無自性，眼根、色塵亦無眼識之自性；耳識耳根聲塵、鼻識鼻根香塵、舌識舌根味塵、身識身根觸塵、意識意根法塵亦如是；眼等六識所相應之受、想、思心所法同樣沒有眞實體與自性，因此說蘊處界無有眞實體與自性。蘊處界諸法無自性，故色蘊不能出生識蘊、識蘊不能出生色蘊、行蘊不能出生識蘊等等，因緣所出生之法既然無有自體性，當然不可能具有常住不壞之眞實自性可得，此即是龍樹菩薩於闡述諸法自體無生以後，爲破除當時小乘諸部及假名大乘之學人，於六識之見聞覺知性計執爲常住不壞之本覺自性的現象，所以接著說：「**如諸法自性，不在於緣中；以無自性故，他性亦復無。**」完整的標出諸法自體與自性無生之根本論意。

爲何說見聞覺知性並非本覺自性呢？有情不壞之眼根觸色塵、意根作意爲緣而從第八識中出生眼識，眼識取色塵相了別即稱爲見，此能見之性不在於眼根，不在於色塵，亦非在於意根之作意。若眼根有能見之性，應不需明暗及色塵之緣即能見，又耳根、鼻根等亦應有能見之性，皆爲四大聚合而有者，此如是則彼亦應如是故；而能見之性不在於色塵，若色塵能見，與眼不應有相關，則色塵亦應是有情，山河大地草木不應是無情所攝；能見之性亦不在於意根之作意，若意根之作意有能見之性，眼根毀壞者亦應能見，無色界之有情亦應能見，此與無色界有情果報安立之定義相違背故。眼識乃是經由阿陀那識攝持五根與五塵相觸所幻化現起之識，依於所依之眼而假名稱爲眼識，眼識無有眞實體，故能見之性亦無自性，何以故？眼根毀壞，不能與色塵相觸，則眼識不能現起，即無能見之性；眠熟時，意根於色塵之微細變動法塵不作意，眼識不現起，同樣無有能見之性，故說能見之性無自性，眼識無有眞實體故。眼識之見性如是無有自性，耳識之聽聞性、鼻識之嗅覺性乃至意識之知覺性，同理亦無自性，識蘊六識皆無眞實體故。

眼等六識之見聞覺知性，皆以如來藏阿賴耶識執藏之六識功能作爲種子因，以及根塵相觸之緣，六識現前而有分別六塵之作用，六識不現前則見聞覺知性亦不可得，屬於因緣所生法，非常住不壞之法性故。若欲於六識覓求，認取意識乃至細意識或極細意識爲常住不壞、有眞實體之如來藏眞如心體，以六識之見聞覺知性爲本覺法性者，等同於緣木求魚、煮沙成飯，理不可得、事不能成故，六識之自性是生已方有故，是從如來藏中所出生故。如是所生之法不能自在、不能常住、本無後有，是必須因緣具足才能現起的法，當然不能稱爲本覺法性。因爲沒有眞實體之六識心沒有自性，不可能轉變成實體法而有不可壞滅之自性，世尊於經中亦明確的說，世間諸因緣相非第一義，第一義所說的是世間諸因緣相現起的根本，指的就是第八阿賴耶識、阿陀那識、異熟識、如來藏。雖然第一義心之本覺性於因緣中現起六識見聞覺知性了別六塵，但是本覺性卻不於六塵生起見聞覺知，見聞覺知性亦非即是本覺性，本覺性是本來已在之了別六塵以外一切法的功能故；所以經中說：「**法不可見聞覺知，若行見聞覺知，**

是則見聞覺知，非求法也。」[66]因此六識的見聞覺知性是先無後有的知覺性，並非本覺性，即是龍樹菩薩所說：「如諸法自性，不在於緣中；以無自性故，他性亦復無。」

小乘部派一切有部之迦旃延尼子弟子諸毘婆沙師認爲，依照世尊的阿含經教及觀行，蘊處界一切有爲法皆從因緣生，也就是因緣、次第緣（等無間緣）、所緣緣、增上緣，四緣能生諸法，主張他們所修學的阿毘曇已經廣說了四緣的眞實義了；對於般若諸經所說的四緣不可得、無所有，不能如實了知而產生了誤解。[67]並且對於常與無常、生與無生、因緣果報產生了邪執，例如有主張有爲法雖不暫停但有住相，由於該住相而有相用可以生後果等等。[68]因此，龍樹菩薩以實相般若中論中道無生、諸法

66 《維摩詰所說經》卷中〈不思議品 第六〉，《大正藏》冊十四，頁 546，上 23-24。

67 請參閱《大智度論》卷三十二，《大正藏》冊二十五，頁 296，中 19-頁 297，中 8。

68 《大乘廣百論釋論》卷一：「『一切爲果生，所以無常性；故除佛無有，如實號如來。』論曰：諸有世間鄙執他論所說種種常住句義，多越現量所行境界，以能生果比量安立。既能生果，亦應比度從緣而生，如麁色等。若非緣生無勝體用，應不能生，如空花等……」《大正藏》冊三十，頁 187，上 21-26。

《大乘廣百論釋論》卷五：「復次有作是言：今有爲法於將滅時能生後果，是住相用，由此用

自性不在於緣中、諸法自性無生之後，再針對小乘部派之「不信大乘，僅推崇眾緣和合即能生諸法之緣生表相爲究竟之處，將諸法空相戲論錯解爲諸法實相，無法信解如來藏阿賴耶識是本來無生而能生萬法之眞如心體，是故誤解緣起性空之本義」，如是予以對治教導：唯有本來無生的常住實體第八識，才是甚深極甚深、能藉眾緣生起諸法之本識。故龍樹菩薩接續著申論正義：

頌曰：

因緣次第緣，緣緣增上緣，四緣生諸法，更無第五緣。

釋論：「因緣、次第緣、所緣緣與增上緣，由於這四緣，諸法得能出生，此四緣已含攝了一切緣，更無四緣外之第五緣，可得爲諸法出生之緣。」

所謂因緣，指的是蘊處界以自體種子能生蘊處界自體之因爲緣，所以稱爲因緣，謂一切種子識及其所執藏之蘊處界等法種子；而次第緣、所緣緣與增上緣三種緣相對於所出生的法，稱爲方便緣（助緣）而不可稱爲因緣，這四緣僅有因緣具有亦因亦緣

故，諸有爲法雖不暫停而有住相……」《大正藏》冊三十，頁 213，上 13-15。

的特性，其餘三緣就僅是助緣而無有能生之因的因緣存在。但是，諸法諸行要生起現行，不能僅憑因緣即能成辦，必須要其餘三種方便緣現在前、無有遮障的情況下，諸法諸行的種子才能現起種種法、種種行，這是經論中所說的「一切有爲法皆從四緣生」的道理。例如：眼等五根色法種子爲因，父精母血和合、母體四大養分等爲增上緣，善惡業種爲所緣緣，意根我執作意爲次第緣（等無間緣），欲界人間有情五根身得以出生。眼識種子爲因，眼根不壞爲增上緣，色塵現前爲所緣緣，意根及前無間滅眼識種子爲等無間緣，生起眼識及相應心所法；眼識如是，耳鼻舌身等識亦如是；意識種子爲因，意根爲等無間緣、生起作意爲增上緣，法塵現前爲所緣緣，生起意識及相應心所法。

此處所說之因緣，是指能生之種子因緣，譬如能生蘋果樹之因緣爲蘋果種子，其餘的陽光、土壤、水分等則爲方便緣。而十二因緣所說之因緣，十二因緣法之一一有支，純粹是依因果體性而建立緣起故說因緣；例如有情因爲無明，不知蘊處界是無常不能常住之苦法，以爲生天享福即是解脫，便持五戒行十善，造作了生欲界天之身口意行，長養了六識心對欲界的愛以及意根之我執，因此長養了後有「**名色、六入、**

觸、受」之苦苗，捨報以後受生於欲界天，而有欲界天的「名色、六入、觸、受」之苦果。有情在欲界天出生的果報，是以前一世之「無明、行、識」，以及前一世所長養欲界天之「名色、六入、觸、受」爲引發的因，同時以欲界愛、執取欲界有作爲於欲界天生起之因，故有了欲界天之生，以及老死等果報。因此，十二有支之無明不是出生行支之自體，故無明不是行出生之因緣，而是以無明爲行之助緣，故說行之出生以無明爲因，並非四緣中所說之因緣。同理，行支不是出生識支六識心之自體，故行不是識支出生之因緣；識支六識心不是能出生名色之自體，故識支六識心不是名色出生之因緣；名色不是出生六入之自體，故名色不是六入出生之因緣；同樣道理，乃至生不是老死出生之自體，故生不是老死出生之因緣，而是以種子爲因緣。

瞭解了四緣中因緣之意涵以後，次第緣指的又是什麼呢？次第緣又稱爲等無間緣，即是指眼識乃至意識等六識之生起，識種現行之過程，生滅前後沒有間斷的皆是自類識種；例如前一剎那眼識生起剎那即滅，後一剎那於同一眼入處亦是同一類眼識種子次第接著生起，中間沒有間斷，不會有眼識以外之另一類識種——例如耳識種或鼻識種，於同一眼入處、在眼識滅後而生起，前眼識種於眼入處作爲後眼識種現行之次第緣，或稱爲等無間緣；耳識、鼻識、舌識、身識、意識皆是同樣道理。小乘學人對於次第緣或等無間緣之瞭解，大多是在六識生起以自類種爲次第生滅之緣方面，所以龍樹菩薩以小乘所熟悉之次第緣名稱解說四緣。然而從大乘菩薩所學之八識正法內涵來說，等無間緣還有另一重要的法義，指的就是由於意根無間遍緣一切法之緣，阿賴耶識能將眼等六識之識種同時流注生起現前。由於意根遍緣一切法而處處作主之自性，除了於五根受損之悶絕位及正死位，以及五根勞累欲休息之眠熟位、經由禪定降伏之無想定與滅盡定，其餘一切清醒位，意根於每一剎那平等無間遍緣一切法，眼識乃至意識皆能隨於意根之剎那作意而生起，故說意根之無間遍緣一切法，爲眼等六識生起之等無間緣。

四緣中之所緣緣，指的就是眼識乃至意識所緣之六塵境界，六塵境界是眼等六識生起之所緣，亦即眼識生起必定有色塵爲所緣，乃至意識生起必定有法塵爲所緣。缺了所緣境界這個緣，識就無法現起。例如色界天人以禪悅爲食長養色界微細天身，不需要如同欲界一樣攝取粗糙之摶食，因此色界天沒有香塵與味塵，色界天人由於缺了香塵境與味塵境之所緣境界爲緣，所以鼻識與舌識不能現前；同時，也是因爲香塵境、味塵境、鼻識及舌識，不是色界天人的果報境界及果報識的緣故。由是故說人間眼識乃至意識現起而有之見聞覺知性，都不能離開所緣之色聲香味觸法等六塵境，離於所緣緣的色等六塵境，眼等六識之見聞覺知性不復存在，因爲眼等六識之現起，必定要以色等六塵境爲所緣緣，缺了所緣緣，眼等六識即無由現起故。

而所謂之增上緣，除了自類種子之因緣、意根之等無間緣、所緣六塵境界之緣以外，其餘眼等六識生起之所依，能使眼等六識生起於各自之所緣境運行了別者，都稱爲增上緣。例如眼識依止於不壞之眼根而生起，得以緣於所緣之色塵境進行了別，眼根即是眼識之增上緣；眼根若毀損了，則眼識不能現起，不能見一切色塵。眼識現起以後，與眼識相應之觸等五遍行心所法及五別境心所法，能使眼識觸內相分色塵而進行對色塵之了別，而呈現眼識見色塵之了別自性，故眼識相應之心所法是眼識之親所緣緣，以帶眼識己相故。眼識如是道理，耳識、鼻識、舌識、身識亦是同樣道理。而意識是依止於意根之作意而生起，緣於意根所緣之種種法塵進行了別，能滿足意根遍緣一切法、欲了知一切法之自性，故意根之作意是意識之增上緣。意識現起以後，與意識相應之觸等五遍行心所法、五別境心所法，能使意識觸內相分法塵，而對法塵進行種種粗細、廣狹、比較、推測思惟分析之了別，以及生起表義名言種種語言以及覺觀之了別等顯境名言，呈現出意識了知種種法塵之了別自性，故意識相應之心所法亦是意識之親所緣緣，能助意識成其了別作用故。如是眼識乃至意識六識身以及所相應之心所法，皆須等無間緣、所緣緣以及增上緣三緣才能現前流轉，才能有於六塵見聞覺知之自性，缺了一緣，則六識身不復現前，更無有六識身相應之心所法及見聞覺知性可得。

然而五根身、眼等六識都是有爲生滅之無常法，從四緣的表相上探討亦皆是無常法，小乘學人在未證實相心阿賴耶識的情況下，不理解「四緣雖是有爲生滅之法，但執持四緣的阿賴耶識心體是無漏的常住法、含攝了有爲與無爲諸法種」，因此偏邪的計著有爲法有住相之用可以生後果，如是比擬能生的法也是從緣而生，對於無常與常生起了錯謬的計著。所以龍樹菩薩接著問：

頌曰：

果爲從緣生？爲從非緣生？是緣爲有果？是緣爲無果？

釋論：「業果到底是從四緣所生？還是從四緣之外的非緣所生？能生諸法的四緣是否因中就已經有了業果？還是四緣在因中都沒有業果的因素？」

倘若如同部派佛教小乘學人所計著的，四緣的有爲無常有一分住相的作用可以生後果，那麼要探討業果到底是不是從無常有爲的四緣所出生的？還是外於四緣，有一分所謂的住相作用可以生業果？倘若是前者，是否四緣在現起作用的時候就已經有業果了？若是後者，是否業果是從四緣以外的非緣所出生的？而四緣甫生之時是因，不可能同時有果，既然不能生業果，又何須稱爲有爲法生起之因與緣？

若是於因中就有了業果，應當不需要等無間緣、所緣緣、增上緣三緣，就能夠有業果現前了。然而實際上，於現象界無有一法能夠離於此三緣而出生，眼識乃至意識等六識種子縱然具有自體識之因緣，但離於三緣就不能現前，例如眼根毀壞了，缺了眼根這個增上緣，眼識就不能現前，不能見色塵就稱爲眼盲、瞎子。而六識身不現前就沒有法能展轉再出生了，所以，因緣之種子自體不是因中有果者。而三緣中是否就已經有了業果呢？如果於等無間緣、所緣緣、增上緣中已經有了業果，那麼應當離於因緣之種子自體就能夠出生業果了，應當單有色塵就能夠出生眼識、單有聲塵就能夠出生耳識，乃至單有法塵就能夠出生意識；應當單有眼根即能夠出生眼識、單有耳根即能夠出生耳識，乃至單有意根即能夠出生意識。然而現象界中，色塵、眼根皆不能獨自出生眼識，乃至意根、法塵亦皆不能獨自出生意識，故說三緣離於因緣之種子自體，實不能有眼等六識出生。於因緣中及三緣中，皆無有眼等六識身之業果識可得，各別推求皆不可得，如何可說四緣中已經有業果了？

雖然四緣中並非即有業果，但也不是離於四緣而能有業果出生，若這麼推論，就會形成業果由非緣所出生的過失了，亦即眼等六識可從四緣以外之非緣出生，一者就會像空花一樣沒有法性可得；二者單有四緣既然不能使得業果成辦，經論中不應當說一切有爲法皆從四緣生。龍樹菩薩接著說：

頌曰：

因是法生果，是法名爲緣，若是果未生，何不名非緣？

果先於緣中，有無俱不可，先無爲誰緣，先有何用緣？

釋論：「因爲這些法而生業果，所以這些法就稱爲業果的緣，若是在業果尚未出生之前，這些法為何不稱為非緣呢？不可說於四緣中已先有業果，也不可說四緣中無有業果，果若非從這四緣中而有，則不能稱為業果之緣；倘若四緣中先無業果，那麼四緣又是什麼法的緣呢？四緣中若先有業果，那麼果已經成辦，又何需藉用四緣來成果呢？」

因爲眼識種子、眼根不壞、色塵現前、意根等無間緣這些法而生眼識，因此這些法就稱爲眼識生起的緣。而當睡著無夢的時候，眼識不現前，這時卻不能說眼識種子、不壞的眼根、色塵與意根不是眼識現起的緣；或者眼根毀壞了，眼識不現前，也不能說眼識種子、色塵與意根不是眼識現起的緣。四緣若不能具足，則有爲法不能出生，這是有爲法生不自在的法爾現象，因此小乘或者數論外道若僅於有爲法主張「果體本有而生」或者「果體本無而生」，如是皆會陷入過失而不能自救。若說果體本有而生，則成爲先於四緣中已經有果的現象，倘若諸緣中本來有果，例如蘋果種子中已經有蘋果了，則種子之後不應當有芽、枝幹等再出生，應當果就直接在種子中現前，不應當再有需要土壤、陽光、水分等諸緣才能生果的現象。因此若說果於緣中本有，那麼果出生這個法便不成就，沒有生的法就沒有果的意義可說；沒有果就等於沒有因、也不需要緣，也就失去因果的義理了。

若說果體本無而生，再舉蘋果種子為例說明：蘋果種子不壞，在土壤中具足陽光與水分等增上緣，種子的前後等無間緣與所緣緣產生變異，能引蘋果樹的芽苗、枝葉、樹幹生長，乃至開花結果。倘若該種子本無出生蘋果的因，不應當後位種於土壤等緣中能生蘋果樹的芽苗乃至花果；若此能成立，應當橘子的種子能生蘋果，蘋果的種子能生李子；若說橘子的因不能生蘋果，蘋果的因不能生李子，則應當一切種子都不能生，則形成無有因果的現象。小乘學人及數論外道等對於現象界有為諸法，不能如實理解空相的義理，對於有為諸法從四緣生，計著為真實而執著諸法必定有生。龍樹菩薩接著闡述般若無生的道理：

頌曰：

若果非有生，亦復非無生，亦非有無生，何得言有緣？
果若未生時，則不應有滅，滅法何能緣，故無次第緣。
如諸佛所說，真實微妙法，於此無緣法，云何有緣緣？

釋論：「倘若果體乃是四緣中能生因之種子自體於方便緣現前變異而成，並非另有一果體出生，果體成就時乃是由因所成辦，不能說沒有果的現象出現，果也不是有生無生同時並存；因所依之法體是本來就在的才能稱爲因，既然不是一個眞實的果體出生，哪裡有出生的緣可說呢？若是果體沒有眞實出生時，就不應當會有後來的壞滅，而已經滅了的法就是空無，空無如何能成爲緣？因此也沒有前後剎那生滅不間斷的次第緣可說。如諸佛所宣說，眞實微妙法如來藏，不須經由任一法爲緣，本來自在、本來無生，祂的存在如何會有六識身生起時必定不缺的所緣緣可說？」

般若中道無生的眞實道理，所說的不是現象界蘊處界有爲諸法生起的道理，也不是所說因緣等四緣的作用，也不是因緣所生法緣起無自性空的法相。所指的是本來自在、本來具足清淨自性、本來不生不滅的如來藏心，含藏了能生蘊處界諸法種子因緣等四緣，於因緣成熟時以如來藏心具足的眞如無我的清淨佛性，運行著七種性自性，變化出相應於所含藏雜染業種內容之蘊處界現起，該現起之蘊處界屬本無今有，故有「生」的法相，於因緣散壞時，該本無今有之蘊處界即隨之毀壞，故有「滅」的法相。

而被如來藏心體所含藏蘊處界諸法種子因緣等四緣，歸屬於如來藏心體，當種子自體變異出異熟果，仍是本來已在之法體，並非另有離於如來藏心體之異熟果報體出生，因此而說諸法非有生。當異熟果報的蘊處界隨著緣散壞而毀壞時，如來藏心體仍然自在而不壞滅，隨著執藏的種子等四緣，一世又一世相續的變化出有情的蘊處界而不間斷，從這個面向來說蘊處界不斷不滅，如是不墮於斷滅空、亦不落於三界有，但又含攝了因緣空、因緣有，才是般若中道本來無生無滅的眞實道理。

如來藏心體含藏蘊處界諸法種子，蘊處界之現起不離自法種子之因緣，自法種子剎那生滅流注前後不斷之次第緣，攝取六塵之六根的增上緣，六識生起所緣六塵之所緣緣等四法，由此有諸法生起。茲以欲界十八界法被次第出生爲例子，略爲解說四緣與業果識六識身的關係。有情捨報由七、八二識入母胎以後，有了命根、意根與身根，此時六根中的身根尚未生長，不具足成形與成熟之眼耳鼻舌根，沒有能攝取五塵之五根功能現前，因此意根不能於暫缺之六入處作意無間，業果識六識身缺了緣而不能生起。此時未成熟的五根名爲增上緣未具足，意根自身之等無間緣未具足，六塵之所緣緣更未具足，因此業果識六識身無法生起，但卻不得說此未成熟的五根不是未生起之業果識六識身的增上緣，因爲此未成熟的五根若毀壞了，則同樣不能成就業果識六識身的果報；同時也不能說未成熟的五根或者未現起的業果識六識身是已滅之法，反倒是入胎前已毀壞之五根及不現起之六識身是眞正已滅之法，不能成爲新的果報身中未現起之業果識的次第緣，這正是龍樹菩薩偈頌中的意思。這個義理已經告訴我們，眼識乃至意識等六識身不能從過去世來到現在世，也不能從現在世去到未來世，主張眾生僅有六個識的六識論者，應當理性的思考四緣的功能性以及眞實微妙法如來藏的本來無生，以及甫入胎時仍無具足四緣的實相般若道理，即能發現六識論的過失罄竹難書，一無是處。

而母胎中未成熟的五根漸次增長成熟，增上緣具足了，意根得於六入處作意無間，等無間緣具足了，扶塵根與勝義根等六根觸外內六塵、攝取外內六塵，所緣緣具足了，如來藏所含藏之眼等六識識種緣於意根在外內六入處作意無間、六根觸六塵之際，六識身（六識功能）流注生滅而有見聞覺知作用。見聞覺知的作用就是六識身的業果相貌，不能離於識種因緣等四緣而有，但不能說見聞覺知的六識身只要有四緣中之一緣就具足了，也不能說四緣無有生起見聞覺知六識身業果的緣分。龍樹菩薩爲了破除小乘及外道不知不證般若中道而說因中先有果或因中先無果之虛妄計著，反覆舉說因緣等四緣若無生起見聞覺知六識身業果的緣分，那麼四緣又是何法的緣呢？若四緣中任一緣本來具足見聞覺知六識身的業果，又何必用到他緣呢？故於偈頌中不厭其煩的說著：「**先無為誰緣，先有何用緣？**」

然而四緣單獨之自法乃至四緣之和合，終究不是蘊處界諸法生起之根本，龍樹菩薩於一開始就已在頌偈中表明：「**諸法不自生，亦不從他生，不共不無因，是故知無生。**」蘊處界生起之四緣由如來藏阿賴耶識所攝藏，並由阿賴耶識自體異熟變生輾轉成就蘊處界，從阿賴耶識含攝蘊處界以及能異熟變生蘊處界的法相來看，阿賴耶識心體本來無生，所含攝之蘊處界種子也同樣是本來無生。四緣和合後仍不能獨立於阿賴耶識心體之外出生蘊處界果報體，因此說「**果非有生**」，但所變生的蘊處界業果卻又是本無今有，不能說沒有蘊處界業果的出生，故說「**亦復非無生**」。蘊處界業果自身是本無今有的虛相法，只屬於現象界所攝；阿賴耶識是出生蘊處界的實相法，屬於實相法界；從阿賴耶識實相法界來看待所生的現象界蘊處界業果，乃是所含藏的業種從因位變異成熟的現象；聚眾緣而現起，無真實自體，就像大海隨風而生起波浪，海浪雖變化無窮而無有海浪之實體，因爲未曾離開過大海水，仍然屬於大海水。同樣的，緣起性空本身僅是被出生現起的蘊處界在現象法界中所呈現的本無今有、本有今無虛幻不實的現象，這個被顯示的現象只是所顯法，並無絲毫功能，又如何能返回來出生蘊處界呢？所以說滅法不能成爲次第緣，相續不滅之法才有次第緣的功用可說。

眞實微妙法如來藏阿賴耶識所具有的中道般若空性不屬於三界有，因爲眞如佛性不是因緣所生法，而眞如佛性所歸屬的如來藏心體是金剛不壞性，本來自性清淨、不生不滅，因此說眞實微妙法本來無生。而如來藏心能生蘊處界諸法，乃是種子因能變成果報體；眞如佛性運行諸法的過程中，不分別自我而完全沒有自他之想，以無別境心所故不分別業種到底變生成什麼種類有情，無緣大慈的以平等微妙法雨滋生有情五蘊果報體。從實相的實際理地來說果報體的出生僅是假說，並非另有獨立於種子識自體的眞實果報體出生，而此所生的果報體蘊處界入等法亦未外於能生的如來藏識之外運行，以如來藏無生因此說無生。龍樹菩薩告訴我們，從般若中道的無生道理來看，又哪有因緣、增上緣、次第緣、所緣緣等四緣可說呢！

依於般若無生的道理，諸法的出生僅是假說而無實，然而諸法現前的自性又如何？

頌曰：

諸法無自性，故無有有相，說有是事故，是事有不然。

釋論：「蘊處界諸法皆是因緣所成而無眞實體，是生滅法故本質上無我、無眞實自性可取，故說爲空而無實有的法相。從五蘊名色在現象上的存有事實故，取相分別生起了有蘊處界的認知；然而若因此而認定蘊處界等事相爲實有時，這就講不通了。」

蘊處界諸法僅是由種子識種子自體變異成熟假名所說，既是假名所說者，非有不生不滅的眞實理體可說，有何實體可以說此生住異滅的蘊處界有實體相呢？因緣和合所成者，無有常住眞實我之性、無有眞實我之法相，並非眞實有，故說無我、無自性，由此而說爲空。這個諸法無眞實自性的空相，就是表明了有爲諸法沒有眞實我的常住、不變異、自在的法相；然而諸法空相，必須經由有情五蘊名色中的名——受想行識，緣於六塵境取相分別而生起名言，再運用正知正見爲基礎而如理作意思惟，進而實證產生無我的解脫智慧而有所表述。五蘊名色、名言及名言所說事的義理，皆是假託眾緣而有，從勝義理體實相心如來藏一向無我無執無取、一向言語道斷的實際理地來說，都無少法有我、有性可說名空性，何有諸法空相諸事呢？這樣的般若空才是眞實空、才是究竟空，因爲如來藏心體眞實而不生不滅，一向眞如無我不轉易故說究竟空；具有能生蘊處界諸法的清淨自性，但人我空、法我空、無執無取故說勝義無自性，然並非如同五蘊空相一般的無眞實自體的無自性。

般若空性第八識眞如空性，並不是蘊處界緣生緣滅的緣起性空法性，意即以蘊處界存在的當下，體認到蘊處界無常、終歸壞滅的性空法性，並不等同於般若空性眞如，僅是般若空性眞如所出生的蘊處界法的法相而已。但是沒有實證阿賴耶識眞如實相法界的小乘部派佛教，將蘊處界緣起性空的虛相法當作是實相法的般若空性而造論發展大乘，影響所及之層面非常廣大，其中已故老法師釋印順的思想就是承襲於這樣的緣生性空虛相法，所知及所思惟的內容僅能及於現象界的蘊處界緣生性空，無能涉及能生蘊處界的實相法界的緣起性空，並向大眾號稱爲大乘佛法而撰寫諸多佛學研究著作，通過沒有實證基礎及取材錯誤的學術研究手段，將緣生性空虛相法的研究、發展，推舉成般若空性實相法而立論。釋印順主張蘊處界存在的當下體認到蘊處界無常終歸壞滅的性空法性爲般若空性，誤認一切法無自性空的自空見就是龍樹學系的「空宗」宗旨。釋印順在《性空學探源》書中說到：

佛教初分爲四大派，隱然的形成兩大流，可以說：大眾系與分別說系是空宗，犢子系與說一切有系是有宗。此兩大流的發展，引出大乘小乘的分化，小乘是有宗，大乘（經）就是空宗。等到大乘分化，如虛妄唯識者的依他自相有，眞常唯心者的眞如實不空，就是有宗；而龍樹學系，才是名符其實的空宗（空宗並非不說有）……何爲空宗？何爲有宗？此義極明白而又極難說。扼要的說，空宗與有宗，在乎方法論的不同。凡主張「他空」——以「此法是空，餘法不空」爲立論原則，就是主張空者不有、有者不空的，雖說空而歸結到有，是有宗。凡主張「自空」——以「此法有故，此法即空」爲立論原則，就是有而即空、空而即有的，雖說有而歸結到空，是空宗。[69]

釋印順所說的大眾系、分別說系、犢子系、說一切有系等四大派，都是小乘部派

69 釋印順著，《性空學探源》，正聞出版社（竹北市），二〇〇三年四月初版二刷，頁 5-6。

佛教分化出來的派系，他所說的「**引出大乘小乘的分化**」乃至「**大乘分化**」，是他個人錯誤的研究認知，因為筆者在第一章第二節的史實探究中，已經將當時小乘異執而分化的歷史揭露出來，其中未曾涉及大乘僧團分化的實事，也未曾涉及大乘僧團於大乘法之根本理體如來藏阿賴耶識法義有任何不同的爭議，未曾因於爭議產生之異執而有分化大乘僧團的史實記載，全都是聲聞小乘部派佛教從上座部中持續分裂產生出來的，從來與大乘僧團無關。類似釋印順錯解緣起性空之小乘部派佛教所發展之**假名大乘**，其間所產生的任何異執分化，自始至終都與實證如來藏阿賴耶識的眞正大乘菩薩僧團無關，但被不知眞相的釋印順等古今學術研究者誣指為大乘佛教的分化與佛法的演變。

釋印順在書中說：「**凡主張『他空』——以『此法是空，餘法不空』為立論原則，就是主張空者不有、有者不空的，雖說空而歸結到有，是有宗。**」認為主張「他空」者歸屬於小乘，並說犢子系與說一切有系的理論是有宗。所說的有宗就是主張實有三世為論點，認為依照佛陀所說的聖教，根塵二法為緣生眼等六識，倘若未來世、未來色、未來境非實有，則眼等六識必應緣缺而不現。這些論述都是昧於因緣第八識而探討蘊處界等有爲法在三界緣生緣滅的現象，屬於生滅有爲的無常空，將這個空歸結到三界有，卻未曾涉及到能生三界有的法界實相般若空性。在這個情況下，三界有諸法只有自空的現象，毫無餘法分可以稱爲他空，而釋印順舉出以「**此法是空，餘法不空**」爲立論原則說他空是有宗，並歸爲小乘的理論，就顯示出他連三界有法的無常空都沒有如實理解，就拿了「**他空**」、「**自空**」、「**有宗**」、「**空宗**」這些名詞，不知所云地創造出邏輯不通的理論而自欺欺人。

實質上，「**他空**」這個法，是眞正的藏傳佛教覺囊派祖師爲了弘傳如來藏妙義所建立的論述方式。《西藏民族政教史》中對於覺囊派的他空見教義紀錄是這樣的：

他空勝義之宗，謂一切法之本性勝義，常恆不變，復說阿賴耶有識智二分，此是智分復是勝義三寶，亦是週徧情趣法界正智無二之諸尊，亦是如來藏，本性住種姓，亦是一切密部所說之百部等。又說彼是因果無別之續，及三位法身，因位雖有，然非識所能見，要漸修六加行乃能證法身之果。彼引如來藏經、法鼓經、智光明莊嚴經、勝鬘獅子吼經、無增減經、大涅槃經、華嚴經、寶積經、大光明經等，及寶性論、龍猛之中觀讚等成立其說。言他空者彼說世俗諦法爲自空、斷空、滅空、少分空等，是求解脫者所應棄捨。勝義諦實有不空，經言勝義空者，謂於勝義諦中無世俗性，非勝義諦自體可空，但可名他空。世俗諦假有不實，乃可名自空，即眞有俗空之見也。[70]

從引文中可以得知，他空勝義這個宗旨，說的是一切法常恆不變之本性勝義，一切法常恆不變的本性就是空性而不是空相，因爲蘊處界入諸空相法一向無常變異不能常住；就只有不生不滅的如來藏心具有勝義空性，這是法界不能變更的軌則，又稱爲法毘奈耶。文中的他空見也說得很明白，阿賴耶識就是如來藏，但是覺囊派以外的一切密部所說的百部卻不是如來藏，僅是喇嘛教金剛乘創造的雙身法中意識心領受淫樂時的最高境界，稱爲金剛薩埵。阿賴耶識是因位的法身，直到成佛果位的無垢識法身，心體都是同一個，其本來性、自性性、眞如人無我、法無我清淨性與涅槃性，平等平等無差別。這個宗旨根據大乘般若、方廣唯識諸經論的義理而建立。所說的他空是第八識相對於自空故名他空，指的就是世俗諦所攝的蘊處界諸法，因爲沒有眞實自體故說自空，非從過去世來也不能去到未來世故說爲斷空，因緣散壞

[70]《西藏民族政教史》卷三，《佛藏輯要》冊二十七，頁 462-463。

即歸於壞滅故說爲滅空，是假有法的無常空，這些自我都不是眞實不壞滅的空，求解脫於我見我執乃至於法執者都應當棄捨，不應當把世俗諦的自空等無常空當作是究竟的解脫處。勝義道理的第八識法體相對於自空故名他空，是眞實有而不可毀壞，經中所說的勝義空，就是在勝義的法體中完全沒有自空、斷空、滅空、少分空這些世俗性，並非勝義諦的法體自身空無所有而稱爲勝義空，但可以說勝義空含攝世俗諦卻沒有世俗性而稱爲他空。因爲世俗諦五蘊諸法都是由勝義諦法體如來藏所含藏種子自體變異成熟假名所說，如是眾生所誤認爲實有的五蘊自我並沒有眞實不壞的自體，這樣的情況下稱爲自空，因此他空見的義理說的，就是勝義諦法體眞實有、含攝於勝義諦中的世俗諦不眞實故空的見解。

他空就是眞有俗空，必定要有眞實不生不滅的自體具有勝義空性才能稱爲眞有，而這個眞有卻不屬於世俗諦五蘊的生死有、無常空，因此不能像釋印順主張的「雖說空歸結到有」一般，指鹿爲馬地稱他空就是有宗。又將眞常唯心者的眞如實不空歸爲有宗，而有宗是犢子系與說一切有系純粹在世俗諦探究而墮於世俗性的三世實有理論，釋印順的作法顯示出來的，就是不信大乘所說的眞常唯心如來藏是眞實有的，故將含攝小乘法的大乘法，反過來歸入小乘法中混淆是非。釋印順又說龍樹學系就是自空的空宗，等於在說龍樹菩薩的《中論》就是在論述世俗諦的自空，也是在指責及扭曲龍樹菩薩將生滅有爲世俗諦的自空、斷空、滅空、少分空這些世俗性，誤解爲中道勝義空性而論述。釋印順所說的「**此法有故，此法即空**」正是世俗諦的無自體空，與龍樹菩薩《中論》所論述眞實微妙法第八識的勝義般若空，完全是南轅北轍；在不懂世俗諦加上不信受勝義諦如來藏阿賴耶識眞實有的情況下，釋印順所寫的性空學問實在不足以讓實證的大乘佛弟子採信。

再回到《中論》的論文，當龍樹菩薩針對小乘及外道的問題闡釋了諸法無生及諸法無自性以後，從般若實相看因果的義理作了個小結論：

頌曰：

略廣因緣中，求果不可得，因緣中若無，云何從緣出。
若謂緣無果，而從緣中出，是果何不從，非緣中而出。
若果從緣生，是緣無自性，從無自性生，何得從緣生？

果不從緣生，不從非緣生，以果無有故，緣非緣亦無。

釋論：「從前面概略或廣說的因緣中，想要尋求果報的來處是不可得的，若是因緣中都沒有果報的來處，如何可以說從眾緣中就可以出生果報。若要說在諸緣沒有能生果的前提下，而果報可以從眾緣中出生，那麼果報爲何就不能從不相關的非緣中出生。再進一步說，若果報是從眾緣中出生，可是諸緣都是不自在的、沒有眞實自性的，假設是從沒有眞實自性的法可以出生果報，那又怎能說果報是從眾緣中出生的呢？有情五蘊果報體不是從眾緣中出生，也不是從不相關的非緣中出生，因爲這樣的五蘊果報是無有的緣故，所以能生果報的緣與非緣也就不存在了。」

這一節已經廣爲申論了「無生」的道理，最後是再作一個總結，再一次指出五蘊的實相本體如來藏阿賴耶識是本來無生的；從實相法界自體來看，祂藉著緣、隨順著緣，將所含藏的三界有等業種變異成熟而有世世的五蘊輪迴，雖然有表相上的五蘊事相，但是祂自體的法仍然沒有五蘊十八界的相貌，既然自體本來無生，哪有所謂的果報出生可說？從實相法界自體來說，當然也就沒有眾緣或者非緣這些項目存在了。不承認有第八識阿賴耶識就是眞實如來藏者，所探究的範圍永遠不能超越蘊處界生住異滅等現象界的表相，永遠不能涉及能生蘊處界的實相法界，便在這些有爲生滅的法中，誤計眾緣能生蘊處界，執著諸法無常就是緣起性空，妄想諸法無常的緣起性空就是眞如空性能生萬法。龍樹菩薩在這小段偈頌中，已經將眾緣能生果報的假設性完全推翻了，既然單憑眾緣不能出生蘊處界入等果報，那麼否定了能生的眞實如來藏以後，其實也同時把運用緣起性空的權利剝奪了，因爲眾緣沒有自體、沒有眞實自性，沒有功能能生起諸法，當然也就沒有緣起性空的屬性了。這個道理其實就是《中論》前前後後一直在論述的，能生諸法的法體如來藏本來無生，祂能隨順眾緣現起蘊處界諸法，但是祂所具有的是空性法性，這個空性法性雖然能變生蘊處界，但是卻永遠不會墮入蘊處界的法相中，這個才是緣起性空的眞實義。

第三節〈觀去來品 第二〉

在前一節論述了無生的道理，但實相心除了不生不滅的中道法性以外，還有無量的中道性，而接下來要論述的是實相心第八識「不來不去」的中道性。

頌曰：

已去無有去，未去亦無去；離已去未去，去時亦無去。

動處則有去，此中有去時，非已去未去，是故去時去。

云何於去時，而當有去法？若離於去法，去時不可得；

若言去時去，是人則有咎，離去有去時，去時獨去故。

釋論：「已經過去的五蘊法其實沒有去到哪裡，現前還在的五蘊法也沒有離去；把已去的過去法以及現前還在的法排除不說的話，未來離去之時也一樣沒有離去這個現象可說。有人認爲身的變動處就產生去的現象，其中有去的時相，但這不是在說已經過去的、也不是現在未去的，因此在去的時相來看是有去。但是依實相心的境界來看時，又怎麼能說在去的時候，仍將會有去的法相呢？倘若離開了去的法相時，去時的法相即不可得；若是說在去的時候有去，這樣主張的人是有過失的，因爲中道心離開了去的法相時如果還有去的時候，那麼去的時候就成爲有獨立性的去法了。」

有情的五蘊都是本無今有的法，它有出現、存在、變化及最後壞滅的現象，所以有出生的來與死滅的去可說。但是五蘊中的色受想行識任何一法，都不是從過去世來的，也不能從現在世去到未來世，因爲所謂的死就是此世五蘊中沒有任何一法繼續存續在世間，這五蘊是完全毀壞了的，而未來世的五蘊是全部新生的，不從此世去。在有情入胎的時候，是由那位有情的如來藏與意根一起入胎的。意根不屬於五蘊，如來藏是出生五蘊與意根的法體，當然也不屬於五蘊；由於如來藏有大種性自性，所以能夠執取受精卵，也能夠藉著母親血液供應的四大養分，長養、變生、增長五根，五根具足以後觸五塵，意根即觸五塵上的法塵，如來藏藉緣現起了全新的六識，全新的五蘊就出現而具足了。這全新的五蘊都是由如來藏藉緣現起的，函蓋意根在內的十八界法也都是如來藏自體所本有的種子，藉著眾緣的聚合而現起功能作用；當眾緣散壞時五蘊就毀壞了，十八界的功能雖然暫時不能再現前，但是其種子仍然歸攝於如來藏中不增不減，因此說沒有法離去。過去的五蘊是這種情況，現在現前的五蘊也是一樣，未來五蘊毀壞時亦僅是因緣散壞，五蘊等法種仍然沒有離去。

但是，對於實相心如來藏的不來不去、不動相，缺乏正知見或者不信受者，現見表相的五蘊身有來去的變動相，就主張「身動處有去的時相，所以是應該有去的」。但是論主就說了：怎麼可以說有去的前後時間相就應當有去的法相呢？如果沒有去的法相，哪裡有去的時間相可得可說？因爲身動處僅僅是色身經由時間與空間的變化中所呈現出來的，就好像樹葉被風吹動，是經由時間與空間的變化過程，所以才呈現出樹葉搖動的現象。若要說有去的時間相就會有去的法，這樣是有過失的，也就是說，當色身不具備去相的時候，去的時間相就不可得；沒有去的時間相出現時，身的去相就不可得，所以不可說身在去的時間相有去的法。同樣的，不能說看到樹葉搖動，就說樹葉具備了搖動的法，否則沒有風的時候樹葉也應當要搖動才對；離開了搖動的法而卻有搖動的現象，搖動的現象就成爲獨自的法，這說法是有問題的。

頌曰：

若去時有去，則有二種去，一謂爲去時，二謂去時去。
若有二去法，則有二去者，以離於去者，去法不可得。
若離於去者，去法不可得，以無去法故，何得有去者？
去者則不去，不去者不去，離去不去者，無第三去者。

釋論：「假如說在去的時相中有去的法，那就應當有二種去，一種就是去的時相，第二種就是去時的去法。若是有這二種去的法相，就應當有兩個去的主體（而事實上並沒有這兩個主體）；因爲如果沒有去的主體，那麼去的法是不可得的。而離開了去的主體，就沒有去的法相可得，沒有了去的法相的緣故，哪裡還有去的主體可說呢？所以說去的實質上沒有去，不去的也是沒有去的法可說，離開了去與不去，就再也沒有第三種去的法了。」

從現象界的五蘊來說，功能作用都是相對而有的，例如晚上睡著無夢時不知不覺，那就是意識暫時中斷的現象，相對於清醒時刻有意識來說，此時意識不在等於就是離開了。而意識在表相上看似去了，實質上卻沒有去，因爲意識沒有自在的主體，沒有自在的主體當然就沒有去的法，沒有去的法相所以也就沒有去的時相。沒有去的主體，所以沒有去的法相，更不可能單獨有「去時去」這樣的法，哪裡會有去可說呢？回歸實相來論述意識的現起與不現起，意識在意根作意下從如來藏流注現前而有知有覺，或者在意根不作意下不現起故無知無覺，而意識的種子仍然含藏在如來藏中。如來藏一向眞實如如的變現六塵內相分，好像明鏡現像一樣，雖然影像有來去，但是影像都在明鏡中，不能去到明鏡之外。因此，論文中說的「去者則不去，不去者不去」，從實相的法來說就非常的明確——來與去都只是明鏡如來藏心中所生顯的影像才有來與去，實際上完全沒有離開明鏡如來藏而有的來與去；這一點都沒有淆訛，差別只是在學人到底懂不懂、信不信受而已。

頌曰：

若言去者去，云何有此義？若離於去法，去者不可得。
若去者有去，則有二種去，一謂去者去，二謂去法去。
若謂去者去，是人則有咎，離去有去者，說去者有去。
已去中無發，未去中無發，去時中無發，何處當有發？
未發無去時，亦無有已去，是二應有發，未去何有發？
無去無未去，亦復無去時，一切無有發，何故而分別？

釋論：「又有人說到『有個去的主體去了』，怎麼會有這樣的義理存在呢？因為離開了去的法，說有個去的主體是不可得的。若說去者有去，則應當有兩個法，一個就是去的主體去，第二個就是去的法去。然而說『去者去』的人，這個人是有過失的，因爲離開了去的法相而說有去者，說有去者去了，這是矛盾的。已經過去的法中沒有發動去業的人，未去的法中也沒有發動去業的人，現在正去的時相中也沒有發動去業的人，哪裡會有這樣的發業者呢？有人又問了：尚未發動去業的時候沒有已經去的事可說，也沒有已去的法可說，但是已經過去的以及現在正在過去的法中應當實有發業的人，未去的時候哪裡會有發業的人？答：對於這樣的問題要知道，沒有去的業、也沒有未去的業，更沒有業的去處，一切法中都沒有所謂的發業者，諸法僅是因緣聚合與散壞變化的現象罷了，是爲了什麼緣故而要作未去已去的虛妄分別呢？」

前面已經申論了五蘊等法離去與不去的中道義理，但是有人主張業的發起與過去，是要有個主體才能發業的，這是從覺知心我見的立場看待才會出現這樣的理論。所以論主繼續從實相的智慧必定能夠透視到的相對角度，再爲迷茫者解答。六識論者從覺知心的立場看待無常諸法，也是清楚知道蘊處界入等沒有一個眞實的去法存在，因爲如果是眞實法，就不可能有去的現象；既然沒有眞實的去法，哪裡有一個去的主體可得，這是不可忽略的前提。業的發起乃至過去，從來都沒有一個眞實主體可得，就像經論中常常提到的「行如芭蕉」的譬喻，諸行都是要通過色蘊、識蘊、受蘊、想蘊的共同運行，經過時間與空間的變化，才能呈現出種種身口意行；身口意行完成了就是身口意業，但既然行如芭蕉無有眞實，當然更不可能有眞實主體發起種種業，過去、現在、未來都是同樣的道理。已經完成的身口意業是落謝在第八識如來藏的識田之中，沒有離開如來藏，所以沒有所謂的去處可得，沒有去的主體、沒有去的法、沒有去處，所以沒有去與不去可說。

頌曰：

去者則不住，不去者不住，離去不去者，何有第三住？

去者若當住，云何有此義？若當離於去，去者不可得。

去未去無住，去時亦無住，所有行止法，皆同於去義。

釋論：「已經過去的當然沒有住相可說，現前的都是無常不住的，離開了去與不去，哪裡還有第三種的住可說？若有人主張『那個去的主體應當常住』，但怎麼可能有這樣的義理存在呢？若說『去的主體應當與去法分離』，然而一旦與去法分離時就不可能主張去有個去的主體可得。因此說，去與未去的法都是無住，在去的時相中的法當然也是無住的，所有有生可滅而暫時有住的法，無論是來或者住，與去的義理是一樣的。」

現象界的五蘊等諸法，都是有生有滅的法，因此有生住異滅的現象，也就是有來與去的表相。而從實相心看待無有實體的五蘊等諸法時，猶如從明鏡鏡體來看鏡中的影像時，說五蘊等諸法不來、不去、不住，這個道理對沒有實證法界實相如來藏的學人來說，確實很艱深難懂。所謂實相，就是五蘊諸法生住異滅的眞實根源法相，當然探討實相心時就不是在講五蘊等法的內涵了。由於部派佛教的聲聞凡夫僧未證實相，單將五蘊等法套上實相心的體性而討論實相法時，便產生牛頭不逗馬嘴的現象；因爲五蘊法都是被出生而不自在的生滅法，假如顚倒認取五蘊我是眞實常住的實相法，虛妄想像著在五蘊法毀壞時，五蘊我沒有離去而可以常住，認爲五蘊我可以不隨著五蘊的毀壞而消失，那麼五蘊我應當是出生五蘊的實相心才對；則此時的五蘊我應當可以敘述在胎中的時期是如何製造出生五根身，如何出生六識六塵；但是五蘊我卻是在這一世五蘊被出生的時候才出現的，完全無法得知五蘊自己是如何被出生的。並且五蘊我的相貌完全不能脫離五蘊而單獨存在，要因為五根身不壞才有色我的感知，還要因為六根觸六塵才有六受身我的感知，也要因為六根觸六塵才有六想身我的感知，更要六根觸六塵才有六思身我、六識身我的感知，所以五蘊我是不能與五蘊分離的。離開了五蘊，就沒有五蘊我可得，所以五蘊毀壞了，五蘊我也就隨著散壞了；法界中找不到有哪位有情的五蘊毀壞了以後，五蘊我還可以單獨存在的。

五蘊的實相不是五蘊我，五蘊的實相是出生五蘊的第八識如來藏阿賴耶識，因為五蘊法的色相與覺知心功能都是從如來藏來的；前一世的五蘊色相與覺知心毀壞了，屬於過去的所以有「去」的現象；這一世的五蘊色相與覺知心是全新的，本無今有所以有「來」的現象。但是如來藏的眞如與佛性，以及出生、現起、運行蘊處界的功能，卻是常住而沒有三世來去的差別——沒有任何差別的法相可說其有來有去。

龍樹菩薩在《大智度論》中說：「**如先世來，後世亦如是去，是亦名如來，亦名**

如去。」[71]這一世的如來藏實相法界好像是從前一世來的完全一樣，後世也是完全一樣的實相法界，從這一世看好像有來而其實沒有來，從這一世看未來世好像有去，其實沒有去。如來藏實相法界不生不滅，沒有三世的分段生死現象與差別現象，所以實相心如來藏被稱為如來或者如去，本質就是不來不去的中道義；既然沒有來、沒有去，也就沒有住可說，因為住的現象是在描述「生的來與滅的去，在存續期間暫時存在的現象」；不生不滅、不來不去的法，當然沒有生滅期間的住相可說了。

頌曰：

去法即去者，是事則不然；去法異去者，是事亦不然。
若謂於去法，即為是去者，作者及作業，是事則為一。
若謂於去法，有異於去者，離去者有去，離去有去者。
去去者是二，若一異法成，二門俱不成，云何當有成。

釋論：「『已經過去的法與去的主體是同一個』，這樣的主張是沒有道理的；

[71]《大智度論》卷五十五，《大正藏》冊二十五，頁 454，中 28-29。

若改口說『已經過去的法與去的主體不同』，這種主張也同樣沒道理。假如針對過去的法，主張與去的主體是同一個，那麼造作善惡業的有情與所作的善惡業，應當也是同一個主體。若說已經過去的法，與去的主體不同，那就變成離開了去的主體另有過去的法，離開了過去的法另有去的主體。過去的法與去的主體這兩個要素，若主張是同一法而希望可以成立或者主張不同法而希望可以成立，在這兩種主張都有過失的情況下全都不成立，怎麼能說有成立的可能呢。」

如來藏出生了五蘊，祂與五蘊到底是一還是異，這是屬於中道法的範圍，也需要作個辨正與論述。第一種，如果說五蘊就是如來藏，那麼五蘊壞滅了，如來藏也應當要壞滅，因爲去法與去者若是同一個時必定如此；如果去者與去法是同一個，則造業的五蘊與所造的業也都要同時壞滅，因爲所造的業雖然已經過去了，若與能造業的五蘊是同一個，那麼業也必定要隨著五蘊的壞滅而壞滅。在這個情況下，三界一切法都將墮入斷滅法中，無因無果可以在法界中彰顯，變成無因可以生諸法，造善惡業也都不須受果報，這違背法界中的事實而有重大的過失存在，所以「五蘊與如來藏是一」的情況不能成立。

第二種，如果說五蘊與如來藏是異、不是同一個，則五蘊應當可以離開如來藏而存在，而五蘊本質上又皆是刹那生滅變異之法，那麼應當不能在五蘊諸行中找到如來藏清淨解脫的眞如法性，便應當沒有流轉眞如、邪行眞如、了別眞如、相眞如、正行眞如等法可以實證。離開了如來藏，若主張「五蘊有眞如法與涅槃法，五蘊法可以從過去世來、也可以去到未來世」，然而運用至教量、現量與比量窮盡五蘊法時卻僅有五蘊法，五蘊並無實相法存在，而五蘊法僅能在一世的一段生死中存續；五蘊是如來藏所出生的，只有如來藏能生五蘊、具有眞如法性，與五蘊同時同處而有如來藏的眞如法性可以實證，所以「**五蘊與如來藏是異**」這樣的主張也不能成立。

如來藏與所出生的五蘊不一不異，五蘊與所造作的善惡業也同樣的不一不異，因爲五蘊壞滅了以後，善惡業種執藏在如來藏心田中，所以不會隨著五蘊壞滅而壞滅，這是不一；善惡業種成熟受果報時，必定經由如來藏出生相對應果報的五蘊來領受，這個現象就是五蘊造業、五蘊受果報，所以是不異；然而前世造業後的五蘊已經毀壞而有去，此世受業的五蘊是新生而非由前世的五蘊來到此世受報，領受苦樂果報的是此世新生的五蘊，所以不一；而造業與受報時的主體皆不離實相心如來藏，如來藏無形無色，更無一與異可談。因此說如來藏與五蘊是一或者是異，五蘊與造作的善惡業是一或者是異，這種一異的主張都有重大的過失，所以都不能成立。

頌曰：

因去知去者，不能用是去；先無有去法，故無去者去。

因去知去者，不能用異去，於一去者中，不得二去故。

決定有去者，不能用三去；不決定去者，亦不用三去。

去法定不定，去者不用三，是故去去者，所去處皆無。

釋論：「因為五蘊的壞去而知道有情死去了，但是有情卻不能運用五蘊壞去的法來作什麼；因為五蘊壞滅的法還未現前時就沒有有情死去這件事，所以沒有一個去的人來發生去這件事。因為五蘊壞去了而知道有情死去了，但是卻不能用離於五蘊壞去的另一個『去』說有情死去了，所以在有情死去這件事情中，沒有離開五蘊壞去的其他去法可得。若說必定有個眞實有情死後去了，也不能隨著五蘊壞去而建立第三種去；沒有所謂的未死有情、已死有情、正死（正在死去的）有情時，也不能使用這三種去而說『去』眞的存在。無論五蘊是決定壞滅而去或者不是決定壞滅而去，都沒有未死有情、已死有情、正死有情三者可說，所以由五蘊的壞滅所見之去的現象以及死去的人，並沒有離開如來藏所以都沒有去處可得。」

有情是因爲五蘊的色心二法而有，在六根觸六塵生起六識的法中，對六塵覺知、領受、分別、思惟，進一步的發起種種欲望、決定性的印持、憶持不忘、專注的受用、分析判斷選擇，就是由於這些法在因緣中生起作用，所以顯現了有情的人與法的相貌。有情到底是眞實有還是假名而有呢？若有情是眞實有，那麼有情不應當要因五蘊出生了、六根觸六塵生起六識了以後，才能感知領受六塵，也不應當在五蘊壞滅的時候失去了感知領受六塵的功能，因爲眞實有的法不應當有生與滅的現象。那有情若是假名而有，到底是依什麼法假名而說呢？若是依五蘊的出生與一段期間的住世相續，而假名施設爲有情，那麼有情將會變成斷滅的法，因爲五蘊僅有一期生死、不能常住，五蘊在因緣散壞的時候就壞滅了，猶如斷滅論或無神論者的唯物論邪說。

五蘊十八界法都是來自如來藏的種子功能，既然有情是因爲蘊處界法的功能作用而有，那麼有情的假名施設所依，即是如來藏以及如來藏藉緣所生起的蘊處界法。雖然有情的每一世五蘊法相都不一樣，但是前一世的蘊處界法在因緣散壞時，所有的種子功能與所造作的善惡無記業、與其他有情眾生所結的善惡緣、煩惱的增長或者消滅、世間的工巧技能士用、智慧的熏習乃至實證等種子，都是落謝、儲存在第八識如來藏的心田；在相續無間的出生這一世全新的蘊處界時，雖然表相上是新的有情，但是前一世所有經過熏習後的種子，在第八識心田中的狀態都延續存在，前後貫通三世的意根習氣種子也一樣依於如來藏心體而收存，入胎後新生的五蘊等法所假名施設的有情，所擁有的五蘊是無始以來世世出生而不中斷的，未來世也必定是同樣的情況（除非入了無餘涅槃），全都依止於如來藏而生起於如來藏中、而存在及壞滅於如來藏中。所以，從蘊處界攝歸實相法界如來藏後的現量來說，有情是不生不滅、不來不去、不一不異的。五蘊雖然有生滅的現象，但並不是從過去世來的，也不能去到未來世；全新的五蘊出生的時候，本質上是由如來藏的法種藉緣變現的，也是整整一世都生存於實相心如來藏中；死後緣散壞時五蘊雖然壞滅了，但是所有的法種都仍然存在於如來藏中，所以並沒有一個去處可得，也沒有所謂的有情死去斷滅或者有個去處可得。

關於有情、五蘊十八界的實相中道性，在下一章接續的論頌中將有更多面向的申論與辨正。

第四章　以中觀論述五陰十八界之體性

第一節　〈觀六情品　第三〉

蘊處界的法都是有爲的法相，依於有爲法相而有法的名稱施設，例如眼耳鼻舌身五根等色法，以及眼識、耳識乃至意識六識等心法，並由色心等法而假名施設有情。但是對於沒有親證實相或者誤解實相的人來說，總是認爲蘊處界法具有眞實的功能自性，所以是有必要進一步申論的。

頌曰：

眼耳及鼻舌，身意等六情，此眼等六情，行色等六塵。

釋論：「眼根眼識、耳根耳識以及鼻根鼻識、舌根舌識，乃至身根身識、意根意識等就是有情六個有覺受情緒的根門，而眼等六根六識各自所運行與覺受的境界，就是色聲香味觸法等六塵境界。」

六根與六塵相觸，能領受外六塵；實相心如來藏依據外塵變現出內六塵，六識能對內六塵產生見聞覺知等了別功能，有了苦受、樂受、不苦不樂受等覺受，了知種種受的相貌以及六塵的相貌而有喜厭等情緒，所以能夠運用共同的語言法進行意思表示，對眾同分的有情抒發情感乃至互相攝受，所以有情的六根六識也就合稱為**六情**。但是眼根、耳根、鼻根、舌根、身根等五根屬於色法，五根色法與五塵色法相觸，並非由五根直接見聞覺知，因為色法無知，所以是經由根塵相觸的緣，由第八識在內六處現起內相分六塵，再由內六處觸內六塵為緣而生起眼識乃至意識等六個識；這六個識屬於心法，不能觸外六塵色法，所以僅能與第八識所變現的內六塵相分境相觸，這六個識與五遍行等心所法各別的功能作用，完成了對六塵的分別、領受、了知，乃至生起語言文字、產生種種妄想，這些都屬於心法（函蓋心王與心所法），因此見聞覺知是心法六個識的作用，色法僅是心法能見聞覺知的增上緣而已。

但是外道以及六識論的小乘凡夫學人卻認為五根有見聞覺知的功能，計著眼根能見色、耳根能聞聲等，因此論主作了以下的反駁：

頌曰：

是眼則不能，自見其己體，若不能自見，云何見餘物？

火喻則不能，成於眼見法，去未去去時，已總答是事。

釋論：「雖然六根運行於外六塵境界中，但並不是眼根可以直接見於色，眼根若可以直接見色，應當猶如光明一樣照見自體；可是眼根若不能見眼根自體，又如何可以見他物呢？運用火的譬喻也不能用來成就眼能見的法，在前面針對已去、未去、去時的說明，已經總答這些問題了。」

眼根是色法而僅能觸色法，但是沒有了別的功能；了別色塵的功能就稱爲「見」，乃至了別聲香味觸法塵等功能，也都稱爲見分；以能了別故名爲「見」，例如聽見、嗅見……等。如果眼根自己有見的功能，應當在一切時都是以見爲體（以見爲其體性），乃至眠熟位也應能見色塵；縱然沒有與色塵相對也要能見才對，可是現象界沒有這樣的事實。而且眼根若能夠見，也應當要能夠見自體、能夠反觀自體，然而有情睡著無夢的時候，眼根卻完全不能見自體在眠熟過程所發生的事情，因此眼根沒有能見的功能。如果用火的譬喻說：木材燃燒過了就知道有火性，正在燃燒的時候也知道木材有火性，所以在還沒有生火之前也能知道木材必定有火性；若以這樣的譬喻要證成眼能夠見，說因爲眼根所以能見物，正在見的當下是眼根所見，所以眼根雖然沒有面對境界也知道眼根應當有見的自性；但這是與事實相違而無法成立的。這個問題要回歸到前面所說的，因緣所生的法是沒有自體性的，也就是說木材的火性是要與熱源等和合才能出現，如果火屬於木材的自體性，應該所有的木材都要在一切時都燃燒才對，然而事實不是如此。眼根能見色，也是因緣所生法，必須眼根不壞、色塵現前、意根作意、第八識流注眼識的種子等九緣具足了，眼識與其心所法完成對色塵的分別，才能成就眼見色的功能，所以並沒有一個「我」在其中已見、當見、現見可說，因爲沒有眞實的五蘊我可得故。而這個眼根眼識見色，對第八識來說，並沒有所謂的已見、現見、當見的三時差別，因爲第八識一向無我、一向不對六塵生起見聞覺知，而是流注六識相應的別境心所種子令六識對六塵生起見聞覺知。

頌曰：

見若未見時，則不名爲見，而言見能見，是事則不然。

見不能有見，非見亦不見，若已破於見，則為破見者。

離見不離見，見者不可得，以無見者故，何有見可見？

釋論：「如果眼根眼識沒有面對色塵，就沒有見色這個法了，若此時要說眼根眼識有見的功用能夠見色，這件事情就無法成就了。眼根眼識自己沒有見的自性，非是能見的法、也不能有見；如果已經破斥『見』有單獨存在的功能，就是已經破斥『見』的實有性了。不論是離於見或者不離於見，能見的有情都不可得，由於沒有眞實獨立的能見者的緣故，哪裡還有能見的誰可以看見種種色呢？」

在眠熟或閉眼修禪定時，由於眼根不對色塵，就沒有見色塵的行相出現；或者長期處於黑暗洞穴中，由於色塵不現前，也沒有見色塵的行相出現（一般人暫時在黑暗中則唯見暗相，非是不見）。在眼根觸色塵、眼識見色塵這一聚法中，沒有一個具有能見自性的眞實我存在；如果有的話，眼根眼識就不需要有面對色塵的因緣；非唯眼根眼識如此，乃至耳根耳識、鼻根鼻識等其他根與識，也應當一切時都能見其餘的五塵。但是五蘊法中沒有這樣的眞實我，在眼根不壞、色塵及眼識現前等九緣具足的情況下，找不到一個自在的、能見的眞實我，全都要歸於第八識流注出來的見聞覺知等功能。

色塵也不能自見，眼根眼識自身也沒有見的自性，能見的眼識功能在因緣中剎那剎那生滅而不能自在，有情的「我已見、我現見、我當見」，都是實相心如來藏的種子作用，所以有情認為覺知心六識的見聞等功能眞的實有，其實僅是在因緣和合中虛妄分別之計執所得，屬於一念無明所攝的我見煩惱。

第八識阿賴耶識在世間因緣中流注五蘊十二處十八界的種子，既不分別眼根眼識所觸色塵或者是耳根耳識所觸聲塵，也不分別所流注的眼識種子或者耳識種子分別了什麼，更不分別所現的色塵內相分或者聲塵內相分，一向都是無人我、無法我，所以根本沒有見者或聞者可得；而第八識所生的六根六識正在六塵境界中生起分別時，本身也不是眞正的能分別者，所以從實相法界與現象法界單獨來看時，都沒有見者或所見可得。

頌曰：

見可見無故，識等四法無，四取等諸緣，云何當得有？
耳鼻舌身意，聲及聞者等，當知如是義，皆同於上說。

釋論：「沒有見者及可見的緣故，在眼根觸色塵的因緣下所現起的眼識，以及眼識與色塵內相分相觸所產生的受，緣於受所產生的想與行，由於眼識及受想行這四法無見者所歸屬的緣故，那麼緣於愛著眼根眼識所產生的欲取、見取、戒取、我語取而導致造作後有的種種緣，怎麼還會有呢？眼識是這個道理，耳鼻舌身識及意根末那識、於聲香味觸法塵中無有聞者乃至知者，即同樣的無有受想行與四取，應當知道這些義理都與上面所說的相同。」

顛倒分別所執取的五蘊我見，將六根執取爲我與我所，同時把根塵相觸爲緣所現起的六識以及對六塵的領受都歸於五蘊我，這就是見一處住地的我見煩惱；緣於這個五蘊我見，陰蓋了對五蘊不實的正見故名五陰，於是對於樂受產生貪愛追求、對於苦受不能忍而產生瞋恚、對於不苦不樂受不能察覺而產生愚癡。因於貪瞋癡而造作對應於三界的身口意業，染著於欲界的就稱爲欲取；想要修道脫離欲界或者三界，卻執取不如理作意的見解與戒禁，就稱爲見取與戒取（戒禁取）；執取五蘊爲我而不能接受他人的正語，以我見相應的自語作爲眞實不破的道理，以致不能脫離三界生死輪迴的一切有情，都是我語取。

如果能夠建立佛法正知見而如理思惟、觀行，如實領解、接受「五蘊我是虛妄分別所得，無常苦空無我，沒有眞實自在法體」，不再認取五蘊中的任何一法爲眞實我而斷除五蘊我見，生起解脫的智慧而破除愚癡以後，不再將六根觸六塵所產生的種種受歸於虛妄分別假想所得之眞我了；沒有了所歸屬的虛妄分別「五蘊眞我」，哪裡還有所謂的我喜歡或我不喜歡、我能忍受或我不能忍受可說呢？造作後有的我語取已經斷除，自能接受正語與正見，建立了佛法正知見以後，遵守佛戒而不違犯，如實觀修而實證解脫分，產生見地而能遠離見取見與戒禁取見，心清淨了不再染著於欲界，欲取也能斷除而建立梵行。如是次第修進，由四取導致後有生死輪迴的緣，當然就不會再有了。

從第八識實相法界來說，祂出生十八界法而與十八界法同時同處，運行諸法而不分別諸法，沒有眼耳鼻舌身意諸根，沒有色聲香味觸法等六塵，沒有眼耳鼻舌身意六識；不分別有自我，也不反觀有自我，不領受六根觸六塵諸受就沒有相應的想與行，即是脫離生死輪轉的涅槃。五蘊眾生雖然愛阿賴耶識，但是阿賴耶識對五蘊眾生一向眞如無我。親證第八識阿賴耶識如來藏而轉依眞如不退者，能夠現觀十八界法都攝歸於第八識，實相法界與現象法界都是無人我、無法我，獲得大乘般若解脫分法，接受般若無我空的境界中沒有「識、受、想、行」與四取諸法，這就是大乘無生忍的解脫功德。

第二節 〈觀五陰品 第四〉

色陰是四大聚集所成，猶如聚沫，無常、不堅固。色陰五根分為浮塵根及勝義根兩種，浮塵根指的是表相上可見有對的部分，例如「**眼體如蒲萄朵，耳體如新卷葉，鼻體如雙垂爪，舌體如初偃月，身體如腰鼓顙**」（見《楞嚴經》卷四）；勝義根指的就是不可見有對的淨色根，由於淨色根而成就色的自性，因此說四大種所造淨色，名為眼根、耳根、鼻根、舌根、身根。有人主張「離於四大所造色別有色的自性，別有眼等五根的色性不壞」，因此有下列的辨正論述諸頌。

頌曰：

若離於色因，色則不可得；若當離於色，色因不可得。

離色因有色，是色則無因，無因而有法，是事則不然；
若離色有因，則是無果因，若言無果因，則無有是處。

釋論：「若是離開了色法的能生因，就不可能有色法的存在；若妄想離開色法的能生因而另有色性，這樣的色因是求不可得的。若是主張離開了色因另有色法的存在，那個色法就變成無因而生的法，無因而有色法，這件事情是不能成立的；反過來說，如果離開了色法卻說有色的能生因（意指色因與色法不同時同處），那就變成無果的因，若說無果卻有能生因存在，那是沒有道理的。」

有外道看到現前的五色根會經歷老死而毀壞，妄想著「離開現前的五根色法，另外有不壞的色性存在」，以那個色性爲眞實法。色性就是色因，然而色與色性不能拆開分別看，換言之，色因與所生色一定是同時同處；例如眼根是色的自性，而眼根必定是色法，離開了色法就沒有眼根的色性可得；耳鼻舌身根也是同樣道理。若沒有地水火風等色性而有色法，這在一切有情身上都找不到，因爲無因法不是法界的法性，所以無因法不可能成立；眼根這個色法現前時，背後必定有個能生眼根的能生因同時同處存在；然而反過來說，若是妄想著有個能生色的法性離開了眼根這個色法而單獨存在他處，那又成爲無果的因，有因而沒有果也不是法界的法性，過失無量而沒有是處可說。（色性是指色的自性，也就是四大五根等色法的功能，攝屬於第八識所有；色因是指能生色的根本因，四大非是能生色者，第八識才是能生色的根本因。）

頌曰：

若已有色者，則不用色因，若無有色者，亦不用色因。

無因而有色，是事終不然，是故有智者，不應分別色。

釋論：「倘若認爲已經存在的色法，是不需要色的能生因，或者認爲無色界的有情，也不需要色的能生因。這樣就會形成無生因而有色法現前的過失，這件事情終究不能成立，以此緣故有智慧的人，不應去分別色法實有或者非實有，因爲那不是眞正的色因。」

從二乘有學無學的所知來看色法的能生因，無非就是地水火風四大，但是要將自身的地水火風四大永滅無餘，卻必須將六識後有種子現行的因永滅，才有可能證得「我生已盡，不受後有」的解脫果，也才有可能將自身的地水火風四大永滅。二乘人如實的知苦、斷集、證滅、修八正道，所斷的是後有四大被生起的因，而不是因為知道能生色法的因就能將四大地水火風永滅；所以，佛陀曾經說，假使二乘人於無量劫的時間，觀察一世的色陰，仍不能盡知色陰的來處與色陰的滅處。[72]色陰的來處與滅處必定是同一個法，也就是能生色法的心才是眞正的色因，這個色因就是空性心第八阿賴耶識；二乘人沒有實證阿賴耶識的所在，沒有發起般若實相的智慧，所以不能了知色陰是自心阿賴耶識所出生的。

阿賴耶識具備了能生及中道的法性，所以色法的出生也必定符合不自生、不從他生、不共生、不無因生的無生道理。換句話說，色陰不是由四大地水火風自己出生的，也不是由阿賴耶識以外的他法所出生的，例如冥性、虛空能量、大自在天、上帝等所出生的；色陰更不是單由父精母血以及業因所共同出生的，也不是沒有業因業緣而阿賴耶識會自己出生色陰，這就是色陰無生的實相道理。

[72]《大般涅槃經》卷十八〈梵行品 第八〉：「善男子！聲聞緣覺亦有遍知，亦不遍知。何以故？遍知者名五陰、十二入、十八界，聲聞緣覺亦得遍知，是名遍知。云何不遍知？善男子！假使二乘於無量劫，觀一色陰不能盡知，以是義故，聲聞緣覺無有遍知。」《大正藏》冊十二，頁468，中22-26。

爲什麼色陰的滅處也是阿賴耶識呢？因爲第八識本來無生，能生色法的功能也是本來無生而存在於第八識心體中，在三界中引生識陰六識的業因煩惱滅除了，四大地水火風聚合而成的色陰捨報後就永滅了。[73] 空性心不再於三界中現行，處於無餘涅槃狀態時，不再出生蘊處界入等一切法，那就是四聖諦中「滅」的眞實道理，因此說色陰的滅處必定與色陰的來處是同一個法。龍樹菩薩說離開了空性心阿賴耶識，去分別色法的有無，都不是有智慧的大乘學人所應當作的事情。

六識後有種子現起的因，就是對五蘊所產生的我見與我執，依止於我見與我執煩惱所造作的業因，所以世世受生於三界六道中，意即業與果報有其必然互相呼應的道理。這個道理是不能離開空性心而說的，否則就會成爲戲論了。

頌曰：

若果似於因，是事則不然，果若不似因，是事亦不然。

---

[73]《長阿含經》卷十六：「何由無四大，地水火風滅？何由無麤細，及長短好醜？何由無名色，永滅無有餘？應答識無形，無量自有光。此滅四大滅，麤細好醜滅，於此名色滅，識滅餘亦滅。」《大正藏》冊一，頁 102，下 14-19。

受陰及想陰，行陰識陰等，其餘一切法，皆同於色陰。

釋論：「假如說果報位的色陰與能生色陰的能生因相似，這樣的事情不能成立，反過來說果報位的色陰若完全不似能生因，那也是不能成立的。受陰、想陰、行陰與識陰等法，以及其餘的一切法，同樣都與色陰這道理一樣——全都不能離開空性心阿賴耶識。」

有情在欲界與色界中的果報色，一定都是由四大地水火風聚合所成。例如這一世生在欲界忉利天的色陰，是緣於其前一世在人間修行的色等五陰，以歸依三寶、造作十善業之身口意行的業因，具備了人天善法所獲得的果報色。但天人身這個果報色陰與人間的色陰到底相似或者不相似呢？從現象來看，天人色陰與人間的色陰結構不相似，天人的色陰沒有複雜的五臟六腑，不需要攝取粗糙的五穀雜糧飲食，不需要排泄大小便利污穢物，這是不相似的地方；而天人色陰在天世界不會造作殺業、偷盜等不善業，同樣受用五欲樂與生死苦，這是與人間色陰相似的地方。反過來說，若前一世人間的色等五陰造作十惡業，則不可能成就欲界天的果報色，因爲果與因完全不相似是不可能成立的；或者說前一世造作十惡業，捨報以後生到地獄，卻擁有與人間完全相似的色陰，地獄果報色陰與前一世人間的色陰完全相似，這也是不可能成立的。假如前一世在人間歸依三寶、受五戒而不違犯，這一世繼續在人間受生，雖然同樣是人間的色陰，也不可能落在相似一邊或者不相似一邊；因爲有相似的人間眾同分，但也有不相似的性別、膚色、五官等差別存在。

從實相來看，空性心是五陰的能生因，祂出生了有情每一世不同的五陰，有生有滅的是五陰，空性心不來不去、不生不滅；有相似與不相似的是五陰的表相，而空性心無色受想行識五陰，也沒有眼耳鼻舌身意等十八界法，無有五陰十八界諸法，如何說相似或者不相似？然而若說能生因與所生的五陰不相似，又如何能有五陰的出生而與能生因同時同處？有情的果報五陰與造業因的五陰，都是來自於同一個空性心，對同一個法說相似那是有過失的，而對同一個法說不相似也是說不通的，因爲若說爲不相似時就不可能是五陰的能生因了。空性心與五陰就如同鏡子與鏡中所顯的影像，因此，唯有從空性心的中道性來論述實相與現象，才是絕對不會出現矛盾與過失的。

頌曰：

若人有問者，離空而欲答，是則不成答，俱同於彼疑；
若人有難問，離空說其過，是不成難問，俱同於彼疑。

釋論：「如果有人來問五陰的因果關係，離開了空性心而想要回答，一定不能成就圓滿的答覆，因爲那個答覆必定會出現與問的一方相同的疑問；如果有人針對五陰的因果關係提出問難，離開了空性心而想要說那個問難有過失，要讓那個問難不能成立，結果想要免於別人問難的說詞也同樣不能成立，因爲必定會與提出問難的一方產生相同的疑問。」

如果是六識論的學人看到這兩句偈頌，一定會把那個空解釋成爲無常空、緣起性空（其實他們說的是緣生性空），認爲「一切法無常、無自性的空，就是眾生平等的眞如空性，也是與佛陀平等無二的空性」。如果有人問他們五陰的生因，他們就會說「有因有緣集世間，有因有緣世間集」，而他們所說的因卻不是佛陀所說的能生因；若再問爲何有五陰果報的差別，他們就會說「因爲是無常所以有差別，因爲有緣起法的無自性所以平等無差別」。這樣的答覆看起來沒有離空而答、沒有過失，看起來似乎符合經論中佛菩薩的開示；但是所問五陰的生因，若以龍樹菩薩論中所說的「**諸法**

不自生，亦不從他生，不共不無因，是故知無生」這樣的道理來看，五陰到底有生還是無生？他們的答覆所說的「有因有緣集世間，有因有緣世間集」，所對準之標的法「五陰」是有生的、是無常的，而龍樹菩薩所申論的卻是：**諸法的實相——空性心如來藏阿賴耶識，能藉因緣生五陰諸法，但是自體本來無生，所以諸法無自體歸於空性心時才有一切法無生可說**。而六識論者的答覆，對於提出五陰的生因所要解決的無生義理，同樣的不能跳脫出那個疑惑，因為無常無自性是被出生的法所呈現的生滅法性，不可能反過來成為能生五陰的無生法性。所以一旦離開了空性心如來藏阿賴耶識的無生與中道性，想要解釋或者答覆關於五陰的生因或者五陰的生與無生，都同樣會墮在斷常兩邊的無因論疑惑中。

第三節 〈觀六種品 第五〉

外道以及六識論者如果想要論述無生，都只能從現象界的有生有滅諸法中去尋求、推測、想像，他們除了對於由地水火風聚合所成的色法五根及其功能產生虛妄想以外，也對於有情由地、水、火、風、空及識陰等六界和合的現象不如實知，因而把六界當作是無因即可存在的常法，認爲有色的時候有地水火風四大的相，無色的時候就是虛空相，[74]因此有了以下的偈頌論述與辨正。

頌曰：

空相未有時，則無虛空法，若先有虛空，即爲是無相。

釋論：「如果要在無色的時候才顯現虛空相，那麼色法還沒有出生的時候，應當沒有虛空法。但是你主張虛空有法是常，則應當就要先有虛空法才對，而那個虛空法卻不是在色滅的時候顯現的，所以虛空應當沒有所謂的虛空相，也就是虛空應當無相才對。」

六界中的虛空界，根據經中佛陀的開示，有內虛空界以及外虛空界。而內虛空界指的是身內不爲肉、皮、骨、筋所覆的部分，是身內所生，入於五陰數、六入數與十八界數的所有孔穴空竅，例如血管、食道等。外虛空界，指的是外器世間所有非色乃

[74]《百論》卷下〈破常品 第九〉：「復次，色是無常法，虛空是有常法，若色未有時，應先有虛空法。若未有色無所滅，虛空則無相，若無相則無法，是故非無色是虛空相，但有名而無實。諸遍常亦如是總破。」《大正藏》冊三十，頁 179，下 25-29。

至沒有如纖塵毛端等物質存在的虛空處。而虛空是依於色的邊際所施設的名稱，也就是說虛空並不是實有法；如果說在認知上把虛空當作是無色所顯現出來的，那麼主張色法出現之前虛空是常、已經存在，邏輯上已經自相矛盾了。所以主張虛空有虛空相不能成立，虛空應當是無相的法，但是對於主張虛空界實有者來說，這「虛空是無相的」又會出現什麼矛盾呢？請見以下的偈頌論述與辨正。

頌曰：

是無相之法，一切處無有，於無相法中，相則無所相。

釋論：「無法相的法就是無法，於一切有爲法、無爲法中都沒有這種法，虛空僅是個有名而無實、沒有法相的法，所以沒有虛空相可以成立的。」

一切的有爲法都是有爲相、變異相，而一切的無爲法有無爲相、沒有變異相，也就是說有爲法與無爲法都有其法相，不是空無的緣故。所以既然虛空沒有法相，就是沒有虛空這個法。佛法中所說的無相法，指的是空性心如來藏，祂本來無生、具足清淨自性、能生萬法，而無有三界諸法的生滅相、有無相、眾緣和合相、語言相、取捨相、人我眾生壽者相，眞實如如、寂靜涅槃，在經中佛陀說這個法是眞實相法。

[75]這個眞實相法卻是無相的，不同於虛空無法——但有名而無實；主張「虛空實有、是常、有虛空相」的六識論者，對於有相無相的認知，本質上都僅能在生滅法中計著與想像，未曾觸及到不生不滅的眞實相法，因此論主進行了以下的申論。

頌曰：

有相無相中，相則無所住，離有相無相，餘處亦不住；
相法無有故，可相法亦無，可相法無故，相法亦復無；
是故今無相，亦無有可相，離相可相已，更亦無有物。
若使無有有，云何當有無？有無既已無，知有無者誰？

釋論：「從眞實相法來看有相法與無相法，二相都是無所住的，而離開了有相與無相，再也沒有其他的處所可以表述法相了；因爲沒有蘊處界之法相的緣故，就沒

75《佛藏經》卷上〈諸法實相品 第一〉：「我是眞實相法，不可入不可取，不可捨不可貪，不可說、斷語言道。無歡無喜、斷貪喜心，非眾緣合、離眾因緣；無道斷道至於無道，斷諸語言論議音聲，無形無色無取無著無用，無實無妄無闇無明，無壞無諍無合無散，無動無念無有分別，不可得示；非垢非淨、非名非相，非心數法、非心所解。」《大正藏》冊十五，頁 784，上 1-7。

有眼耳鼻舌身等可以表相了，沒有眼耳鼻舌身等相的緣故，所以人我男女等相也就沒有了；由於這個緣故，現前的眞實相沒有三界有相，也沒有蘊處界、人我男女等可以表示其相，但是離了三界有相以及蘊處界相，更沒有其他事物可以顯示眞實相法了。如果眞實相法本來就沒有三界有，如何說眞實相法將會有所謂的斷滅無呢？有與無既然本來就無所有，又有個誰能知有與無呢？」

有相與無相，都是來自於六識覺知心的分別而有，因爲分別了知才生起種種的語言文字，所以法相都是安住於覺知心中，也就是覺知心是有所住的，安住於色塵相、聲塵相、香塵相、味塵相、觸塵相與法塵相中。而眞實相法空性心如來藏雖然能出生蘊處界，藉所出生的六根觸六塵而現起六塵內相分以及六識心，但是空性心不分別六塵、不了知六塵，所以空性心是無住心，不住於任何色聲香味觸法之有相或無相。然而離開了空性心與五蘊六塵，也沒有所謂的有相與無相法可以被安住，因爲五蘊十八界歸屬於空性心所有，也只能存在於空性心如來藏中，永遠都藉如來藏而與外六塵連結，五蘊十八界離開了空性心就成爲空無，不可能還有五蘊十八界等法相存在；但是空性心運行於五蘊十八界法時，沒有所謂五蘊與十八界的分別，永遠都是人無我相與法無我相。既然空性心的法沒有這些蘊處界相事，哪裡還會有人相或者眾生相、我相、壽者相呢？空性心沒有蘊處界諸法，也不分別五蘊有或者沒有、十二處有或者沒有、十八界有或者沒有，所以經中說空性心沒有見聞覺知者，[76]也就是無我無分別。

蘊處界、六界諸法皆是來自於空性心，攝歸空性心而在因緣聚合中生、因緣散壞時滅，如果不知道蘊處界諸法的實相，僅是從表相中觀察而分別有或者無，就僅能墮在現象界的生滅法中，不離常見一邊或者墮在斷見一邊。所以論主說：

頌曰：

是故知虛空，非有亦非無，非相非可相，餘五同虛空，
淺智見諸法，若有若無相，是則不能見，滅見安隱法。

釋論：「**攝屬於陰界入的虛空界，都不能離開眞實相法空性心而單獨存在，而空性**

---

[76] 《維摩詰所說經》卷中〈不思議品 第六〉：「法不可見聞覺知；若行見聞覺知，是則見聞覺知，非求法也。法名無爲；若行有爲，是求有爲，非求法也。」《大正藏》冊十四，頁 546，上 23-25。

心的法性無我、空寂、不生不滅，不是三界中的有法——非有，也不是斷滅的空無——非無，因此歸攝於空性心的虛空界也是非有亦非無；空性心沒有蘊處界諸相事可得，所以沒有我、人、眾生與壽者等相可分別，歸攝於空性心的虛空界也是非相非可相。虛空界是這樣，地界、水界、火界、風界、識界等五界，也是同樣道理，若僅以在表相上不能涉及實相的粗淺智慧觀見蘊處界諸法，去分別三界諸法的有相或者斷滅後的無相時，這樣是不能見到沒有見聞覺知、無所住而自在之法，即不能相應於滅除見分的空寂不生滅的安隱法。」

現象界中的諸法，必定落在有無之中，在因緣聚合中生起時必定繫屬於三界有，在因緣散壞時壞滅即成爲空無，沒有一絲一毫可以常住乃至去到未來世。六界中的識界，指的就是眼識、耳識、鼻識、舌識、身識、意識等六個識[77]，這六個識又稱爲識蘊，屬於五蘊中的法。五蘊是三界中的有法，只在一期生死之間存續，而這六個識要依五根不壞、六塵現前，不離根塵相觸以及意根作意的緣，才能現起而對六

[77]《佛說大乘稻芋經》：「五識身相應及有漏意識，猶如束蘆，能成就此身名色芽者，名爲識界。」《大正藏》冊十六，頁 824，下 7-8。

塵作種種見聞覺知的分別；在五根死滅毀壞時，緣散壞了，六個識就斷滅而不復存在。識蘊是有生之法，在因緣聚合中生起，也必定會在因緣散壞時斷滅，沒有常住自在的法性，所以不可能去到未來世。

六識論者針對識蘊中的意識心，想像著有一分細意識可以常住不滅，認爲那一分細意識可以從過去世入胎結生相續而來到此世，所以此世死後也能夠入胎到未來世結生相續；他們由於觀察不如實，因此主張「五蘊雖然是有生有滅，但是有細意識不生不滅」，這就是既把識界當作是有無法，有生滅相、分別相、了知相，同時又妄想著細意識沒有生滅相、沒有分別相，但是有離念的靈知相。彼等又以這樣的妄想，敘述細意識非有——沒有生滅相與分別相，亦非無——有離念的靈知相，因而也說細意識「非相非可相」，企圖將細意識轉化成爲不生不滅、空寂的空性心。但是細意識既名意識，當知即是意識，因爲佛陀已說「**諸所有意識，彼一切皆意法因緣生故**」[78]，所以不可能因緣所生的意識卻有一分屬於不生不滅之可得。因此，單獨觀察現象

[78]《雜阿含經》卷九：「**佛告比丘：『眼因緣色，眼識生。所以者何？若眼識生，一切眼、色因緣故。耳聲因緣、鼻香因緣、舌味因緣，意、法因緣意識生，所以者何？諸所有意識，彼一切**

中的六界諸法，所獲得的智慧僅侷限在粗淺的生滅有爲範圍內，是無法觸及眞實相法界的中道性的。

現象界的法都是有生有滅的，屬於無常性，所以不可能具備「非有亦非無、非相非可相、不生不滅、不垢不淨、不來不去」的中道性。此處論主說虛空界等六界「**非有亦非無、非相非可相**」，即如同《般若經》所說的五蘊、十二處、十八界、六界、四聖諦、十二因緣、三十七道品等諸法，非有非無、不生不滅、不垢不淨；都是從諸法歸攝於眞實相法空性心如來藏，皆攝屬於空性心所含藏法種的功能性，故說本來自在、不生不滅、不垢不淨。諸法現起的生滅無常，既然都沒有離開過實相法界第八識，而實相法界的法性不墮於三界的有與無，因此必須從實相法界含攝所生的諸法，才能說諸法有中道性——非有亦非無、非相非可相。

皆意、法因緣生故。是名比丘！眼識因緣生，乃至意識因緣生。』」《大正藏》冊二，頁 57，下 17-22。

第四節〈觀染染者品 第六〉

單純的觀察現象中蘊處界諸法有人我與眾生，但是將蘊處界等諸法歸攝於眞實相法空性心如來藏時，蘊處界諸法卻沒有人我與眾生，一切法空；但是經中有時卻又說「有眾生與貪瞋癡煩惱相應，造作身口意業，所以有三界有情等諸法」，對於實相與現象不能如實理解的學人，提出這方面的問題，所以有了以下的問答與論述。

頌曰：

若離於染法，先自有染者，因是染欲者，應生於染法；
若無有染法，云何當有染？若有若無染，染者亦如是。

釋論：「如果離開了貪瞋癡這些雜染法，而本來已先單獨有雜染者存在，則不需要再有染法，（但這說法不合道理）因爲如果此說成立，這些有染欲的人，應當是由自己本有的法來出生雜染才對；然而在沒有染法的前提下，怎麼會有受染這件事呢？因此於染者之外或者先有染法或者先無染法的說法皆不能成立，於染者自身的先有或先無也應該是如此道理。」

染法指的即是一切有漏法，一切染法皆是苦諦、集諦所含攝；一切有漏法無始以來即含藏於自心如來（入胎識、阿賴耶識）心體中，而自心如來恆不與貪瞋等種子相應而造作貪瞋諸行，自心如來恆不與有漏法相應故。貪等有漏法乃無始而有[79]，不可說「離於諸染法而有個我是染欲者，由此染欲者出生染法」，如是則一切貪等有漏法即成為有始；如果清淨性可再轉變成有漏性，有漏性被究竟對治後沒有決定不變性，則永遠不能得安隱，如何可說有究竟解脫可證？因此貪等染法如《華嚴經》中所說乃是無始而有者。

眾生的自心如來雖然含藏一切有漏法種而非是染者，以自心如來心性本淨故，然由客塵所染故，有七識相應的雜染法種子流注，故說此因地心非染非不染、非淨非不淨；自心如來所含藏有漏諸法，如十二因緣中，因「無明」而造作能感後有諸「行」，加上「愛、取」之滋潤，後「有」出生之勢力成熟，使得已造作諸業於緣熟時即報與後有種種異熟苦果得以現前，然於其中實無人、無我、無有作者與受者，皆是自

[79]《大方廣佛華嚴經》卷四十〈入不思議解脫境界普賢行願品〉：「我昔所造諸惡業，皆由無始貪瞋癡，從身語意之所生，一切我今皆懺悔。」《大正藏》冊十，頁 847，上 16-17。

心如來於眾緣和合中任運而現起。是故不可說離於染法而有受苦果之染者，也不可說離於受苦果之染者而有染法；無論染法是否經由如理的空性智慧所對治而滅除，自心如來之清淨本性皆無差別，即是無餘涅槃本際，自心如來的空性離有離無、離一離異故，此即是眞如實際故。

頌曰：

染者及染法，俱成則不然，染者染法俱，則無有相待。

釋論：「雜染者與雜染法，若說是同時成就的便不能成立，因為若這樣說則染者與染法是相俱而一體的，那就沒有相對待的關係存在了。」

如果說是先單獨有染者或者先單獨有染法，都會成為無因而有，但是也不能就說兩者是一時成就的一體之法，因為所謂的染者與染法是相對待的二法，如果兩者不是相對待的關係而是一體的，變成那一體的法也是無因而有的。染者與染法若是無因而有並且沒有相待的關係，豈非應當屬於常而不可改變之法？那就不可能有解脫果可以成就了。

頌曰：

染者染法一，一法云何合？染者染法異，異法云何合？

若一有合者，離伴應有合；若異有合者，離伴亦應合。

若異而有合，染染者何事，是二相先異，然後說合相？

若染及染者，先各成異相，既已成異相，云何而言合？

釋論：「染者與染法如果是一體的話，哪裡有染者與染法和合這件事可說？如果染者與染法是不同的兩個法，則獨立而不相關的異法又怎麼能夠發生和合呢？如果說二者是同一個法卻有和合的話，那就是離開所有的助伴因緣時也應當都有和合；如果兩個不相關的異法說有和合的話，離開助伴因緣僅剩下這兩個異法時也應當能和合才對。

如果兩個不相關的異法有和合，染法與染者到底有什麼事相上的關係，是各別先有自己不同的法相，然後說兩者有和合嗎？

如果說染法與染者，是各別先有自己不同的法相存在，則既然已經成為兩個不同的法相，又為什麼而說兩者可以和合？」

如果要主張現象界的法既是無常生滅，又具有常與能生的功能，那是不能成立的。例如緣於眼根與色塵生眼識，所以眼根、色塵、眼識三法和合——觸，乃有能見的功能現前，如果三法不和合，則沒有見的功用；也就是：單獨的眼根沒有見的功用，單獨的色塵沒有見的功用，單獨的眼識也沒有見的功用。也就是說，眼根、色塵、眼識三法和合時，雖然有見的功用，但這功用不能單獨歸屬於眼根、色塵或者眼識，因爲這三個法各別都沒有見的功用，不可能和合的時候就變成有見的功用。因爲眼根在各別存在的時候，或是於三法和合的時候，都同樣是眼根；眼根各別存在的時候既沒有見的功用，就不可能因爲三法和合而變成有見的功用，因爲眼根還是同一個類別之法的緣故。類別是同一個而說與他法和合後有不同的法相，一與異兩者的意義已經互相乖違了，而要主張「體」是同一個，那是與道理不相應的。

換句話說，能見的功用在眼根、色塵、眼識三法因緣和合中現前時，必定另有一個法體具有不斷流注眼識種子的功能，使得眼識能見的功用在色塵變化中持續不斷運作而了別色塵，這個法體才是能見的根本因，而眼根、色塵與眼識的現前僅是助緣而已。亦即眼根、色塵、眼識各自的類別，不會因爲三法和合而變成有能產生見的功能，而能使見的功用有不變的常性，否則就違背了三法各自類別的法相，這在法界中是不存在的。同一個法體，具備了不生不滅的常性以及能生諸法而諸法生滅的無常性，這只有空性心如來藏阿賴耶識；祂自體本來無生，但含藏了五蘊十八界諸法的種子功能，在因緣具足時生起、現起蘊處界諸法，所以經中佛說「十八界本如來藏妙眞如性」。[80]

以實相法界爲前提來看論主的辨正與論述，染者就是「人」，「人」法就是十八界法，染法就是貪瞋癡等煩惱。以十八界法中的眼根界、色塵界、眼識界來說，這三法各自有不同的功能差別，三法和合時有能見的功用，但能見的功用不是由三法中的任何一法所生，而衆生以能見爲我，這個我就是所謂的染者，此處暫以「衆生我」作爲敘述的名詞。這個衆生我是因爲無明顚倒想所虛妄認取的，無明顚倒可以經由解脫的智慧破除，衆生我的我見與我執可以斷除，所以衆生我與染法都是可以斷除

80《大佛頂如來密因修證了義諸菩薩萬行首楞嚴經》卷三：「復次，阿難！云何十八界本如來藏妙眞如性？阿難！如汝所明，眼色爲緣生於眼識；此識爲復因眼所生、以眼爲界？因色所生、以色爲界？……是故當知眼、色爲緣生眼識界，三處都無；則眼與色及色界三，本非因緣、非自然性。」《大正藏》冊十九，頁 116，中 10-22。

的。因此，眾生我與染法不是一，如果是一，就成為無因的常法，染法就不能增減，那是不可能被破除的。而眾生我與染法間的關係，並非一個是清淨而一個是染污的異法，也就是不貪的眾生我不可能與貪染和合，貪染具足的眾生我不可能沒有貪染。

頌曰：

異相無有成，是故汝欲合，合相竟無成，而復說異相；
異相不成故，合相則不成，於何異相中，而欲說合相？

釋論：「『染法與染者是獨立的異相法』有過失故不能成就，所以你想要用合相來補救，但這個合相畢竟也不能成就，於是你又再來主張異相；異相不能成就道理的緣故，合相就不可能成立，怎麼於異相中，而想要主張合相？」

「貪染」與「貪染者」一定是相應和合在一起，不可能有異相，要把貪染與貪染者各別說成不相關的異相，都不能成立。「無貪者」與「貪染」才是異相，既是異相又怎麼可能和合呢？會出現這些問題，最主要的因素，在於對眾生我是來自十八界人法的顛倒想不能如實了知；十八界人法各別都沒有見聞覺知性，和合了更不可能出生見聞覺知性，同樣的，十八界人法各別都沒有常住自在的我性，和合了更不可能有常住自在的我性。十八界人法各別不會與貪染相應，和合了當然也不會就改變成能與貪染相應；所以貪染若與十八界人法不同法相，就不可能和合。因此論主作了以下的總結：

頌曰：

如是染染者，非合不合成，諸法亦如是，非合不合成。

釋論：「就像如是所說的道理，染法與染者不是因為和合而成就，也不是同一法故沒有和合就能成立，貪染是這樣，瞋恚、愚癡等法也是這樣，都是非和合非不和合。」

離開了實相法界，針對現象中的法去主張和合而有見聞覺知等功能，或者主張各別法的某一種功能為眞實我，都會出現一與異的過失而不能成立，也因為一與異而有非和合或者不能和合而落在兩邊的過失。也就是現象界的法本質上沒有中道性，也沒有自己獨立的功能性，全都要來自背後的實相心如來藏，所以不能認取現象界中的某一法，妄想著有實相之不生不滅的中道性與功能性。貪染與貪染者，不能說是一法，也不能說是異法，說一說異都有過失；但是若外於實相心如來藏而單從現象界的角度探討時，卻無法有非一非異、非和合非不和合的實質可說。所以，現象法界必定要有實相法界的法支持著才能成立，也就是現象法界必須由實相法界所含攝，才不會墮在外道以及六識論者的斷常邊見中，具足中道性的法才是沒有過失的佛法。

空性心如來藏藉因緣出生了有情的蘊處界，有情因為執藏在如來藏中的無明煩惱而起顛倒想，把生滅無常的蘊處界計執爲眞實我，也把如來藏的功德法執爲己有，在蘊處界諸法和合運行中起貪染，造作身口意業。不能離開如來藏而單獨說有染者，也不能離開如來藏而說有貪染煩惱等事相，但是如來藏自心本來自性清淨、無我無我所，所以沒有雜染者或者清淨者可說；而如來藏所生的有情與貪染煩惱相應，是雜染者。從實相來說，如來藏與所生的有情非一，如來藏與所含藏的貪染煩惱不和合，但是所生的有情與貪染煩惱和合，因此非和合非不和合；如來藏與所生的有情非異，蘊處界諸法歸攝於如來藏故，而如來藏自性清淨、眞如無我、涅槃寂靜，沒

第五章　以中觀論述五陰十八界無生空相之理

論述實相法界的空性，無人、無我、無法，所以一切法空；但是沒有實證眞實相法空性心者，不能脫離現象界諸法生滅有爲的種種分別，也不能理解大乘法實相法界含攝空性與空相的般若中道性，不能理解現象界諸法的生住滅是不能單獨存在的，所以有了以下的論頌問答與辨正。

第一節〈觀三相品　第七〉

外道與六識論者愚癡於眞實相法，想像有個「生」法、「住」法與「滅」法既是有爲又是無爲，所以諸法能出生、能安住、能滅。這樣的想像能夠成立嗎？

頌曰：

若生是有爲，則應有三相；若生是無爲，何名有爲相？

三相若聚散，不能有所相；云何於一處，一時有三相？

若謂生住滅，更有有爲相，是即爲無窮，無即非有爲。

釋論：「如果『生』是眞實存在有爲性的話，『生』這個法應當自身就有生住滅這三相；如果『生』是無爲性的話，無爲性如何能給予有爲性的生住滅等法相？如果生住滅三相聚合或散壞了，則不能存在或生或住或滅的三相；怎麼能於同一處，而且是同一時而有生住滅等三相呢？

如果說生住滅三法，各自都更互而有有爲性的法相，若要這樣認定爲眞實的話，諸法就會無窮無盡，因爲生可以有住與滅，住也可以有滅與生，滅也可以有生與住，並且所衍生的生住滅也可又再有三相，這樣一來不斷各有生住滅等三相，就成爲無窮無盡而有過失了，而如果生住滅無有爲性的法相就不是有爲法。」

論主說生、住、滅如果是眞實的有爲法，會有無窮的過失，問難的人不以爲然，因此作了以下反駁：

頌曰：

生生之所生，生於彼本生，本生之所生，還生於生生。

釋論：「『生』出生時的所生法，主要是出生了本生，而本生所生的法，又還生於『生』的生。」

在小乘的論中說，法出生之時總共有九法共生：一是法，二是本生，三是住，四是異，五是滅，六是生生，七是住住，八是異異，九是滅滅。在這九法之中，本生除了自體的生以外，還能出生其餘的八法。〔編案：此依《阿毘達磨俱舍論》釋義，《中論》則唯說七法，「異」及「異異」略而不說故。〕生生能生本生，本生則能生生生，所以三相雖然是有爲，但不是無窮，故無過失。

換言之，在小乘的論議中，認爲法生起了，與這個法自體一起總共會有九個法共同生起，也就是法自體的法相以外加上八個隨相；八個隨相中本來的生、住、異、滅是法的本相，生生、住住、異異、滅滅是本相的隨相。本相中的生也就是本生，能夠生法自體與住、異、滅以及生生、住住、異異、滅滅等八法，但是隨相中的生生，僅能夠生本相的生，也就是本生，所以才說「生生生於本生，本生生於生生」；而住、異、滅也是同樣道理；彼等認爲四種本相、四種隨相各別功能有差別，所以不會有無窮的過失。[81] 但小乘凡夫僧這樣的說法有許多過失而不自知，接續來看論主的辨正：

頌曰：

若謂是生生，能生於本生，生生從本生，何能生本生？

若謂是本生，能生於生生，本生從彼生，何能生生生？

若生生生時，能生於本生，生生尚未有，何能生本生？

---

[81] 《阿毘達磨俱舍論》卷五〈分別根品 第二之三〉：「頌曰：『此有生生等，於八一有能。』論曰：『此』謂前說四種本相，『生生等』者謂四隨相——生生、住住、異異、滅滅。諸行有爲由四本相，本相有爲由四隨相。豈不本相如所相法，一一應有四種隨相，此復各四，展轉無窮？無斯過失。四本四隨於八於一功能別故。何謂功能？謂法作用或謂士用。四種本相一一皆於八法有用，四種隨相一一皆於一法有用。其義云何？謂法生時并其自體九法俱起，自體爲一相，隨相八。本相中『生』除其自性生餘八法，隨相『生生』於九法內唯生本生。謂如雌雞有生多子、有唯生一，生與生生，生八、生一其力亦爾。」《大正藏》冊二十九，頁 27，中 7-20。

若本生生時，能生於生生，本生尚未有，何能生生生？

釋論：「如果說後面的生生能夠出生前面的本生的話，生生卻是從本生中出生而來的，如何能夠反過來出生本生呢？

如果說這個本生，能夠出生了生生，那麼這本生就不能稱爲從生生所生，因爲本生若是從生生而生出來的，又如何能夠生於生生呢？

假如生生出生的時候，能夠出生本生，但是生生卻要從本生中出生，但本生還未出現時生生也不得有，如何說有生生能夠出生本生呢？

如果說本生出生時，能夠出生生生，但是這本生如何能從尚未出現的生生出生，而在本生還未有時，又如何能夠出生生生呢？」

小乘主張四種本相、四種隨相功能有差別，所以自認爲沒有無窮的過失，但是卻有著「無能生有」、「尚未出現的子法能生母法、母法再生子法」的矛盾過失。雖然出現了這樣不能補救的過失，但是問難者繼續提出申辯：

頌曰：

如燈能自照，亦能照於彼；生法亦如是，自生亦生彼。

釋論：「就好像燈在闇室能夠自照，也能夠照了他物；生法也像這樣，能夠自生也能夠生他法。」

這是以燈能自照及照他，譬喻本生能夠自生及生他，但這樣就能夠補救過失嗎？論主說：

頌曰：

燈中自無闇，住處亦無闇；破闇乃名照，無闇則無照。

釋論：「燈體中自身沒有闇，燈明所住之處也沒有闇；由於燈能破除黑暗才稱爲光照，若是沒有黑暗時就沒有照明可說。」

燈體自身有光明，這個光明能破除黑暗；而光明的所住之處就不會有闇冥，所以名爲能照；以燈來譬喻自照及照彼、自生亦生彼，並不恰當。這就在說如來藏自體從來沒有無明，所以沒有所謂破除無明以後的明可說，遠離明與無明兩邊；如來藏所含藏的一切法種，本來就存在於沒有無明的心體中，所以沒有所謂的自照照他可說；如來藏心體本來無生，所含藏的一切法種同樣是無生，所以沒有所謂的自生他可說。但是問難者不理解實相，繼續申辯說：「燈不是在還沒有點燃的時候有照，也不是點燃了以後才有照，燈生時能自照也能照彼。」這樣的狡辯，能成就實相的道理嗎？論主繼續辨正：

頌曰：

云何燈生時，而能破於闇？此燈初生時，不能及於闇；

燈若未及闇，而能破闇者，燈在於此間，則破一切闇。

若燈能自照，亦能照於彼，闇亦應自闇，亦能闇於彼。

釋論：「怎麼說燈點燃的時候可以破闇呢？燈剛剛點燃的時候光明不能到於闇的處所；燈光如果還沒有到於闇的處所，而說能夠破闇的話，那麼燈在這個世間，應當能夠破遠近一切闇才對。」小乘人又辯解說：「燈與闇的自性互相違背的緣故，所以能自照也能照明於闇冥，並且闇與燈也互相違背的緣故，同樣也應該自蔽及遮蔽於對方。」所以論主破他們說：「如果燈能照明自己，也能照明於黑暗，那麼黑暗也應該自己可以成就黑暗，也能遮蔽於光明的燈。」意謂燈與闇是互相違背的，如果說燈能夠自照也能夠照於闇，那麼闇也應當自遮蔽也遮蔽燈才對。以此緣故說小乘僧人的燈喻沒有道理。

小乘問難者想要用燈的譬喻挽救「生能夠自生及生他」的論點，顯然不能成立，因爲法界中只有本來無生的法才具有能生萬法的作用，而被生的萬法永遠不能自生也不能生他法。小乘六識論者想要在被生的現象諸法中，主張「有個生法本來無生，既能自生也能出生他法」，這是猶如緣木求魚一樣不可得的。論主破除了燈的譬喻以後，繼續論述實相無生的道理：

頌曰：

此生若未生，云何能自生？若生已自生，生已何用生？
生非生已生，亦非未生生，生時亦不生，去來中已答。

釋論：「這個生法如果尚未生起，如何能夠自己生起呢？如果這個『生』自己生起了，又何必再生另一個生？生其實不是生起了而有生，也不是未生而有生，法生起了其實也是無生，這在前面〈去來品〉中已經詳細答覆了。」

「生即是無生」這個道理，縱然聚集了所有的俱解脫阿羅漢在一起，也無法討論出爲什麼生即是無生，更何況外道或者小乘六識論的學人呢？從前面的論述中已經明瞭，蘊處界諸法都沒有眞實體，不能自己獨立存在，沒有眞實常住不壞的體性，都必須由空性心如來藏藉因緣變現或者顯現；何況是蘊處界等法的出生，只是一種現象的顯示，生並不是實有法，何況能再生一個「生生」，而後又由這個「生生」再度來出生「生」？

佛法實際理地的核心義理，都是在說「因爲有如來藏的空性法義，所以才能呈現所生諸法以及諸法的空相」；如來藏所生的諸法之中，若是「所生法」則有作用，若是「所顯法」則無作用，但都是被實相心如來藏所生之法或是所顯之法，皆非實有我或實有法。二乘聖者單純從所生諸法以及諸法的空相中，驗證了「有生即是苦，苦即是無常、無我」，因此斷除對蘊處界的我見與我執，證得解脫三界生死的阿羅漢果，不再有後世五蘊的出生，也就不會再有住、異、滅。但是二乘聖者並未實證蘊處界諸法從何而生、滅去何處，仍然有著諸法因緣生、因緣滅的法相執著，但是這分執著屬於無始無明所含攝的法執，所以不影響實證解脫果以及捨報入無餘涅槃。

但是，證得阿羅漢果並沒有體悟佛法的精髓，因爲闇於諸法生滅無常的實相——諸法唯是自心如來藏所現、諸法本來無生的本質，沒有實證第八識而導致不能進一步破除所知障，則不能成就一切種智以及佛法最重要的佛菩提果。在這個前提下，小乘部派佛教流傳下來的這些不涉及親證實相的義理，對於無生的論述就處處充滿著過失與缺漏了。因爲僅單純的從被出生的蘊處界諸法之生滅性本質去探究，想要貪緣大乘法所證實相法界的本來無生，以避開無因而生或者斷滅見的落處，卻都不能離開有與無、生與滅，永遠不能符合非有非無、不生不滅的中道實義。

所以他們解釋蘊處界是如何生起的，最後也僅能以「眾緣和合而生」來自圓其說，落入根與塵共生的虛妄想像中；因爲現象上每一世的蘊處界都是本無今有的，既然是本無今有，自己生自己就不能成立；而且根與塵二法也都是被生之法，則不能共生有情的六識或自生根與塵。而當蘊處界被出生了以後，沒有任何一法具備生的功能而可以出生他法，所以被出生的法必定墮於兩邊，不能處於中道而有不生不滅的實質。

生，不論是本生或是生生，都是所顯法，本生既是所顯法，則不能生生，何況能反過來由生生再生本生？中道所說的不生不滅或者非生非滅、非有非無，是緣自於蘊處界諸法沒有實體，乃是歸屬於本自無生而能生諸法的第八識如來藏，從如來藏自體含攝兩邊又不落兩邊的中道體性，才能表述出非有非無、非生非不生、生即是無生的實質法義。所以當論主將「**現象界諸法已經出生了不能再說不生，尚未出生的也不能說不生，正出生之時也不能說不生**」，這三種前面已經辨正過的、不屬於無生的正義再次揭露以後，問難者想以眾緣和合而生的說法作為補救，能夠成立嗎？所以論主進一步申論說：

頌曰：

若謂生時生，是事已不成，云何眾緣合，爾時而得生？

若法眾緣生，即是寂滅性，是故生生時，是二俱寂滅。

釋論：「如果以你的理論要說諸法有出生的時候所以有生，這件事情已經不能成立了，因為沒有那個能自生又能生他法的因存在，怎麼可以說眾緣和合了，諸法就能出生呢？如果從正理來說由眾緣和合而生法，那麼被生的法沒有自性不能自生，那就是寂滅的性質，所以法的出生與生的時候，這兩個時間點都是寂滅性的。」

蘊處界諸法都是藉眾緣和合而被出生、眾緣散壞而滅沒，都沒有絲毫眞實的自體性存在，所以不可能有生他法的功能，當然也不會有能自生的法，僅能依附於能生之法在眾緣和合中生起、現行，所以沒有單獨的蘊處界諸法實體能出生他法這件事，因此說諸法皆屬於寂滅的性質；但是這個寂滅性，卻是要從本來無生而能生萬法的實相法界角度來論述才能成立，否則都會成爲戲論。因爲從蘊處界本身來看時，永遠就是喧鬧而不寂滅；只有實相法界才有寂滅及中道性，也只有眞實心體如來藏具備能生萬法的空性自性，藉著所含藏的眾緣生起、現起蘊處界諸法；此時的蘊處界僅是如來藏藉眾緣幻化而有，被幻化而有的蘊處界在實相法界中沒有眞實與決定性的實體，所以沒有所謂的生相與滅相可說，追究到最後，諸法所有的自性就是第八識實相心的寂滅性與中道性，這才是究竟的事實。空性心如來藏本來無生，也是本來寂滅性的，被空性心幻化出來的蘊處界諸法並沒有自己的自性，因爲蘊處界的所有自性都來自實相心；蘊處界也是沒有決定存在不滅性的實體，不能自生與生他法，都是唯如來藏心所現，所以攝歸實相心如來藏時也是寂滅性的。這是大乘法中「生即是無生、非生非不生、非有非無」的實相般若中道法義，小乘想要以「現象界諸法眾緣和合而生」的現象去成就有一個生法能自生與生他法，都會成爲無法救護的戲論，因爲前者是現象界中的法性，後者是實相界中的法性，不能互相套用，所以小乘堅持著過去、現在、未來三世的現象就是生相，對於「生即是無生」等中道義理，在不能理解的情況下，又提出質疑說：「一定有過、現、未等三世的差別不同，所以未來世的五陰等法得以出生，如是以過去世的生而產生現在世的生，以現在世的生而產生未來世的生，這樣的因緣也就是生，你們大乘是以什麼緣故而說諸法無生？」於是論主只能苦口婆心的繼續說明：

頌曰：

若有未生法，說言有生者；此法先已有，更復何用生？
若言生時生，是能有所生；何得更有生，而能生是生？
若謂更有生，生生則無窮；離生生有生，法皆能自生。

釋論：「如果認爲有個未生法實有，成爲未來世的因緣而再出生所以實有生的話；

但那個所謂的未生的法既然已經先有了，又何必還要來到此世再出生呢？」小乘人不懂，又問道：「未來雖然已經有了，但不是猶如現在已經現前的法相，所以因爲現在未生的法相而說未來有生。」然而此說非理，因爲未來世的生相現在還沒有出現，若是尚未出現時，如何可以說未來世的生已經出生了？若眞的有未來世的生出生了，那就不應該名爲未來世的生，應該名爲現在世的生了；如果現在已經有未來世的生了，就不應該未來世再度有生。這樣的二種生全都不可能同時存在的緣故而說不生，所以小乘人若說有過去的生及未來世的生同時存在時，這樣的生也應該能生那無量世的生了，所以論主龍樹答道：「你們小乘人如果辯解說生的時候有生的功能，這便是能夠有所生；那麼回到先前所說的問題上，既然現在都已經生了，又何必一定要再度有生，而說生能再度出生了生呢？如果你們認爲一定要有個生來出生那個生法，那麼生就會不斷地生出許多的生，就會有無窮而不能盡的過失存在了；如果離開了生而說生可以再有生的功能，同理，豈不是一切法都能自生了。」

小乘部派佛教說一切有部主張「三世自體實有，在眾緣和合時生」，但是如果自體實有就不需要相待於他因他緣才有生了，也不需要生的法了，也沒有生與生時可說。蘊處界諸法沒有眞實自體，也沒有過去、未來、現在三世的現象同時於眼前存在，彌勒菩薩在大論中說，那三世的生都是依於如來藏所含藏的種子而建立的；種子成就了異熟果，已經受報而消滅的部分稱爲過去，有尚未酬償果報的種子因相即稱爲未來，已經出生的異熟果尚未壞滅時的眼前稱爲現在。[82] 因此，蘊處界諸法不能自生也不能生他法，都是由如來藏所含藏的種子所變現的，而且生只是一種現象，生沒有出生其他的生或諸法的功能，所以不能主張未來世有蘊處界自己的實體會藉由此世的生而再出生，但是小乘人卻主張「生能自生所以有生相」，這樣就會成就諸法都能無因而自生的大過失。蘊處界諸法的無生道理，確實不是未證實相的小乘部派佛教學人所能思議的。

頌曰：

有法不應生，無亦不應生，有無亦不生，此義先已說。

82《瑜伽師地論》卷三：「云何建立三世？謂諸種子不離法故，如法建立。又由與果未與果故，若諸果法若已滅相是過去，有因未生相是未來，已生未滅相是現在。」《大正藏》冊三十，頁 291，下 17-20。

若諸法滅時，是時不應生。法若不滅者，終無有是事。

釋論：「已經現前的法不應再有生，已滅的無法也不應有生，亦有亦無的法也是不生的，這個義理先前已經破斥及說明過了。如果諸法已經滅了，這就也不應再有生。」這是因爲生與滅等二相是互相違背的緣故，其一是滅相，因爲已知該法是滅了；其一是生相，已知該法是生了；這二種相違的法相同時同處現前是不可能的，所以有生滅相之法不應再有生。小乘人又問道：「如果是滅相之法當然不應有生，但若是不滅相之法則應有生。」論主答道：「**法如果是常住不滅的，就沒有現在不應再生、過去已滅不應再生、未來未至不應有生這些事情了。**」因爲一切有爲法念念滅故，不會有不滅法而離開有爲性，也不會是決定性的無爲法；而且無爲法就只有名字而無功能，由這樣的緣故而說不滅法的生以及能再生，終究不可能有這樣的事情。

衆緣和合所生的蘊處界法，無論是過去、現在或者未來，攝歸如來藏時其本質是無生的、寂滅性的，因爲都是由如來藏所生而沒有決定性的自體與眞實自性，不能自生也不能生他法。過去已滅的法，不可能來到現在；現在的法滅了，也不可能去到未來；僅在空性心如來藏中有幻生幻滅的法相，都歸不生而寂滅的如來藏實相心所有，也都只在如來藏心中幻起幻滅，所以說沒有眞實自體的出生可說。空性心如來藏將所含藏的蘊處界種子功能藉眾緣幻化現起，這些種子功能攝屬於如來藏心體，是不可滅的；因此從實相法體如來藏來看待所幻化的蘊處界，仍然是不生不滅、是無生的，沒有「從三界有而生」或者「從無因的無法而生」的過失存在。問難者對於無生的法有諸多疑問，因爲小乘凡夫僧等六識論者，住在現象界所知的概念範圍內，無法思議實相法界中的無生法，僅能以諸法生住滅的現象來想像或推論本來無生之法，而從生的層面來論辯，在無法救護立論過失的情況下，主張無生法必定有住相，所以論主爲此作了答覆，就有了這個議題的辨正如下：

頌曰：

不住法不住，住法亦不住，住時亦不住，無生云何住？
若諸法滅時，是則不應住；法若不滅者，終無有是事。
所有一切法，皆是老死相，終不見有法，離老死有住。
住不自相住，亦不異相住；如生不自生，亦不異相生。

釋論：「無生法於一切六塵境界中都是無所住的，一切有生的有爲法雖然在現象上是有所住的，從實際上看時也是無所住的，所以沒有所謂的住法住時可說，法既然無生怎麼有住相可得？」這是說，不住的眞實法是不住的，因爲沒有住相的緣故；有所住的法也是不住的，因爲已經有所住的緣故而不斷在變異當中，也因爲有去的緣故所以說爲有所住。如果住法已經先有了，就不應該更有所住；正當住時也是不住的，因爲離住不住時再也沒有住的時候了，由於這些緣故同樣也是不住。像這樣來看時，於一切處中求住而不可得的緣故，這就是無生之義，所以若是無生之法又如何能有所住？「**此外，如果諸法壞滅時，就不應當還有所住；諸法如果是不會壞滅的，就不會有生相住相這些事。**」如果法是有生滅相的，這樣的法也不會有常住相，因爲一法之中滅相與住相是互相違背的緣故，不可能同時存在，所以不能說有滅相之法可以有常住性。

小乘僧人又問道：「如果法不滅的話就應該有住相。」然而這樣的事情不可能存在，因爲有生之法都不可能是不滅法，所以說：「**所有現象法界中的一切法，都是有生之法，所以必定有老死相，也就是必定會滅而沒有不滅的，所以現象法界中**

終究不曾看見有哪種法出生了以後，不會老死壞滅而永遠住世的。」因爲一切法出生之時已經顯示其無常的法性了，經常隨逐著無常的法有二種，就是老以及死；像這樣有生之類的一切法，永遠都有老死的緣故，就不可能有常住的時節。而且：「有生之法雖然現象上有所住，但是有生之法不能自住，所以不是因爲自相而住，也不是離開了本來有生之法的自相而另有住相可說；猶如有生之法的出生不能自生，從因緣中出生之時也不會出現異於該法的法相而出生，這個道理是相同的。」換言之，若是於六塵境界中有所住之法，若說爲自相住或是他相住，這二種情況都不可能存在。若是自相住時，則該法一定是常而不壞。一切有爲法都是從眾緣和合中所生的，如果是常住之法，祂自己就是常住的，那就不能說是有爲法，因爲唯有無生無滅的「無爲法」才能自己常住。住這個法若是依住的自相而住，同理，諸法也應該是自相住，然而並不可得，猶如眼不能自見眼，住也是這樣的道理，不能自相住；如果住這個法可異相住，那麼住就應該另外還有別的住相了，這樣一來「住」這個法就會是無窮的，有嚴重過失。生、住如是，「異」這個法也應當如是，所以看見異法而出生了異相，不可以外於異法而說有變異相，變異相不是一定而不變的緣故，所以若主張住是因爲異相而住的話，這說法也是不能成立的。

無生法如來藏既然本來無生，就不會出現因爲生而有必然存在的住相與滅相可得；一切蘊處界諸法都攝屬於本來無生的如來藏，所以從蘊處界諸法的本源——諸法的實相——如來藏的中道法性來說，蘊處界諸法也就具有不生不滅的中道法性。這個中道法性所彰顯的是諸法實相能生諸法，但中道法自身卻是本來無生的本質，也就是無生並不是斷滅後的空無或不存在的空無，而是「**諸法不自生、亦不從他生、不共（生）不無因（生）**」，這樣的諸法無生道理是因於諸法乃本來無生的實相心如來藏所生所有；因此而知道諸法的本質是沒有自體的，沒有眞實自體的出生，都是來自於無生法如來藏，如是將諸法攝歸無生的如來藏時諸法也就無生了。

從無生的實相法界看待蘊處界諸法時，沒有任何一法有眞實體出生，所以哪有所謂的住相呢，當然也就沒有滅相可說了；但是單在現象法界中看時，蘊處界諸法都是本無今有而說有生，生時暫存而說有住，有已壞滅而說老死，也是在生與老死之間方便說有住，並不是蘊處界諸法有自己可以獨立自住的法相，而說有生或者有住。也就是說，蘊處界諸法都是由如來藏藉因緣而幻化現起的，在因緣和合尚未散壞的情況下，隨著因緣而有法相的功用，若離開了這些因緣，就不可能還有功能法相可以存在了，何況能說生住異滅。

例如人間的意識，必須在五根不壞、意根觸法塵、意根生起作意的情況下，才會由如來藏流注意識的種子，在六塵中了知、分別、領受、思惟；所以如果在眠熟位意根不作意現起意識時，意識就不會現起，也就是緣不具足時意識就不在了，因此意識不可能有眞實自體以及住相可得；同樣的，在正死位以及中有入胎後，意識現起的緣完全散壞了，也不可能還會有所謂的一分細意識可以存在及去到未來世，因爲此世意識是依此世的五色根爲緣而生起、而存在的，此世五色根不會去到未來世，故此世意識隨之永滅。換句話說，意識就是不自相住也不異相住，如果主張眠熟位仍然有細意識無分別，或者死後有細意識入胎去到未來世，除了犯了意識有自相住與異相住的過失以外，還落入論主所破的「**終不見有法，離老死有住**」的過失中，學人不可不愼。說明到此，小乘僧人又問曰：「如果法是無住的心，便應該有滅。」所以論主又回答說：

頌曰：

法已滅不滅，未滅亦不滅，滅時亦不滅，無生何有滅？

法若有住者，是則不應滅；法若不住者，是亦不應滅。
是法於是時，不於是時滅；是法於異時，不於異時滅。
如一切諸法，生相不可得，以無生相故，即亦無滅相。

釋論：「諸法雖然無所住，但是已滅的法不會再出現滅相，還未滅的法也沒有滅相，法若正滅時也是沒有滅相可得，諸法都沒有眞實體的生相、是無生的緣故，所以哪有滅可說？法如果有住相，那就不應當滅；法如果無所住，也不應當有滅可得。因爲法在現前的時候，不會在現前當時有滅相；現前的法若是到另一個時候，也不是在那不現前時滅。就像一切諸法，其眞實體的生相不可得，由於沒有眞實體的生相的緣故，所以也沒有滅相可得。」

蘊處界諸法沒有眞實體，都是由空性心如來藏藉因緣變現幻化而有的，如來藏藉父精母血的緣而變現有情的色蘊五根身，再藉著五根不壞、成熟時的五根觸五塵，加上意根等無間作意的緣以及能觸法塵的緣，在根塵觸處流注識蘊六識的種子，現起六識來分別六塵。如來藏雖然變現出色蘊五根身，但是卻從來不分別所變現的是天人或者人間有情，或者畜生道、鬼道、地獄道有情，也不分別所變現的有情眼根、耳根、鼻根、舌根、身根等五根的功能好壞與差別相；就好像海水因為風的作用所產生的海面上的大浪，不斷的隨著環境的因素在海面上變化，但是海浪都來自於大海水、歸屬於大海水，而大海水不分別是大浪或者小浪或是無浪。所以實質上沒有獨立眞實的海浪實體出生，海浪來自於大海水、也攝屬於大海水，不能離開大海水而說有海浪，所以沒有海浪這個實體的生相可得，因此說無生。

識蘊六識與如來藏的關係也是同樣的道理，如來藏識就像大海，因為境界風的作用而產生了諸轉識海浪，海浪從大海水而來，離開了大海水就沒有獨立的實體海浪可得，因此說識浪無生；而大海不分別海浪的有無，也不分別海浪的大小，更不分別是什麼樣的境界風產生的海浪，也不分別大浪或者小浪、無浪；如來藏大海藉著所變現的色蘊五根觸五塵，在因緣具足下，六識識浪不斷的現前而有見聞覺知，而識蘊六識來自於如來藏、也攝屬於如來藏，不能離開如來藏而說有識蘊六識，是故沒有六識實體的生相可得，因此說無生。

有情的五蘊十八界從無始劫以來就是攝屬於有情的自心如來藏，如來藏就是有情五蘊十八界的實相法界；如來藏本來無生，所含藏的五蘊十八界也是本來無生，不能離開如來藏而有眞實體的出生。因此從實相法界的中道性來觀察五蘊十八界時，才能說五蘊十八界諸法無生相，無生相所以無住相、無異相、無滅相。如來藏變現而幻化出五蘊十八界諸法，依於在因緣中現起的法相與功用，給予名稱說那是眼根、耳根等色蘊，說這是眼識、耳識等識蘊；所以有情的五蘊十八界諸法，全都是依其自心如來藏變現幻化出來的法相所假名施設的，離開了如來藏就不復存在五蘊十八界了。也就是說，如果離開了如來藏，單純說現象上所假名施設的五蘊十八界諸法有生相所以有住相、異相、滅相，或者離開了如來藏而想像著有細意識不滅、具有空性功能而能生蘊處界，而說不生不滅，這些都屬於落在虛妄法上的計著，純屬想像而有的法，沒有涉及到眞實法界空性心如來藏，就不可能有中道與中觀的本質可說了；若如佛護、清辨，及其遺緒的後代中觀師如寂天、釋印順等人，所說皆屬此類的戲論，皆憑想像所得而不離增益執；又因否定能生蘊處界諸法的實相心故，又成損減執，所說皆不離兩邊而違背中道義，全無中觀本質可言。

頌曰：

若法是有者，是即無有滅，不應於一法，而有有無相；

若法是無者，是即無有滅，譬如第二頭，無故不可斷。
法不自相滅，他相亦不滅，如自相不生，他相亦不生。

釋論：「如果法是眞實有，那麼應當沒有滅的時候，不應當在同一法上，同時存在著有相以及滅相；

如果法是空無的，應當沒有滅的時候，就好像人們頭上的第二個頭，那是不存在的所以也不可能斷除。

諸法沒有眞實自體的生相，因爲生不是眞實法，所以也沒有自體的滅相，更不可能有個他相可以滅，就像沒有眞實自體的生相一樣，也不可能由如來藏以外的他法來出生。」

「諸法不自生，亦不從他生」，這是論主在一開始就立下的現量宗旨，這個宗旨立基於空性心如來藏本自不生而能生萬法的中道性，是實相法界恆常不變的無生法性的現量。實相法界中諸法既然無生，當然就沒有生相、住相以及異相、滅相可得；離開了無生而能生諸法的空性心如來藏時，再也沒有蘊處界可得，也沒有他法可以取代如來藏而說彼法出生了蘊處界，蘊處界諸法也絕對沒有眞實自體可以自生。所以，蘊處界諸法不僅不能自相滅，也沒有他法可以滅蘊處界，因此也沒有他相滅；例如阿羅漢證解脫果，也不是滅了蘊處界諸法，而是斷除了對五蘊的我見乃至已薄貪瞋癡而說「**我生已盡**」，斷除欲界愛煩惱而說「**梵行已立**」，斷除色界愛、無色界愛等我執而說「**所作已辦、不受後有**」。[83] 阿羅漢捨報以後，其如來藏變生蘊處界諸法在三界現起的緣已經滅盡無餘，成為如來藏獨存的狀態，稱為無餘涅槃；所以是斷了再出生後有蘊處界的煩惱而稱為證無餘涅槃，並不是將蘊處界滅了稱為證無餘涅槃，阿含部的《央掘魔羅經》中具說此義。因此，以蘊處界諸法攝屬如來藏而說非有非無，並不是從蘊處界在現象界中虛幻的表相上可得非有非無的中道性，這就是六識論者一向迷惑不解又偏執計著的地方。

頌曰：

生住滅不成，故無有有為，有為法無故，何得有無為？

---

[83]《瑜伽師地論》卷八十三：「又我生已盡者，有二種生，一生身生，此如前說；二煩惱生，此微薄故亦說為盡，此則記別初之二果。梵行已立者，謂不還果，非梵行貪此永斷故。所作已辦、不受後有者，謂阿羅漢。」《大正藏》冊三十，頁 764，下 2-7。

如幻亦如夢，如乾闥婆城，所說生住滅，其相亦如是。

釋論：「從實相法界來看時，諸法的生住滅都不能成就，因此實相中無有生滅性的有爲法，沒有有爲法的緣故，哪有無爲法可得？諸法在現象上的生滅猶如幻影亦如夢境，又好像虛空中的乾闥婆城雖現似有而非實有，所說諸法在現象上的生住異滅相，也是一樣雖現而非實有。」

有情世間的蘊處界諸法都是各自有情的如來藏阿賴耶識所變生的，各自有情的眼識所見的一切色塵境界，也都是由自心如來藏藉根塵相觸的緣而現起的內相分影像，所分別的影像不曾外於自心如來藏；眼識及色塵是這樣，耳識、鼻識、舌識、身識、意識及各自所見的其餘五塵，也是同樣的道理。所以一切有情的五蘊世間，都好像在虛空中出現的空中樓閣，雖暫時出現卻不是眞實有，僅是由各自有情的自心如來藏所幻現。[84]因爲無明而迷於諸法實相的凡夫以及不信受乃至不證實相的小乘部

[84]《大乘理趣六波羅蜜多經》卷十〈般若波羅蜜多品　第十之餘〉：「一切有爲法，如乾闥婆城，眾生妄心取，雖現非實有。諸法非因生，亦非無因生，虛妄分別有，是故說唯心。無明妄想見，而是色相因，藏識爲所依，隨緣現眾像。如人目有瞖，妄見空中花，習氣擾濁心，從是三有現。

派佛教學人，見到這些幻化而有的法相，虛妄分別而說有眞實的有情五蘊世間存在，所以認爲生住異滅也是眞實的。眞實法如來藏雖然變生幻化性的蘊處界諸法，但是如來藏本來不生不滅、本來性淨涅槃，猶如虛空寂滅寂靜、迥無一法可得，所以沒有所謂的有爲法與無爲法可得。[85]

如來藏能變生幻化性的蘊處界諸有爲法，這些法是由於有情蘊處界覺知心的分別，所以了知其無常生滅的有爲相；但如來藏心體猶如虛空，眞實如如的人無我、法無我，本來具足的無漏法性運行著所變生的蘊處界諸法，顯現出虛空無爲、眞如無爲等無爲法性，這些都是由親證自心如來藏的菩薩們的覺知心所分別，但是如來藏自身卻沒有這些有爲法與無爲法的分別，這就是眞實法無我、無所得、無一切法

---

85 《入楞伽經》卷六〈法身品 第七〉：「大慧！以不覺知唯是自心分別生見，一切世間諸法本來不生不滅，而諸凡夫生於分別，非聖人耶。大慧！迷心分別不實義者，譬如凡夫見乾闥婆城，幻師所作種種幻人種種象馬，見其入出虛妄分別，作如是言：此如是如是入，如是如是出。大慧！而彼實處無人出入，惟自心見迷惑分別，生不生法亦復如是。大慧！而彼實處無此有爲無爲諸法，如彼幻師所作幻事，而彼幻師不生不滅。」《大正藏》冊十六，頁 552，中 15-23。

眼識依賴耶，能見種種色，譬如鏡中像，分別不在外。所見皆自心，非常亦非斷，賴耶識所變，能現於世間。」《大正藏》冊八，頁 911，中 23-下 5。

的眞實義理。

第二節〈觀作作者品　第八〉

六識論者依據現象界的表相，虛妄分別著諸法的生住滅是眞實有，雖然論主已經從實相法界論述蘊處界諸法沒有生住滅三相，也分別了生住滅等法不能再出生生住滅等法；如果蘊處界有眞實自體的生住滅，而生住滅也有眞實自體而成爲能生之法時，則有不能補救的、追溯無窮的過失存在。但是對於諸法的運行，小乘凡夫僧等問難者的立論宗旨主張**「有個第八識以外的我常住而離於五陰身存在，是這個五陰身的作者以及受者，因此有生死輪迴不絕」**，論主爲此必須再進一步論述，以破除其虛妄分別所生的執著。

然而不論龍樹菩薩怎麼說，小乘凡夫僧依舊提出質問說：「**從現前的事相來看時，明明是有作了業，其中有作者，也有所運作的作法，所以這三事和合運行而成就了業，當然就一定會有果報，這就證明應該要有作者及所作的業。**」然而事實上是，由上面〈觀三相品〉一品又一品之中，已經破斥一切法的實有，也全部破盡無餘了；猶如破生、住、滅等三相中，三相都不是眞實存在的緣故而沒有有爲之用，有爲不是眞實存在的緣故也就沒有無爲的功德，有爲與無爲都不存在的緣故一切法盡，自然就沒有作與作者。若是說作與作者是有爲法，在有爲品中已經破盡了；如果是說作與作者是無爲而實有，在無爲品中也已經破盡了，所以都不應該又提出這樣的問題來。但是小乘凡夫僧的執著心非常地深重，所以又提出來再問，論主只得又進一步再說明：

頌曰：

決定有作者，不作決定業；決定無作者，不作無定業。
決定業無作，是業無作者；定作者無作，作者亦無業。
若定有作者，亦定有作業，作者及作業，即墮於無因。

釋論：「如果先決定有個作者存在，那麼業應當已經作了，就一定有所作業，五蘊（作者）就不應該再作；如果改變說『決定沒有先有個作者』，既然沒有作者那就沒有任何不定業會被作。

又或者說是先有決定業而沒有被造作，那個決定業就變成沒有作者了；如果決定先有作者的情況下而沒有所作，那個作者也就沒有業可得。假如一定有作者，也一定同時有已經作的業，那就會形成作者與所作的業，都可以無因而有了。」

若主張「有一個能作的我離於五陰身而常住，每一位有情都是由這個我所作」，這種情況就是主張「眾生都是自在天（或上帝）所出生，自在天就是眾生的作者」。但是，若眾生是從自在天出生，則眾生與自在天兩者其實都已經墮在無因生的過失中了，因爲自在天成爲無因而有的，自在天也是無因而生眾生的。如果自在天不是無因而有，應當要有能出生自在天者，而自在天也應該要有業才能出生眾生，那麼自在天就不是常住的；若是無常的法就不能無因而有，也不能出生他法，這是必定的道理。自在天（或上帝）沒有常住的本質，若說眾生是他所出生、他所作，根本已經不能成立；另外，如果眾生是自在天所作，應當所有眾生都與自在天一樣可以不受業報所繫縛而自在，但是眾生卻各自承受不同的善惡報以及苦樂受而不得自在，顯然是來自於各自不同的業所成就的果報，不是由不相關的自在天所出生。眾生承受不同的善惡報以及苦樂受時若可以沒有業因，那麼世間人持戒、修禪定、修解脫道，就沒有任何意義了；但是佛法中的正理卻是：持五戒的人可以再生而爲人，兼修十善者可以往生欲界六天，修得禪定者可以生色界天或者無色界天，修解脫道者可以解脫生死輪迴。所以眾生不是自在天所作，而是要有因有緣才能成就各種的業，因即是第八識眞如心，緣即是所生五陰十八界等，否則業的成就便會落入無因生之中。

頌曰：

若墮於無因，則無因無果，無作無作者，無所用作法；
若無作等法，則無有罪福，罪福等無故，罪福報亦無；
若無罪福報，亦無有涅槃，諸可有所作，皆空無有果。

釋論：「如果墮在無因中，那麼一切法都可以無因無果而生，沒有因與果時就應當是沒有所作、沒有作者，也沒有所運行的作法；如果沒有能作、所作及作法，就不會有罪業或者福業，沒有罪業與福業的緣故，就不會有罪業的果報與福業的果報；

如果沒有一切的罪業與福業的果報，就沒有涅槃解脫可得，一切可能的所作，都變成空無果報了。」

假如不是由一個自在天（上帝）變生所有眾生，而是每一位眾生各自有個我離於五蘊身而常住、就是五蘊身的作者，那麼這個常住我如果不是與五蘊身一起，五蘊身就應當沒有作用，因爲五蘊身不能自在而沒有自體性，就不應當有罪業或者福業可說；如果這個我是與五蘊身在一起合爲一法，那麼這個我應當會隨著五蘊身而世世轉變，會轉變就是無常法，不可能有常住不變的眞我實質。所以，主張「有個常住的我與五蘊身不同在」，或者主張「有個常住的我與五蘊身同在」，都墮在過失中，也就是墮在「異」或「一」中而不能救護。眾生不能無因而有，業也不能無因而有，一旦墮在無因的過失中，生死輪迴或者解脫涅槃都成爲無因無果了。

頌曰：

作者定不定，不能作二業，有無相違故，一處則無二。
有不能作無，無不能作有；若有作作者，其過如先說。

作者不作定，亦不作不定，及定不定業，其過如先說。

作者定不定，亦定亦不定，不能作於業，其過如先說。

釋論：「作者是決定先有或者不定，根據前面的分析都不能作定業或者不定業，因爲有與無是相違背的，在同一處時不可能又是有又是無。有作者時不能無所作業，沒有作者時不能有所作業；如果先有所作業或者先有作者，過失已經在一開始就說過了。先有作者而不作定業，也不作不定業，以及定不定業，相關的過失如先前所說。決定先有作者或者不決定先有作者，以及先亦決定亦不決定有作者，這樣的立論都不能使得於業有所作的事成就，其過失也是如同先前所說一般。」

主張有個自在天（上帝）造作一切有情，或者主張每一位有情外於五蘊而有個常住的眞我能造作其五蘊自身，這都是無業因而有業果的立論，沒有業因卻有決定業能成就業果，這是說不通的。若主張眾生隨著各自不同的業因成就業果，不是由自在天或者常住的我所作，那就形成各自不同的業是隨機而有的，沒有決定性，但是卻有決定的業果，這也是沒道理的。每一位有情業果報的成就，必定與該有情過去世身口意行所造作的業因有關，善業、惡業乃至無記業，都有業種完整無缺的落謝在各自有情的如來藏心田中。有情造作身口意諸行，不離五蘊十八界，離開了五蘊十八界則沒有任何「行」可以成就，必須經由身口意行才能成就種種業；而五蘊十八界諸法是如來藏所含藏的種子功能，必須由如來藏藉眾緣變生五蘊而與五蘊共同運行，所以有情在每一剎那所起的身口意行，必定從如來藏心田中現行再回熏，因此五蘊十八界所成就的善業、惡業或者無記業只有一個去處，那就是落謝在如來藏心田中、由如來藏所執藏，才能帶去未來世成就異熟果。

如來藏不分別所執藏的業種是善、惡或者無記，一向順著業種與業緣的具足與成熟，去酬償諸業果報，但是果報的呈現必定不離五蘊身，絕對不會有第六蘊這種如同龜毛兔角的無法。也就是有情的五蘊身在一期生死中所造作的身口意業，在該期的五蘊身壞滅而使如來藏捨離時，下一世的去處與果報，是由如來藏所含藏的業種與業緣決定的，如來藏順著具足的業緣與成熟業種的緣，變生下一世全新的五蘊身，這個新的五蘊身就是業異熟的果報。這樣的因緣果報，在經中佛陀說，業因是五陰造作，所以業果由五陰承受；若是人的五陰造作了持戒並行於十善之因，業果即由來世的欲界天五陰承受；但是在實質上卻是無作無受的，因爲五陰是因緣和合而有的，是由如來藏所變生現起的，本質上沒有五陰的眞實自性；因此於造作善惡諸業中，五陰眞實我是不存在的，所以沒有作者可得，受果報也是同樣道理。從實相心如來藏來看所受果報時，如來藏雖然變生以及運行五陰諸法，但是如來藏眞實而且對六塵境界如如不分別，無我無我所，不於六塵諸法起念，哪有作與受可得？[86]

頌曰：

因業有作者，因作者有業，成業義如是，更無有餘事。
如破作作者，受受者亦爾，及一切諸法，亦應如是破。

釋論：「因爲業的成就而相對說有作者，因爲作者而相對說有業，這就是業成就的義理，再也沒有『先有作者』或者『先無作者』等多餘的事情可說。

86《優婆塞戒經》卷四〈雜品 第十九〉：「善男子！若言『五陰無常，此不至彼而得受報』，是義不然；何以故？我法或有即作即受，或有異作異受、無作無受。即作即受者，陰作陰受；異作異受者，人作天受；無作無受者，作業因緣和合而有，本無自性，何有作受？」《大正藏》冊二十四，頁 1056，下 26-頁 1057，上 2。

如同破除作業與作者一般，沒有受與受者也是同樣道理，一切生滅有爲諸法沒有眞實體性，也應當這樣破。」

從實相法界的中道性說無有作者、無有受者，這並不是等同於外道的無因無果論，也不是外道或小乘所誤解的自在天（上帝）、神我本住、細意識常住論，而是如來藏的眞如無我法性本來就是無作無受，因爲如來藏無始以來不分別六塵境界而遠離苦樂受，從來不作主而成爲無覆無記性，所以如來藏的境界中沒有受，也不是受者；如來藏所變生的五蘊諸法也沒有眞實自性，五蘊諸法的現起到壞滅，都是在因緣和合中無常變異、生滅不住，同樣的沒有一個眞實我有所作、有所受。

每一位有情其善業、惡業或者無記業的成就與關聯，必定有以五蘊諸法假名施設的類別與姓名，例如人類的王五造作了持戒與修習十善的業，王五與持戒等善業在因緣和合中的關聯，必定存在而不可抹滅；當王五捨報以後生到欲界天成爲某甲天子時，這位某甲天子以報得宿命通必定了知，是因爲前一世的人身王五造作了持戒及十善業，才有此世的天子身享受天福；六道輪迴都是這樣的道理。但是王五並不是他五蘊人身的造作者，也不是下一世天人身的造作者與受報者，這是非常明確的。論主強調作者與業的關係必定有這樣的意義，這個意義的實相就是無作無受，因為有空性心如來藏與所生五蘊諸法的空相，才能成就諸法因緣和合而不壞世間法、不壞因果律，而不是由自在天或者神我本住、或是由妄想所得以為能常住的細意識所作，因為沒有這樣的作者，也同樣沒有這樣的受者。

第三節 〈觀本住品 第九〉

數論外道主張「有個冥性本來就在，能生地水火風空等諸大，才有神我能了知受用種種境界」；其宗旨主張「冥性這個自性本有，也就是因於自性的轉變而有了五根等法，由神我受用五塵，所以有苦受、樂受、不苦不樂受」。在這個數論外道的宗旨中，冥性自性是本有而不生不滅的，也就是主張有個本住法存在；並且認為如果苦樂的因果都滅盡了，唯有具足能知能思等心所的神我離繫獨存，那就是涅槃解脫。但這樣的神我其實就是五蘊中的有情我，數論外道所主張的冥性自性亦非實際上存在，這類主張本質上就是在生滅法中妄想所得罷了。

佛法中的本住法，指的是本來就自在、不生不滅的第八識如來藏，並不是從五蘊法中析分出的某一種細法，也不是在五蘊法的範圍內推測想像的所得，而是可以親自實證、現前驗證的；過去、現在以及未來一切諸佛的所證都是相同的第八識如來藏，教導諸菩薩弟子所證的，也是同一個性淨涅槃如來藏；這與外道所主張的冥性自性與神我完全不一樣。[87]所以外道不能證得解脫，更不可能成佛，因爲外道立論的基礎都不離五蘊法，不能斷除錯將五蘊我視爲眞實不滅的我見，就永遠無法解脫於生死的輪迴。以下就是外道論師以虛妄分別的本住法提出主張，論主龍樹菩薩以親證空性心如來藏的證量，進行了相對應的破斥與辨正。以下頌文就是外道論師所提出的本住法的主張：

頌曰：

---

[87]《大乘入楞伽經》卷四〈無常品 第三之一〉：「佛言：『大慧！依二密法故作如是說；云何二法？謂自證法及本住法。云何自證法？謂諸佛所證，我亦同證，不增不減，證智所行，離言說相、離分別相、離名字相。云何本住法？謂法本性如金等在鑛，若佛出世若不出世，法住法位，法界法性，皆悉常住。』」《大正藏》冊十六，頁 608，中 19-24。

眼耳等諸根，苦樂等諸法，誰有如是事，是則名本住；
若無有本住，誰有眼等法？以是故當知，先已有本住。

釋論：「外道說，眼耳鼻舌身等諸根，苦受樂受捨受等諸法，能出生、能增長這些法的，那就稱爲本住法；如果沒有這樣的本住法，又有誰能出生、能增長眼等諸法？以這個緣故應當知道，必定先有本住法。」

頌中說的「**眼耳等諸根**」，是說眼、耳、鼻、舌、身五根及命根；「**苦樂等諸法**」，是說苦受、樂受、不苦不樂受，以及想、思、念等心所法。外道論師這樣的論述看似有理，但是必須探究他們這種立論的根據來自於實證什麼，有什麼眞實的解脫功德。從數論外道冥性自性以及能思能知的神我這些立論宗旨來看，如是外道建立本住法來出生五陰等法是正確的理論，因爲只有常住的本住法恆而常存不滅，才能出生蘊處界等生滅諸法；哲學界則是到晚近二十世紀末才懂得這道理，才說出「**假必依實**」的道理來。但是他們在實證上則是錯誤了，他們所謂的本住法很明顯的落在蘊處界中，或是落入冥想而不可證的戲論中；因爲冥性自性是妄想分別所得，不可知、不可證；能思能知的神我則是有情的五蘊我，正是繫縛於生死中的一念無明眾生相，所以虛妄想像出來的本住法是沒有實質的。因此論主龍樹必須先破斥這樣的虛妄分別：

頌曰：

若離眼等根，及苦樂等法，先有本住者，以何而可知？

若離眼耳等，而有本住者，亦應離本住，而有眼耳等。

釋論：「如果離開了眼耳鼻舌身五根及命根，以及苦受樂受捨受和諸心所出現之前，說先有個本住法，那是以什麼形態存在而能被了知的？如果離開了眼耳等五根及命根，而有個沒有眼耳等五根及命根而說有本住者，也應當離開這個本住法，就能有現前的眼耳等五諸根和諸法。」

對於主張由冥性自性出生眼等諸根以及苦樂捨受諸法的人來說，是要有個能了知、能思惟的神我，並且發展出一套理論：是因爲貪瞋癡所以才受苦樂等果報，只要把苦樂的因果滅盡了，有思有知的神我就能離開繫縛獨自存在，就是涅槃解脫。所以那個神我具備了思惟，必定也具備了分別與了知，那就必定具備了五根與命根等，也必定有苦樂諸受及諸心所法，而當那個神我離繫獨存時，卻是與那個冥性自性毫無關聯、是可切割的，即不可能是由那個冥性作爲本住法來出生五陰。因此，論主反問對方：「你們說有個本住法在還沒有出生眼等諸根、苦樂諸法之前，但那時也沒有能思能知的神我，又如何能知有本住法？」因爲一切的了知都必須藉由眼等諸根以及那個神我，否則即無所知，這部分對於立論的論師而言，是不可迴避的事實。

在不可迴避的情況下，如果又改口說「神我才是本住法，不是那個冥性自性，而是由神我出生了眼等諸根諸法」；那等於說有思、能了知的神我，不是在眼等諸根諸法出生以後才能思、能了知，這樣就有兩套眼等諸根與苦樂等諸法了。所以論主回應對方說：「你說本住法與眼耳諸根、苦樂諸法是分離的，那麼本住的神我又何須去斷除所生的眼等諸根諸法的苦樂果報，才說離繫成爲涅槃解脫？理論前後矛盾不可成立。」

頌曰：

以法知有人，以人知有法；離法何有人，離人何有法？

一切眼等根，實無有本住；眼耳等諸根，異相而分別。

釋論：「因為有眼等諸根及苦樂捨等諸法與心所，才能了知有本住法的神我，因為有本住的神我才能了知有眼等諸根及苦樂諸法；但是離開了眼等諸根與苦樂等法，哪裡還有神我可得，離開了神我哪裡還有眼等諸根與苦樂等法可得？所以一切眼等諸根與苦樂諸法中，實際上沒有一個是本住法的神我；因為眼耳鼻舌身等諸根，在與五塵相觸的因緣和合中，生起了六個識，對六塵各有不同的分別領受了知，而不是由一個本住法的神我在了知與分別。」

在主張有冥性自性或者本住神我的立論中，色聲香味觸五塵是由神我所受用的，因為神我具有思與了知（想）的功能，而要受用五塵卻必須有眼等五根，所以有苦受、樂受、捨受等法。因此在他們立論的陳述中，必定是經由眼等諸根及苦樂等諸法，才去虛妄的分別有個能了知、有思有知的神我，假想這個神我是常住不滅的本住法；本質上這個神我就是一般的有情我，也就是六識覺知心。離開了眼等諸根及苦樂等諸法，六識覺知心就不復存在了，離開了六識覺知心，就沒有誰可以分別眼等諸根及苦樂等諸法了。

眼根觸色塵生起眼識，由眼識分別色塵的青黃赤白；耳根觸聲塵生起耳識，由耳識分別聲塵的大小；鼻根觸香塵生起鼻識，由鼻識分別香塵的嗅覺強弱；舌根觸味塵生起舌識，由舌識分別味塵的味覺強弱；身根觸觸塵生起身識，由身識分別觸塵的觸覺強弱。意識在五根觸五塵的境界中，與眼識同緣於色塵境界，分別色塵上的形色、表色與無表色，取相了知中產生語言文字，同時能夠比對、分析、記憶；色塵境界是如此，聲塵乃至觸塵也是同樣道理。意識在五塵上所分別的稱爲法塵，觀察思惟了知所知並反觀自己之了知與所知，在一念無明中，將對六塵的分別了知與自心的反觀執取爲眞實常住的我；以這個覺知心我在五根觸五塵中生起受用，由這個覺知心我分別了知而有苦受、樂受、捨受等諸法。

但是意識必須由意根觸法塵生起作意才能現起，也就是說眼識乃至意識六個識，必須藉由根塵相觸的緣才能現起，並沒有眞實自在的體性，本質上是由十八個法的功能在因緣和合中而有的，全都是有生必滅的體性，沒有一個本住的神我可得。如來藏含藏十八法界的種子，雖然隨順著諸緣而變現五蘊等法，與五蘊等法同時同處而運行著五蘊等諸法，但是一向不分別五蘊諸法、不分別六塵諸法，眞實而如如，才能是無覆無記性而可受熏及持種，方能如實出生來世的五陰；如來藏是法界中本來不生不死的本住法[88]，但絕對不是外道所錯誤執取的覺知心神我，這是非常明確的。

破斥了立論者所主張的本住法是不存在的，佛法中說的眞實的本住法又不分別了知六塵，那又是誰在見聞覺知六塵？他們有了以下疑問提出來：

頌曰：

若眼等諸根，無有本住者，眼等一一根，云何能知塵？

釋論：「如果眼等諸根及苦樂等諸法，其中沒有本住者，那麼眼根、耳根、鼻根、舌根、身根，如是一一根都是物質色法，如何能了知色聲香味觸法等六塵呢？」

小乘凡夫僧等問難者提出眼耳等五根是物質，不能思惟亦不能了知，而有情都能分別與了知六塵，能領受苦樂受等諸法，所以必定是離眼等諸根有能知六塵者才對，藉此來支持能知能覺的神我等所謂本住法的理論。論主很清楚他們立論神我的落處是虛妄分別所得，必定有不能救護的過失，因爲「離眼等諸根有能知六塵的神我」這樣

88《大乘入楞伽經》卷七〈偈頌品 第十之二〉：「緣於本住法，我及諸如來，於三千經中，廣說涅槃法。」《大正藏》冊十六，頁 638，上 18-19。

的論點，不出兩種情況：一種情況是應當一一根各有知者，另一種情況是有一知者在一一根中。如果是前者，則有多個神我；如果是後者，那個知者必須迅速的在五根中來去竄動才能具足了知，若神我在眼根緣於色塵中時，知已經屬於眼根了，則耳根不應同時聞知聲塵；其餘諸根亦復如是，都有違背現量的過失存在，所以論主答覆說：

頌曰：

見者即聞者，聞者即受者，如是等諸根，則應有本住。

若見聞各異，受者亦各異，見時亦應聞，如是則神多。

眼耳等諸根，苦樂等諸法，所從生諸大，彼大亦無神。

釋論：「假如眼見色塵者即是聽聞聲塵者，聽聞聲塵者即是覺知苦樂捨受者，像這樣的六根之中，就應該有同一個神我知者在諸根中，諸根中便應該有個本住法存在。如果眼見者與聽聞者不同，聽聞者與覺受者也都各不相同，那麼應該眼見時也同時聽聞、同時覺受苦樂捨，變成一一根各有知者受者在其中，那就成為一人有很多神我。

事實上，眼耳等諸根，苦受樂受捨受等諸法，以及這五根所從生的地水火風等四大，連同那四大等物質之中也是沒有神我的。」

如果是有個神我在眼等諸根中，那就變成色聲香味觸等沒有各別特定的識別者，同一個神我既可以藉眼聞聲也能以耳見色，但事實上不是如此。如果眼根壞了，就不能識別了知色塵，也不能以耳根或其他三根來取代，所以只有藉著眼根不壞、觸色塵的緣，才能生起眼識見色、了知色塵，這是不可推翻的現量境界，證明五根中各有不同的了知者而非同一個神我。如果是一一根各有知者神我，等於一人有多個神我，當五根一時了知五塵時，便應該同時有五個神我；因爲他們的立論是「神我能了知受用色聲香味觸，也能領受五塵中的苦樂捨受」，所以一一根中的神我功能應當是相同的，只會有同一種神我，但這樣的立論在現量的境界中是完全不能驗證的。況且，眼等諸根是由地水火風空等聚合所成，地大等物質色法本就沒有神我可得，怎麼可能聚合起來就會有神我呢？這樣看來，這五色根乃至意根中的神我是各自不同的，也就是眼識乃至意識，但識陰六識並非常住不壞的本住法神我，神我的落處無異於常見外道。

問難者的主張被破了以後，他們又認爲既然神我知者不可得，那麼應當有眼等諸根諸法生住滅；這在前面已經從實相無生的面向辨正過了，但是他們不能跳脫五蘊諸法在現象上的生住滅三相，所以只能這樣堅持；於是問說：「如果眼耳等五色根，以及苦樂捨等諸受，其中沒有本住法，如您所說這樣我接受了，然而眼耳等五色根，以及苦樂捨等諸受是應該眞實有才對。」所以論主回覆說：

頌曰：

若眼耳等根，苦樂等諸法，無有本住者，眼等亦應無；
眼等無本住，今後亦復無，以三世無故，無有無分別。

釋論：「如果眼耳等五色根，苦受樂受捨受等諸受及心所等，其中都沒有本住不壞的神我可得，是有生住滅的無常性，故眼等五色根及受等諸法也應當不是眞實有；推求先於眼等五色根及受等諸法中都沒有本住的神我可得，今後也一樣無論怎麼推求還是沒有那個神我，過去現在未來三世都沒有的緣故，是於空無生起戲論故不應當去作分別。」

五蘊諸法本質上不能單獨存在，是依附於空性心如來藏在因緣中變現種種色、心法相而有的；從如來藏心體的法性與法相來說，因爲心體猶如虛空，無相、無有三界一切法，眞實如如而不分別所變生現起的有情境界中的諸法，所以說「**無眼耳鼻舌身意，無色聲香味觸法，無眼界乃至無意識界**」[89]。既然無有眼等諸法，哪裡還有眼等諸法的生、住、滅可得呢？眼等諸法的名稱施設，都是來自於如來藏所變現的色、心等法相，並不是有眞實本住的眼等諸法的自體生住滅，所以從實相法界而言，諸法都是無生、無相、無所得。因此，論主告訴主張有神我本住的小乘立論者，外於實相法界而在蘊處界諸法中想像推測有個神我本住，能生眼等諸根而在其中了知受用，已成爲自生的無中生有，或是成爲他生、共生的邪見，在過去現在未來三世中，無論如何推求，這樣的本住不壞的神我都不可能存在，都僅是不可驗證的戲論罷了。

第四節 〈觀燃可燃品 第十〉

---

89 《般若波羅蜜多心經》：「舍利子！色不異空，空不異色；色即是空，空即是色。受想行識，亦復如是。舍利子！是諸法空相，不生不滅、不垢不淨、不增不減。是故空中無色，無受想行識，無眼耳鼻舌身意，無色聲香味觸法，無眼界、乃至無意識界，無無明亦無無明盡，乃至無老死亦無老死盡，無苦集滅道，無智亦無得。」《大正藏》冊八，頁 848，下 7-13。

在前面的〈觀作作者品〉中，論主已經闡述了實相中道無作無受的道理，破除了外道或者小乘凡夫虛妄分別蘊處界中有本住法作者的主張，說明了無論是過去現在或者未來，都不會有常住細意識、自在天、本住神我是有情的作者這種情況出現。但是，問難者從現象上觀察所得，認爲五陰就是果報的受體，所以一定有果報的受者，他們不能接受沒有受與受者這個結論。問難者舉出了薪材可以燃燒作爲例子，主張燃燒是受者，可燃的薪材就是受體，想要成就他們所認定「五陰是受體，必有受者」這個見解。因此，論主又展開了以下的申論與辨正。

頌曰：

若燃是可燃，作作者則一；若燃異可燃，離可燃有燃。
如是常應燃，不因可燃生，則無燃火功，亦名無作火。

釋論：「如果燃燒的事等於可以燒燃的薪材，那麼所作的業與作者應當就是同一個；如果燃燒的事不同於可以燒燃的薪材，那就形成離開可以燒燃的薪材時能有獨立存在的燃燒。

如果是這樣，就不必有薪材而應當常時都可以燃燒，不需要有可以燒燃的薪材就可以生燃，這種沒有薪材以及人力的功用所生起的火，就變成是無作而自然有的火了（這也等於是沒有燒燃薪材作用的火）。」

因爲小乘六識論者或者外道的一切觀察與所知，離不開有情的五陰諸法，從未涉及實相法界第八識心，所以把五陰法中的識陰六識覺知心當作就是本住不壞的受者，是依現象界中的覺知心受者從五陰法受用六塵諸法，而把五陰視爲常住不壞的受體，名爲本住法。然而這個覺知心其實就是五陰中的法，有生必滅而非本住法，所以外道那樣的見解等於就是認取受者與受體是同一個；如果受者與受體是同一個，那麼作者與所作的業也應當是同一個，但如此就會違背世間存在的現量，例如麵包師傅做各種麵包，麵包與麵包師傅就會變成同一個；裁縫師做各種衣服，衣服與裁縫師就變成同一個，但在世間的現量事實卻不是這樣。

又如趙六以財布施供養三寶、救濟貧窮孤苦者，那分財布施的業與趙六就變成同一個，將會隨著趙六的五陰壞滅捨報而壞滅，就會壞了因果律的軌則。因此作者與所作的業其實不是同一個，所以燃與可燃也不可能是同一個；火燃燒起來必定要有可以燒燃的薪材，如果兩者是不相關而可以各自獨立的，那麼應當常常時都有火在燃燒，不需要任何的薪材以及人力的功用，但這種無作的火在現象法界中是不存在的。而作者與所作的業並不是完全不相關而可以各自獨立的，譬如雖然造作財布施的趙六五陰身壞滅了，但是財布施所獲得的天人果報僅僅歸屬於趙六的下一世，由趙六的如來藏將財布施的善業實現來世的天人五陰身，沒有任何天魔等外力可以剝奪或改變乃至毀壞。

由於法界實相如來藏的中道本質，所以作業與作者才能成爲不一不異；但若單從現象界的蘊處界來看時，作與受的關係是五陰作、五陰受（此作此受），並非不一不異；再看業與果報時則是異五陰作、異五陰受（異作異受），而實際上法界實相眞如無我空性心不了別六塵的緣故，不領受六塵境界中的苦、樂、捨受亦不作主造業，又成爲無作無受。任何六識論者或者外道所虛妄分別而得的，外於如來藏阿賴耶識而說的緣起性空、有神我本住、有細意識常住等，都不可能具有如來藏的這些中道法性，所說中觀即非中觀，因爲僅是墮在現象的斷滅邊罷了。墮在斷滅邊而說諸法是因緣所生，能夠成立嗎？但小乘人不懂這些道理，又提問：「**爲什麼說薪材與火是異的話，**

火就不是從因緣中出生？又爲什麼說這樣人爲生火之功能也就空了？」且看以下論主的辨正。

頌曰：

燃不待可燃，則不從緣生；火若常燃者，人功則應空。

若汝謂燃時，名爲可燃者，爾時但有薪，何物燃可燃？

若異則不至，不至則不燒，不燒則不滅，不滅則常住。

釋論：「如果燃與可燃是異法，亦即不需要等待可燒燃的薪材就可以有火燃起，那麼這個火就不是從緣所生；如果火可以常常時都自己燃起的話，也就不需要有人的功用這個緣了。

如果你的理論是『火燃起時，那薪材才能稱爲是可燃燒的』，然而火燃起當時就只有薪材在燃燒，離開了燃燒的薪材還有什麼東西是燃及可燃？（如果薪材還沒燃燒前不具可燃性，如何能在燃燒時變成可燃而讓火燃起的呢？如果離了可燃的薪材，火如何能獨自燃燒而成就燃事？如果離了燃火，薪材如何能顯現出可燃之性？所以燃與可燃不是一法卻也不是異法。）

如果燃與可燃是異法，那麼火燃起時不應當能到達薪材的處所，火若不到達時應當薪材就不會燒起來，不會被火燒的就是不滅的，不滅的就是不壞的本住法。」

燃與可燃如果是一的話，那火就不是因緣所生法；而因緣所生法是六識論者與外道所認知的定律，所以燃與可燃就是異了；但是若從異法的角度探究，也是不符合因緣所生的道理。所謂異法，就是兩者是獨立而不相關的，兩者互相不待緣就可以各自存在，這是異法的特性。所以若燃與可燃是異，那麼火自己燃起時就不需要待緣，變成不需要可以燒燃的薪材就有火了；而火燃起時也不會到達薪材的處所，可以自己生起火來，如此才可說兩者是異法。但事實上沒有這樣的異法，現見火的燃起必定是由薪材燒燃而有；如果是異法，火將永遠不到薪材處燒燃，以致薪材永遠不會燒燃，但現象界不存在這樣的異法。

所以同理，五根與覺知心如果是異的話，變成覺知心可以離開五根而受用一切的苦受、樂受、捨受，五根所受的苦樂等觸受也到不了覺知心的所在，覺知心可以外於五色根而獨自存在，但這完全違背了有情五陰世間的法相，在法界中是不存在的。但問難者在矛盾的情況下，還是堅持「燃與可燃是異，並且火能到達可燃的薪材」，論主因此提出以下的辯論解釋：

頌曰：

燃與可燃異，而能至可燃，如此至彼人，彼人至此人。

釋論：「如果燃與可燃是異法，而且火燃起時可以到達可燃的薪材處所，這就會如同此人到達彼人處所，彼人到達此人處所一樣。」

換言之，燃與可燃必然是不一不異，才能成就燃事。但問難者沒有辦法明白自己所立的宗旨墮在過失中，認為燃與可燃不一所以是無關的異法，而二個各自存在的異法是可以由其中一個法到達另一個法；這樣就會像兩個不同的人，這個人可以到那個人的處所，那個人也可以來到這個人的處所；然而他們忽略的是，不論哪個人走到對方的處所，都仍然是兩個人——依舊是兩個各自獨立的人；所以燃與可燃若是異法，火縱然能到薪材的處所，也不會使薪材燃燒起來。這個觀念的過失，主要在無知於現象界諸法都是被因緣和合所生的，沒有眞實自體與自在性，都必須依附於實相法界如來藏，與諸緣相對待而有，在運行中不斷地支援五陰等法的功能運作，所以蘊處界自身沒有絕對待的不壞自性可得，因此不可能有一與異的法性的，永遠都是不一不異。

論主繼續解說如下：

頌曰：

若謂燃可燃，二俱相離者，如是燃則能，至於彼可燃。

釋論：「如果要說燃與可燃，兩者互相離於對方都可以各自成就，而說火燃起可以到達可燃的薪材。」

若是說以「這個人可以到達那個人的處所」，來譬喻「燃與可燃是異法，而火燃起時可以到達可燃」，這是對事實不清楚所作的矛盾說法，這說法是有諸多的過失而不符合因緣法則的。因爲離開了這個人，仍然可以有那個人存在；那個人來到這個人身邊時，也不可能合在一起產生只有一個人的功能；但是離開了可燃的薪材，就不可能有燃火可得；木材若離開了燃火，就沒有可燃性的示現了。所以這種不符合因緣法則的過失必須再進一步論述：

頌曰：

若因可燃燃，因燃有可燃；先定有何法，而有燃可燃？

若因可燃燃，則燃成復成，是爲可燃中，則爲無有燃。

若法因待成，是法還成待；今則無因待，亦無所成法。

若法有待成，未成云何待？若成已有待，成已何用待？

釋論：「如果是因爲可燃而有火燃起，因爲火燃起而有可燃；那要如何確定是先有什麼法存在，然後才有燃與可燃呢？

若是因爲可燃而有火燃起，那麼在先有可燃之後又要再燃火，這個火的燃起便是那個可燃成就燃之後再一次重複成就火燃，就成爲可燃的法中，原先是不能燃火的，那就與『因可燃而有燃』的主張自相矛盾了。（如果主張火燃是因可燃而生起，而一開始可燃中並沒有火燃，既然是這樣，可燃又如何成爲火燃生起的因而令火燃生起。）

因爲如果有法是要待緣才能成立的話，變成該法已有了還要再一次待緣；如今說二者是異卻是二者互無因待，也沒有所成的法可得。

如果法是互相因待的緣而成，尚未成就的法是以什麼而說相待？如果是說法成就了所以能相待於緣，既然法已經成就了還需要相待什麼緣？」

如果說「燃與可燃是異法，在互相離於對方的情況下，二法都可以單獨成就」，這是不符合因緣法則的。因為既然可燃的薪材與燃火是相互分離的，那麼薪材起火了叫作可燃，這時還需要燃火這個緣嗎？如果燃火可以不去燒燃薪材，卻有火自然燃起，等於不需要薪材的緣，火就能常常時燃起，薪材就不叫作可燃了。可燃的薪材卻都不會有燃火，哪裡會有薪材與火互相因緣合會這件事情呢？

既然可燃這個法是因為相待於火燃而成立，那麼可燃就是已經有個能燃的法相了，還要等待燃火的緣才能成可燃，那不是重複而矛盾了嗎？現前可以見到，沒有哪個法是有個自體以後，再相待於哪個緣而存在的；例如眼識，眼識並不是有個自體現前以後，再相待於色塵、相待於眼根不壞、相待於意根作意才成立的。色塵不現前時，沒有眼識在等待色塵這個緣；眼根毀壞時，也沒有眼識在等待眼根這個緣；意根不作意時，也沒有眼識在等待意根這個緣。諸法雖然都是因緣和合而現起，但是在因緣不具足時，並沒有所謂法的自體在待緣，不可說法與緣互相離於對方可以相異而立。

諸法待緣而有這個道理，不能錯誤的想像為「法已先有體，只是待緣而現起」；而是諸法完全沒有自體，因緣具足而被現起也是沒有自體性的，所以立宗云：**所生法都沒有常住性及自體性**。蘊處界諸法都是由如來藏藉著因緣而變化現起的，現起之後也需要由如來藏流注蘊處界諸法的種子才能運作，沒有絲毫的自性可得；若是錯誤的認取「意識或者意識細心具有空性，有自體可以相待於法塵的有與無」，就成為意識與蘊處界等法是異，則為自相矛盾或重複成就，所呈現的過失已被《中論》的論主破盡無餘了。

頌曰：

因可燃無燃，不因亦無燃；因燃無可燃，不因無可燃。

燃不餘處來，燃處亦無燃，可燃亦如是，餘如去來說。若可然無然，離可燃無燃，燃亦無可燃；燃中無可燃，可燃中無燃。

釋論：「如同前面所說，火燃的因若是可燃的薪材，但可燃自己之中並沒有燃法，所以不能成為燃法的因時也就是沒有可燃的法存在；如果以燃火為可燃的因，但燃火中並沒有可燃性（的薪材），沒有可燃因時自然也沒有可燃存在。

因爲燃火不從其他處所到達可燃，將可燃的薪材加以析分時也沒有燃火可得，可燃也是一樣不從其他處所到達燃火，將燃火析分也沒有薪材可得，其餘的如同〈去來品〉所說的道理一樣，不必多說。就像『可燃之中沒有燃，但離於可燃則沒有燃可得』，燃之中亦沒有可燃，而離於燃也沒有可燃可得；燃火中沒有可燃，可燃的薪材中也沒有燃火，因爲可燃與燃兩者不是一法也不是異法的緣故。」

這一段論文中再次的強調，主張燃與可燃非一、是異時，是相待因緣而成，道理終究不能成立。如同前面〈去來品〉所說的道理，薪材燒盡了就不再是燃與可燃，薪材未燒之前也沒有燃與可燃可得，薪材正燒之時剎那變異不住，亦沒有燃與可燃之體可得。因此，主張燃與可燃是一非異或者是異非一，都是虛妄分別所得，因爲燃與可燃必須是非一非異才行；就好像小乘凡夫僧在分別五蘊我與五蘊是一非異、是異非一，都是無明所遮障的顚倒想所造成的虛妄分別，沒有道理可以成立。針對此點，論主作了以下的結論：

頌曰：

以燃可燃法，說受受者法，及以說瓶衣，一切等諸法。

若人說有我，諸法各異相，當知如是人，不得佛法味。

釋論：「以燃與可燃作爲譬喻，說有受與受者等法，以及說有瓶衣、五蘊等一切諸法。

如果以類似譬喻而主張即五蘊或者離五蘊有本住的不壞我，或者主張諸法各屬異相，應當知道這樣主張的人，不能得到佛法的眞實義味。」

小乘問難者舉出了薪材可以燃燒作爲例子，主張燃燒是受者，可燃的薪材就是受體，想要成就他們所認定的「五陰是受體，必有眞實不壞的我人受者」這個見解。論主以兩者是一或者兩者是異都有過失不能成立而評破了，因爲那樣的立論不符合現象界世俗法中的現量，也不符合因緣和合所成諸法無有自體的法則。

在小乘犢子部派中，主張有一個實我是依於蘊處界而假名施設，與蘊處界不即不離，也就是實我非即蘊、非離蘊；經量部主張有實法我能從前世轉至後世，在蘊處界外有別體爲實我。那樣的主張，都是在沒有實證空性心如來藏的前提下，虛妄分別想像猜測常住實相法之所得。而薩婆多部（說一切有部）對於能貫穿三世的實相，就有四種異相的臆測論述，有說事異、說相異、說時異、說異異四種。第一種說事異體不異，認爲三世的五蘊雖有不同而有實我體不異。第二種相異，說過去法與過去相合，但是不離未來相與現在相，認爲有實我同時具有三世不同法相。第三種時異，說因爲出生的時與處所不同，所以有不同的名稱，實我體沒有不同。第四種異異，說因爲前後出生有差別，所以有不同的名稱，就像女人成爲母親，名稱不同而體沒有不同。90

小乘部派所主張的眞我有各種不同相貌的我體，本質上都是立基在有情的五蘊我

90《阿毘曇毘婆沙論》卷四十〈使揵度十門品之四〉：「薩婆多中有四種論師：一、說事異，二、說相異，三、說時異，四、說異異。說事異者言：『法行世時，事異體不異。譬如金銀器，破已更作，雖形有異，其色不異。亦如乳成酪時，香味雖異，其色不異。如是未來法至現在時，雖捨未來法，不捨其體；現在法至過去時，雖捨現在法，不捨其體。』說相異者言：『法行世時，過去法有過去相，非不有未來現在相；未來法有未來相，非不有過去現在相；現在法有現在相，非不有過去未來相。如人愛一女色，於餘女色非不有愛，彼亦如是。』說時異者言：『法行世時，以時異故生於異名，非其體異。譬如算籌，初下名一，一轉名十，復轉名百，如是至千萬。算籌是一，轉其處故有種種名，彼亦如是。如是說世者，名不嬈亂說，以所作故便有三世。若法未有所作名未來，已作名現在，所作已滅名過去。』說異異者言：『法行世時，以前後故生異名。猶如一女，亦名爲女亦名爲母，以其有母故名女，以其有女故名母。如是法行世時，以前後生於異，非時異體異。』」《大正藏》冊二十八，頁 295，下 6-26。

所作的妄想與臆測，所以說出來有各種的差別相，甚至於部派之間對於彼此主張的差別相也互相生起諍論，全都以蘊處界等生滅法中的局部當作常住的眞我。薩婆多部四種異相的我體是其中一個例子，另外的就是虛妄想像有個細意識是我體，例如分別說部主張有細意識遍依身住，經量部主張有細意識具有受想行識四蘊，無始以來輾轉和合、住生死根本（意即此細意識是眾生輪轉生死之根本依）。這些都是墮在斷滅邊的臆測罷了，涉及不到大乘佛法的般若中道解脫味，甚至連二乘菩提的解脫也無法涉及。

法界的常住我體指的就是空性心如來藏，不墮入蘊處界的範疇中，如是實證如來藏阿賴耶識的所在，確實斷除五蘊的我見並且轉依不退，能夠現觀如來藏的眞如實相中道法性，色受想行識即是空（空性心）、空（空性心）即是色受想行識，是將蘊處界等諸法攝歸不生的第八識實相心以後，說蘊處界諸法生即不生；以不生故不滅、不來不去、不垢不淨、不增不減，如是獲得一分佛法的般若中道解脫味。這樣的佛法般若中道解脫味只有一種相，就是無相，從如來藏的自身境界來看時就沒有蘊處界相、沒有見聞覺知相，沒有人相、我相、眾生相、壽者相，寂滅寂靜涅槃無所有。

蘊處界諸法在實相法界中，無作無作者、無受無受者，因爲沒有眞實自體，都是由如來藏藉緣變化而現起的；每一期生死的五蘊法絲毫沒有一法可以有自體自在而說在受報，也絲毫沒有一法可以獨立稱爲人我說是受者。變現五蘊果報的如來藏阿賴耶識，不受不分別六塵諸法、不分別蘊處界諸法是我與我所，運行蘊處界諸法時一向眞如無我，何處有受與受者可得？

第五節 〈觀本際[91]品 第十一〉

論主在前面申論了「蘊處界諸法在實相法界中，沒有眞實自體，所以無生住滅相、無作無作者、無受無受者」。但是小乘部派論師對於佛陀初轉法輪所說：「**眾生無始生死，長夜輪轉，不知苦之本際。**」[92]以及第三轉法輪所說：「**復次，大慧！愚夫依七識身滅，起斷見；不覺識藏故，起常見。自妄想故，不知本際；自妄想慧滅，**

[91] 編案：本文中「本際」一詞出現多次，而有二義，一是指最初的起點，一是指眞實本際如來藏，敬請讀者依前後文之開示詳細閱讀以利正確理解。

[92]《雜阿含經》卷三十四，《大正藏》冊二，頁 241，中 16-17。

故解脱。四住地、無明住地習氣斷故，一切過斷。」[93]不能理解論主的辨正中說無有眾生是作作者、受受者，而佛陀有時爲何又說有眾生輪轉生死、不知苦的本際，又爲何說眾生世間沒有本際可得，因此向論主提出了質疑。

佛陀在初轉法輪中，主要的意旨在教導弟子眾們如實了知生死苦——五陰眾生有生必有死，無常所以是苦；而眾生無始以來生死輪轉的主要原因，就是不知道苦的本際——涅槃如來藏。苦的本際指的就是生死的源頭，五陰的出生從何而生、死歸何處，必定是同一個才能符合生死、死生的因果律軌則；在初轉法輪中，佛陀以本際、實際、入胎識、清涼、眞實、寂滅等名稱隱說如來藏，說眾生不知苦的本際如來藏不生不滅、本來解脫，所以顚倒認取五陰爲我，即與三毒相應，便隨順貪瞋癡煩惱而造作生死業。

第二轉法輪大小般若諸經中，佛陀教導已經證解脫果的弟子眾們實證苦的本際、涅槃的本際——如來藏，發起實相般若中道的解脱智慧，如實了知「實相法界所生的蘊處界存在之時顯示的背後之第八識生顯蘊處界等法『生即是無生』的空性法

[93]《楞伽阿跋多羅寶經》卷四〈一切佛語心品之四〉，《大正藏》冊十六，頁 513，中 7-10。

相」，得以通達眞如乃至進入佛菩提的修道位中。佛陀並且指導弟子眾們轉依如來藏的眞如無我無所得，伏除煩惱障的習氣種子以及所知障所含攝的愚癡與法執，所以從如來藏的涅槃自性說一切法無生、究竟空——眞如空性顯示了蘊處界諸法無自性空的空相。

第三轉法輪方廣唯識諸經中，佛陀爲地上菩薩解說實相心第八識阿賴耶識所含攝一切有漏無漏法種的功能相貌，使得入地的菩薩弟子眾能夠成就佛菩提道所須實證的一切種智，因此廣說「三界唯心，萬法唯識」（一切法唯識）的第八識在世間以及出世間的有爲無爲功能法相。佛陀在第三轉法輪諸經中也爲菩薩眾廣說外道的邪見種類，以及因於未證實相心如來藏的緣故，二乘凡夫也會如同外道一般墮於常見或者斷見中，尤其在唯識經典中處處可見這種教導。（二乘聖人雖亦未證實相心如來藏，然信受涅槃本際眞實，故能不墮於斷常二見而取證無餘涅槃。）就像在《楞伽經》中佛說「凡夫外道以及聲聞、辟支佛等，因爲沒有親證自心如來藏，不能以實相智慧現前觀見『自心如來藏就是五陰世間與涅槃的本際，而如來藏從不分別自心就是五陰世間與涅槃的本際』；二乘等從表相的蘊處界諸法分別有無與斷常，這樣的分別僅涉及到蘊處界世間的生死，是沒有起頭的本際可得的。

小乘部派論師在沒有實證大乘佛法的前提下，不能瞭解佛陀在初轉法輪的方便說，也不能瞭解佛陀在三轉法輪中對有無實證大乘佛法的論議著眼點，因此而對論主所提出的質疑，論主回覆如下：

頌曰：

大聖之所說，本際不可得，生死無有始，亦復無有終。
若無有始終，中當云何有，是故於此中，先後共亦無。

釋論：「佛陀及諸大聖弟子所說，生死的本際不可得，是在說眾生的生死是無有開始的，也同樣沒有終了。若是無有開始亦沒有終了的，也就沒有中間可得，所以在無始無終的生死中，生與死也沒有哪個先有、哪個後有或者同時存在的情況可得。」

「大聖」者，如《中論》〈青目梵志釋〉中所說：「（世間人所說的）聖人有三種：一者外道五神通，二者阿羅漢、辟支佛，三者得神通大菩薩、佛，於三種中最上故言大聖。佛所言說無不是實說，生死無始，何以故？生死初後不可得，是故言無始。」

佛陀在阿含中說眾生無始生死流轉，沒有一個最初可得，就叫作「本際不可得」；大家都知道阿羅漢已證解脫道極果，可以脫離生死輪迴，表示生死雖無始而可以有終了，但是這裡論主為何說生死是無始的，也同樣沒有終了呢？論主在這部論中，最重要的就是在闡述實相中道的義理，兼及一般非佛道修行者能了知的眞相，這是外道與小乘部派論師誤解、錯解最嚴重的，因此全論以實相法界函蓋現象法界為論點，不會單純的以現象界的法作回應。

論主如實明瞭佛陀三轉法輪所說內涵，知道聲聞阿羅漢證解脫道四果、捨報以後不再受生，雖然三界死生已終了，但是涅槃本際如來藏不生不滅、無始亦無終；所以眾生如果沒有經由修學佛法而實證解脫果，生死非但無始，亦無終了之時。因為眾生皆有如來藏，如來藏無始自在，不從他因而有，是故眾生的生死即沒有本際（初始的起點）；如來藏所變化現起的五陰眾生有生死的現象，其實眾生生死的本際就是如來藏；如來藏無始故，眾生生死即是無始；如來藏不生不滅、無有終了之時，所以眾生生死同樣沒有終了之時。

在以上的前提下，眾生生死無始無終，也就是沒有一個最初開始之可得，既然這樣，當然無始無終也就沒有中間點，就不可能是本來沒有生死而從某一個中間點才開始有生死；也不可能最初與最後共同存在，生與死一時共同，或者說阿羅漢證得解脫果捨報後不再受生，把那一世當作是最初也是最後的生死，都會墮在無因的過失中。如以下的辨正：

頌曰：

若使先有生，後有老死者，不老死有生，不生有老死。

若先有老死，而後有生者，是則為無因，不生有老死。

釋論：「生死中的眾生如果最初是先有生，然後有老死的話，應該是不老死而有生，也該是不生而有老死。如果最初是先有老死，然後才有生的話，這就成為無因而有老死，也應該是不生而直接有老死。」

如果眾生的生死有個開始，那麼最初是先有生還是先有死？這就猶如先有雞或先有蛋的爭論題一般。一切的外道與小乘部派論師都有個共識，就是有生必有老死；如果是先有生，然而生往前推應該要有老死，但是因爲定義這個生是最初了，所以往前推就沒有更前面的生可以成就老死，就形成了「無有生而得要有個老死、沒有老死卻有生」的窘境，這最初的生就是無因無緣而生了。如果最初是先有老死而有接續的生，同樣墮在沒有生卻有老死的無因無緣過失中。但生與老死如果是同時就沒有過失了嗎？

頌曰：

生及於老死，不得一時共；生時則有死，是二俱無因。

若使初後共，是皆不然者，何故而戲論，謂有生老死？

釋論：「生以及老死，不得一時共有；如果正當生時就有老死，兩者都會成爲無因而有。

如果生與老死是先、後、共，這三種情況都不可得時，爲何無而作戲論，說決定有生、老與死呢？」

生與老死互爲因相，有生才有老死故，有老死才有生故；兩者性質也是相違背的，死時生已滅故，生時死已滅故，不可並存。最初先有生而死在後，或者最初先有死而生在後，或是生與死同時存在，三者都不能成立，兩者並存又如何能夠避開無因而生死的過失呢？眾生五陰是沒有自體性的法，無始以來未曾有過眞實不壞的自體出生，所以單純的推究眾生五陰的最初是先有生或者先有死或是生死並存，都是不可得的戲論。眾生五陰都是各自眾生的如來藏所藉緣變化出來的，歸屬於如來藏的功能法性之一，而如來藏本來無生無滅，眾生五陰在如來藏的實相法界中也就是無生無滅，要去推究眾生五陰有眞實的生與老死，就是無因可得的戲論了。

頌曰：

諸所有因果，相及可相法，受及受者等，所有一切法；
非但於生死，本際不可得，如是一切法，本際皆亦無。

釋論：「諸所有五陰的因果，五陰的事相以及可被了知的法相，受以及受者等，所有一切前面論述過的法；非但是在生死上面，要推求個最初的本際也不可得，乃至如是所說的一切法，要推求其有個最初的本際也同樣不可得。」

前面第四品所辨正的「不可離開空性心而推求五陰的因果」，第五品所辨正的「不可離開空性心而推求五陰六界等事相諸法的有無」，乃至第八品所辨正的「沒有神我是作及作者、受及受者等一切法」；想要尋求有個最初無因而有的五陰，或者尋求最初有個五陰神我是一切有情的作者，或者尋求五陰中有神我是受者，都會成爲無因而有、不可補救的戲論。現象界的一切法，都是從有情的五陰輾轉而有，在欲界法中就是財色名食睡，色界以及無色界法中就是不同層次的定境法塵。一般世間人都把五陰當作是我，把三界中這些從五陰輾轉而有的法當作是我所受用、所擁有的，也就是外我所的部分；對於色受想行識五陰內我所的部分，只有外道或者佛法中的修行人會去探究有內我所的存在。我所是相對於五陰我而有，但是五陰我虛妄不眞實的眞相，卻只有實證解脫道以及佛菩提道的佛弟子能如實明瞭，而且必須先經歷對佛法僧三寶發起信根爲首的善根爲基礎，建立正知見並如實修學四正勤、四念處、四神足、五根、五力、七覺支、八聖道等三十七道品，才有實證的因緣。沒有具足上來所說次法的修學，更尚未實證解脫道以及佛菩提道的小乘部派學人，有的在推究有情五陰出生的因時，會迷惑於大乘佛法所說的「現象界生滅無常的空相，攝屬於不生不滅的空性」的實相義理；因此虛妄分別「有細意識神我常住，這個神我是五陰的作者」，我見未斷的緣故，必定把細意識神我強說是不分別的受者。於是在他們心中，該細意識神我就成爲五陰的本際、作與作者的本際、受與受者的本際，甚至於想像「細意識可以脫離五陰獨處而解脫，成爲涅槃的本際」，而其實都未曾稍離五陰及我所的範疇。

如果否定了空性心如來藏阿賴耶識，而在五陰法的我與我所中推求一切法的本際，必定猶如緣木求魚一樣不可得。因此論主說，在這個前提下非但五陰生死的本際不可得，一切法也同樣沒有本際可得。若回到如來藏阿賴耶識的實相法界中，五陰諸法都不能超越阿賴耶識而有，都是從阿賴耶識所變生的，所以阿賴耶識是五陰諸法的本際；若五陰諸法不再於三界中現起，如來藏獨存而不生萬法時就是無餘涅槃，因此涅槃的本際就是如來藏。[94]但是如來藏是否另有本際呢？如果如來藏另有本際，那麼

94《雜阿含經》卷十二：「何法有故名色有？何法緣故名色有？即正思惟，如實無間等生，識有故名色有，識緣故有名色有。我作是思惟時，齊識而還，不能過彼；謂緣識名色，緣名色六入處，

如來藏就變成是從某個因所生，就不可能是不生不滅的無生法體，就不可能出生蘊處界等萬法了，這就會與證悟菩提後所見的實相全然違背，因此要推究如來藏的本際也是不可得的。

就像有些小乘論師說「阿賴耶識是眞如所生，所以眞如就是阿賴耶識的本際」，那麼眞如就應當是第九識，因爲只有心才能生心；果眞如此，八、九識不就並存而產生無數過失了嗎？[95]就像論主在論中所評破的，生死不能並存、有無不能並存，都有無因的過失存在故；所以不可能有八、九識並存的情況。因爲阿賴耶識就是如來藏，眞如就是阿賴耶識所顯示的眞實法性；猶如美麗是花的所顯性，不可主張美麗出生了花。佛陀在《阿含經》所說「**齊識而還，不能過彼**」，就在說明一切法的本際就是阿賴耶識，因爲全部是阿賴耶識所出生的，所以沒有任何法可以超越阿賴耶識。既然阿

緣六入處觸，緣觸受，緣受愛，緣愛取，緣取有，緣有生，緣生老、病、死、憂、悲、惱、苦。如是如是純大苦聚集。」《大正藏》冊二，頁 80，中 29-下 6。

[95] 請參閱《學佛之心態》附錄四，平實導師〈略說第九識與第八識並存…等之過失〉。佛教正覺同修會，二〇〇三年三月三版一刷。

賴耶識是一切法的本際，就表示阿賴耶識就是萬法的根源、一切諸法的根本[96]，阿賴耶識就是如來藏，如來藏以外必定沒有本際可得，這是非常明確而不可混淆的。

96《佛說不增不減經》：「舍利弗當知，如來藏未來際平等恒及有法者，即是一切諸法根本，備一切法、具一切法，於世法中不離不脫眞實一切法，住持一切法、攝一切法。」《大正藏》冊十六，頁 467，下 7-10。

佛菩提二主要道次第概要表——二道並修，以外無別佛法

佛菩提道——大菩提道

遠波羅蜜多

資糧位

十信位修集信心 —— 一劫乃至一萬劫
初住位修集布施功德（以財施爲主）。
二住位修集持戒功德。
三住位修集忍辱功德。
四住位修集精進功德。
五住位修集禪定功德。
六住位修集般若功德（熏習般若中觀及斷我見，加行位也）。

外門廣修六度萬行

見道位

七住位明心般若正觀現前，親證本來自性清淨涅槃。
八住位起於一切法現觀般若中道。漸除性障。
十住位眼見佛性，世界如幻觀成就。

一至十行位，於廣行六度萬行中，依般若中道慧，現觀陰處界猶如陽焰，至第十行滿心位，陽焰觀成就。

一至十迴向位熏習一切種智；修除性障，唯留最後一分思惑不斷。第十迴向滿心位成就菩薩道如夢觀。

內門廣修六度萬行

初地：第十迴向位滿心時，成就道種智一分（八識心王一一親證後，領受五法、三自性、七種第一義、七種性自性、二種無我法）復由勇發十無盡願，成通達位菩薩。復又永伏性障而不具斷，能證慧解脫而不取證，由大願故留惑潤生。此地主修法施波羅蜜多及百法明門。證「猶如鏡像」現觀，故滿初地心。

二地：初地功德滿足以後，再成就道種智一分而入二地；主修戒波羅蜜多及一切種智。滿心位成就「猶如光影」現觀，戒行自然清淨。

解脫道：二乘菩提

→ 斷三縛結，成初果解脫
→ 薄貪瞋癡，成二果解脫
→ 斷五下分結，成三果解脫

入地前的四加行令煩惱障現行悉斷，成四果解脫，留惑潤生。分段生死已斷，煩惱障習氣種子開始斷除，兼斷無始無明上煩惱。

近波羅蜜多 — 修道位

三地：二地滿心再證道種智一分，故入三地。此地主修忍波羅蜜多及四禪八定、四無量心、五神通。能成就俱解脫果而不取證，留惑潤生。滿心位成就「猶如谷響」現觀及無漏妙定意生身。

四地：由三地再證道種智一分故入四地。主修精進波羅蜜多，於此土及他方世界廣度有緣，無有疲倦。進修一切種智，滿心位成就「如水中月」現觀。

五地：由四地再證道種智一分故入五地。主修禪定波羅蜜多及一切種智，斷除下乘涅槃貪。滿心位成就「變化所成」現觀。

六地：由五地再證道種智一分故入六地。此地主修般若波羅蜜多——依道種智現觀十二因緣一一有支及意生身化身，皆自心眞如變化所現，「非有似有」，成就細相觀，不由加行而自然證得滅盡定，成俱解脫大乘無學。

七地：由六地「非有似有」現觀，再證道種智一分故入七地。此地主修一切種智及方便波羅蜜多，由重觀十二有支一一支中之流轉門及還滅門一切細相，成就方便善巧，念念隨入滅盡定。滿心位證得「如犍闥婆城」現觀。

七地滿心斷除故意保留之最後一分思惑時，煩惱障所攝色、受、想三陰有漏習氣種子全部斷盡。

大波羅蜜多 — 修道位

八地：由七地極細相觀成就故再證道種智一分而入八地。此地主修一切種智及願波羅蜜多。至滿心位純無相觀任運恆起，故於相土自在，滿心位復證「如實覺知諸法相意生身」故。

九地：由八地再證道種智一分故入九地。主修力波羅蜜多及一切種智，成就四無礙，滿心位證得「種類俱生無行作意生身」。

十地：由九地再證道種智一分故入此地。此地主修一切種智——智波羅蜜多。滿心位起大法智雲，及現起大法智雲所含藏種種功德，成受職菩薩。

煩惱障所攝行、識二陰無漏習氣種子任運漸斷，所知障所攝上煩惱任運漸斷。

究竟位

等覺：由十地道種智成就故入此地。此地應修一切種智，圓滿等覺地無生法忍；於百劫中修集極廣大福德，以之圓滿三十二大人相及無量隨形好。

圓滿波羅蜜多

妙覺：示現受生人間已斷盡煩惱障一切習氣種子，並斷盡所知障一切隨眠，永斷變易生死無明，成就大般涅槃，四智圓明。人間捨壽後，報身常住色究竟天利樂十方地上菩薩；以諸化身利樂有情，永無盡期，成就究竟佛道。

斷盡變易生死成就大般涅槃

圓滿成就究竟佛果

佛子蕭平實 謹製
（二〇〇九、〇二 修訂）
（二〇一二、〇二 增補）

佛教正覺同修會〈修學佛道次第表〉

第一階段
* 以憶佛及拜佛方式修習動中定力。
* 學第一義佛法及禪法知見。
* 無相拜佛功夫成就。
* 具備一念相續功夫—動靜中皆能看話頭。
* 努力培植福德資糧，勤修三福淨業。

第二階段
* 參話頭，參公案。
* 開悟明心，一片悟境。
* 鍛鍊功夫求見佛性。
* 眼見佛性〈餘五根亦如是〉親見世界如幻，成就如幻觀。
* 學習禪門差別智。
* 深入第一義經典。
* 修除性障及隨分修學禪定。
* 修證十行位陽焰觀。

第三階段
* 學一切種智真實正理—楞伽經、解深密經、成唯識論…。
* 參究末後句。
* 解悟末後句。
* 透牢關—親自體驗所悟末後句境界，親見實相，無得無失。
* 救護一切眾生迴向正道。護持了義正法，修證十迴向位如夢觀。
* 發十無盡願，修習百法明門，親證猶如鏡像現觀。
* 修除五蓋，發起禪定。持一切善法戒。親證猶如光影現觀。
* 進修四禪八定、四無量心、五神通。進修大乘種智，求證猶如谷響現觀。

佛教正覺同修會 共修現況 及 招生公告　2024/3/28

一、共修現況：（請在共修時間來電，以免無人接聽。）

台北正覺講堂 103 台北市承德路三段 277 號九樓 捷運淡水線圓山站旁
Tel..**總機** 02-25957295（晚上）（**分機：九樓**辦公室 10、11；知客櫃檯 12、13。 **十樓**知客櫃檯 15、16；書局櫃檯 14。 **五樓**辦公室 18；知客櫃檯 19。**二樓**辦公室 20；知客櫃檯 21。）
Fax..25954493

第一講堂　台北市承德路三段 277 號九樓

禪淨班：週一晚班、週三晚班、週四晚班、週五晚班、週六下午班（共修期間二年半，全程免費。皆須報名建立學籍後始可參加共修，欲報名者詳見本公告末頁。）

增上班：成唯識論釋：單週六晚班。雙週六晚班（重播班）。17.50～20.50。平實導師講解，2022 年 2 月末開講，預定六年內講完，僅限已明心之會員參加。

禪門差別智：每月第一週日全天　平實導師主講（事冗暫停）。

菩薩瓔珞本業經　本經說明菩薩道六度、十度波羅蜜多之修行，要先修十信位，於因位中熏習百法明門，再轉入初住位起修六種瓔珞，總共四十二位，即是十住位、十行位、十迴向位、十地位、等覺位、妙覺位，方得成就六種瓔珞成爲一生補處，然後成就佛道，名爲習種性、性種性、道種性、聖種性、等覺性、妙覺性；連同習種性前的十信位，共爲五十二階位實修完畢，方得成佛。於本經中亦說明大乘初見道的證眞如、發起般若現觀時，若有佛菩薩護持故，即得進第七住位常住不退，然後向上進發，速修佛菩提道。如是實修佛菩提道方是義學，而非學術界所說的相似佛法等玄學，皆是可修可證之法，全都屬於現法樂證樂住並且是現觀的佛法，顯示佛法眞是義學而非玄談或思想。本經已於 2024 年一月上旬起開講，由平實導師詳解。每逢週二晚上開講，第一至第七講堂都可同時聽聞，歡迎菩薩種性學人，攜眷共同參與此殊勝法會現場聞法，不限制聽講資格。本會學員憑上課證進入第一至第四、第七講堂聽講，會外學人請以身分證件換證進入聽講（此爲大樓管理處安全管理規定之要求，敬請諒解）；第五及第六講堂（B1、B2）對外開放，不需出示任何證件，請由大樓側門直接進入。

第二講堂　台北市承德路三段 267 號十樓。

禪淨班：週一晚班。

進階班：週三晚班、週四晚班、週五晚班、週六早班、週六下午班。禪淨班結業後轉入共修。

增上班：成唯識論釋：單週六晚班，影音同步傳播。雙週六晚班（重播班）

菩薩瓔珞本業經：平實導師講解。每週二 18.50~20.50 影像音聲即時傳輸。

第三講堂　台北市承德路三段 277 號五樓。

增上班：成唯識論釋：單週六晚班，影音同步傳播。雙週六晚班（重播班）

進階班：週一晚班、週三晚班、週四晚班、週五晚班、週六下午班。

菩薩瓔珞本業經：平實導師講解。每週二 18.50~20.50 影像音聲即時傳輸。

第四講堂　台北市承德路三段 267 號二樓。

進階班：週一晚班、週三晚班、週四晚班（禪淨班結業後轉入共修）。

菩薩瓔珞本業經：平實導師講解。每週二 18.50~20.50 影像音聲即時傳輸。

第五、第六講堂　台北市承德路三段 267 號地下一樓、地下二樓

進階班：週一晚班、週三晚班、週四晚班。

菩薩瓔珞本業經：平實導師講解。每週二 18.50~20.50 影像音聲即時傳輸。第五、第六講堂為**開放式講堂**，不需以身分證件換證即可進入聽講，台北市承德路三段 267 號地下一樓、地下二樓。每逢週二晚上講經時段開放給會外人士自由聽經，請由大樓側面梯階逕行進入聽講。**聽講者請尊重講者的著作權及肖像權，請勿錄音錄影，以免違法；若有錄音錄影被查獲者，將依法處理。**

第七講堂　台北市承德路三段 267 號六樓。

菩薩瓔珞本業經：平實導師講解。每週二 18.50~20.50 影像音聲即時傳輸。

正覺祖師堂　大溪區美華里信義路 650 巷坑底 5 之 6 號（台 3 號省道 34 公里處　妙法寺對面斜坡道進入）電話 03-3886110　傳眞 03-3881692 本堂供奉 克勤圓悟大師，專供會員每年四月、十月各兩次精進禪三共修，兼作本會出家菩薩掛單常住之用。開放參訪日期請參見本會公告。教內共修團體或道場，得另申請其餘時間作團體參訪，務請事先與常住確定日期，以便安排常住菩薩接引導覽，亦免妨礙常住菩薩之日常作息及修行。

桃園正覺講堂（第一、第二講堂）：桃園市介壽路 286、288 號 10 樓（陽明運動公園對面）電話：03-3749363(請於共修時聯繫，或與台北聯繫)

禪淨班：週一晚班（1）、週一晚班（2）、週三晚班、週四晚班、週五晚班。

進階班：週三晚班、週四晚班、週五晚班、週六上午班。

增上班：成唯識論釋。雙週六晚班（增上重播班）。

菩薩瓔珞本業經：平實導師講解。每週二晚上，以台北正覺講堂所錄 DVD 放映；歡迎會外學人共同聽講，不需出示身分證件。

新竹正覺講堂　新竹市東光路 55 號二樓之一　電話 03-5724297（晚上）

第一講堂：

禪淨班：週五晚班。

進階班：週三晚班、週四晚班、週六上午班。由禪淨班結業後轉入共修

增上班：成唯識論釋。單週六晚班。雙週六晚班（重播班）。

菩薩瓔珞本業經：平實導師講解。每週二晚上，以台北正覺講堂所錄 DVD 放映。歡迎會外學人共同聽講，不需出示身分證件。

第二講堂：

禪淨班：週一晚班、週三晚班、週四晚班、週六上午班。

菩薩瓔珞本業經：每週二晚上與第一講堂同步播放講經 DVD。

第三、第四講堂：裝修完畢，已經啓用。

台中正覺講堂　04-23816090（晚上）

第一講堂　台中市南屯區五權西路二段 666 號 13 樓之四（國泰世華銀行樓上。鄰近縣市經第一高速公路前來者，由五權西路交流道可以快速到達，大樓旁有停車場，對面有素食館）。

禪淨班：週四晚班、週五晚班。

進階班：週一晚班、週三晚班、週六上午班（由禪淨班結業後轉入共修）。

增上班：成唯識論釋。單週六晚班。雙週六晚班（重播班）。

菩薩瓔珞本業經：平實導師講解。每週二晚上，以台北正覺講堂所錄 DVD 放映。歡迎會外學人共同聽講，不需出示身分證件。

第二講堂　台中市南屯區五權西路二段 666 號 4 樓

禪淨班：週一晚班、週三晚班。

第三講堂台中市南屯區五權西路二段 666 號 4 樓

禪淨班：週一晚班。

第四講堂台中市南屯區五權西路二段 666 號 4 樓。

進階班：週三晚班、週四晚班、週五晚班、週六上午班，由禪淨班結業後轉入共修

菩薩瓔珞本業經：每週二晚上與第一講堂同步播放講經 DVD。

嘉義正覺講堂　嘉義市友愛路 288 號八樓之一　電話：05-2318228

第一講堂：

禪淨班：週四晚班、週五晚班、週六上午班。

進階班：週一晚班、週三晚班（由禪淨班結業後轉入共修）。

增上班：成唯識論釋。單週六晚班。雙週六晚班（重播班）。

菩薩瓔珞本業經：平實導師講解。每週二晚上，以台北正覺講堂所錄 DVD 放映。歡迎會外學人共同聽講，不需出示身分證件。

第二講堂　嘉義市友愛路 288 號八樓之二。

第三講堂　嘉義市友愛路 288 號四樓之七。

禪淨班：週一晚班、週三晚班。

台南正覺講堂

第一講堂　台南市西門路四段 15 號 4 樓。06-2820541（晚上）

禪淨班：週一晚班、週四晚班、週五晚班、週六下午班。

增上班：成唯識論釋。單週六晚班。雙週六晚班（重播班）。

菩薩瓔珞本業經：平實導師講解。每週二晚上，以台北正覺講堂所錄 DVD 放映。歡迎會外學人共同聽講，不需出示身分證件。

第二講堂　台南市西門路四段 15 號 3 樓。

菩薩瓔珞本業經：每週二晚上與第一講堂同步播放講經 DVD。

第三講堂　台南市西門路四段 15 號 3 樓。

進階班：週一晚班、週三晚班、週四晚班、週五晚班（由禪淨班結業後轉入共修）。

菩薩瓔珞本業經：每週二晚上與第一講堂同步播放講經 DVD。

高雄正覺講堂　高雄市新興區中正三路 45 號五樓 07-2234248（晚上）

第一講堂（五樓）：

禪淨班：週一晚班、週三晚班、週四晚班、週五晚班、週六上午班。

進階班：週六下午班（由禪淨班結業後轉入共修）。

增上班：**成唯識論釋**。單週六晚班。雙週六晚班（重播班）。

菩薩瓔珞本業經：平實導師講解。每週二晚上，以台北正覺講堂所錄 DVD 放映。歡迎會外學人共同聽講，不需出示身分證件。

第二講堂（四樓）：

進階班：週三晚班、週四晚班（由禪淨班結業後轉入共修）。

菩薩瓔珞本業經：每週二晚上與第一講堂同步播放講經 DVD。

第三講堂（三樓）：

進階班：週四晚班（由禪淨班結業後轉入共修）。

香港正覺講堂

香港新界葵涌打磚坪街 93 號維京科技商業中心A 座 18 樓。

電話：(852) 23262231

英文地址：18/F, Tower A, Viking Technology & Business Centre, 93 Ta Chuen Ping Street, Kwai Chung, N.T., Hong Kong.

禪淨班：單週六下午班、雙週六下午班、單週日上午班、單週日下午班、雙週日上午班

進階班：雙週六、日上午班（由禪淨班結業後轉入共修）。

增上班：每月第一雙週日下午及晚上班，以台北增上班課程錄成 DVD 放映之。

增上重播班：每月第二雙週日下午及晚上班，以台北增上班課程錄成 DVD 放映之。

不退轉法輪經詳解：平實導師講解。每週六、日 19:00～21:00，以台北正覺講堂所錄 DVD 放映；歡迎會外學人共同聽講，不需出示身分證件。

二、招生公告 本會台北講堂及全省各講堂、香港講堂，每逢四月、十月下旬開新班，每週共修一次（每次二小時。開課日起三個月內仍可插班）；各班共修期間皆為二年半，全程免費，欲參加者請向本會函索報名表（各共修處皆於共修時間方有人執事，非共修時間請勿電詢或前來洽詢、請書），或直接從本會官方網站(http://www.enlighten.org.tw/newsflash/class)或成佛之道網站下載報名表。共修期滿時，若經報名禪三審核通過者，可參加四天三夜之禪三精進共修，有機會明心、取證如來藏，發起般若實相智慧，成為實義菩薩，脫離凡夫菩薩位。

三、新春禮佛祈福 農曆年假期間停止共修：自農曆新年前七天起停止共修與弘法，正月 8 日起回復共修、弘法事務。新春期間正月初一～初七 9.00～17.00 開放台北講堂、正月初一~初三開放新竹、台中、嘉義、台南、高雄講堂，以及大溪禪三道場（正覺祖師堂），方便會員供佛、祈福及會外人士請書。

密宗四大派修雙身法，是外道性力派的邪法；又以生滅的識陰作為常住法，是常見外道，是假的藏傳佛教。

西藏覺囊巴以他空見弘揚第八識如來藏勝法，才是真藏傳佛教

佛教正覺同修會　弘法行事表　　2024/1/02

1、**禪淨班**　以無相念佛及拜佛方式修習動中定力，實證一心不亂功夫。傳授解脫道正理及第一義諦佛法，以及參禪知見。共修期間：二年六個月。每逢四月、十月開新班，詳見招生公告表。

2、**進階班**　禪淨班畢業後得轉入此班，進修更深入的佛法，期能證悟明心。各地講堂各有多班，繼續深入佛法、增長定力，悟後得轉入增上班修學道種智，期能證得無生法忍。

3、**增上班 成唯識論釋**　詳解八識心王的唯識性、唯識相、唯識位，分說八識心王及其心所各別的自性、所依、所緣、相應心所、行相、功用等，並闡述緣生諸法的四緣：因緣、等無間緣、所緣緣、增上緣等四緣，並論及十因五果等。論中闡釋**佛法實證及成就的根本法即是第八識，由第八識成就三界世間及出世間的一切染淨諸法，方有成佛之道可修、可證、可成就，名爲圓成實性**。然後詳解末法時代學人極易混淆的見道位所函蓋的眞見道、相見道、通達位等內容，指正末法時代高慢心一類學人，於見道位前後不斷所墮的同一邪謬處。末後開示修道位的十地之中，各地所應斷的二愚及所應證的一智，乃至佛位的四智圓明及具足四種涅槃等一切種智之眞實正理。由平實導師講述，每逢一、三、五週之週末晚上開示，每逢二、四週之週末爲重播班，供作後悟之菩薩補聞所未聽聞之法。增上班課程僅限已明心之會員參加。未來每逢講完十分之一內容時，便予出書流通；總共十輯，敬請期待。（註：《瑜伽師地論》從 2003 年二月開講，至 2022 年 2 月 19 日已經圓滿，爲期 18 年整。）

4、**菩薩瓔珞本業經**　本經說明菩薩道六度、十度波羅蜜多之修行，要先修十信位，於因位中熏習百法明門，再轉入初住位起修六種瓔珞，總共四十二位，即是十住位、十行位、十迴向位、十地位、等覺位、妙覺位，方得成就六種瓔珞成爲一生補處，然後成就佛道，名爲習種性、性種性、道種性、聖種性、等覺性、妙覺性；連同習種性前的十信位，共爲五十二階位實修完畢，方得成佛。於本經中亦說明大乘初見道的證眞如、發起般若現觀時，若有佛菩薩護持故，即得進第七住位常住不退，然後向上進發，速修佛菩提道。如是實修佛菩提道方是義學，而非學術界所說的相似佛法等玄學，皆是可修可證之法，全都屬於現法樂證樂住並且是現觀的佛法，顯示佛法眞是義學而非玄談或思想。本經已於 2024 年一月上旬起開講，由平實導師詳解。不限制聽講資格。

5、**精進禪三**　主三和尚：平實導師。於四天三夜中，以克勤圓悟大師及大慧宗杲之禪風，施設機鋒與小參、公案密意之開示，幫助會員剋期取證，親證不生不滅之眞實心——人人本有之如來藏。每年四月、十月各舉辦三個梯次；平實導師主持。僅限本會會員參加禪淨班共修期滿，報名審核通過者，方可參加。並選擇會中定力、慧力、福德三條件皆已具足之已明心會員，給以指引，令得眼見自己無形無相之佛性遍佈山河大地，眞實而無障礙，得以肉眼現觀世界身心悉皆如幻，具足成就如幻觀，圓滿十住菩薩之證境。

6、**阿含經**詳解　選擇重要之阿含部經典，依無餘涅槃之實際而加以詳解，令大眾得以現觀諸法緣起性空，亦復不墮斷滅見中，顯示經中所隱說之涅槃實際—如來藏—確實已於四阿含中隱說；令大眾得以聞後觀行，確實斷除我見乃至我執，證得**見到**眞現觀，乃至**身證**……等眞現觀；已得大乘或二乘見道者，亦可由此聞熏及聞後之觀行，除斷我所之貪著，成就慧解脫果。由平實導師詳解。不限制聽講資格。

7、**精選如來藏系經典**詳解　精選如來藏系經典一部，詳細解說，以此完全印證會員所悟如來藏之眞實，得入不退轉住。另行擇期詳細解說之，由平實導師講解。僅限已明心之會員參加。

8、**禪門差別智**　藉禪宗公案之微細淆訛難知難解之處，加以宣說及剖析，以增進明心、見性之功德，啓發差別智，建立擇法眼。每月第一週日全天，由平實導師開示，僅限破參明心後，復又眼見佛性者參加(事冗暫停)。

9、**枯木禪**　先講智者大師的《小止觀》，後說《釋禪波羅蜜》，詳解四禪八定之修證理論與實修方法，細述一般學人修定之邪見與岔路，及對禪定證境之誤會，消除枉用功夫、浪費生命之現象。已悟般若者，可以藉此而實修初禪，進入大乘通教及聲聞教的三果心解脫境界，配合應有的大福德及後得無分別智、十無盡願，即可進入初地心中。親教師：平實導師。未來緣熟時將於正覺寺開講。不限制聽講資格。

註：本會例行年假，自 2004 年起，改爲每年農曆新年前七天開始停息弘法事務及共修課程，農曆正月 8 日回復所有共修及弘法事務。新春期間（每日 9.00~17.00）開放台北講堂，方便會員禮佛祈福及會外人士請書。大溪區的正覺祖師堂，開放參訪時間，詳見〈正覺電子報〉或成佛之道網站。本表得因時節因緣需要而隨時修改之，不另作通知。

佛教正覺同修會　贈閱書籍 目錄　　2021/8/30

1.**無相念佛**　平實導師著　回郵 36 元
2.**念佛三昧修學次第**　平實導師述著　回郵 52 元
3.**正法眼藏—護法集**　平實導師述著　回郵 76 元
4.**真假開悟簡易辨正法&佛子之省思**　平實導師著　回郵 26 元
5.**生命實相之辨正**　平實導師著　回郵 31 元
6.**如何契入念佛法門**（附：印順法師否定極樂世界）平實導師著　回郵 26 元
7.**平實書箋**—答元覽居士書　平實導師著　回郵 52 元
8.**三乘唯識**—如來藏系經律彙編　平實導師編　回郵 80 元
（精裝本　長 27 ㎝　寬 21 ㎝　高 7.5 ㎝　重 2.8 公斤）
9.**三時繫念全集**—修正本　回郵掛號 52 元（長 26.5 ㎝×寬 19 ㎝）
10.**明心與初地**　平實導師述　回郵 31 元
11.**邪見與佛法**　平實導師述著　回郵 36 元
12.**甘露法雨**　平實導師述　回郵 36 元
13.**我與無我**　平實導師述　回郵 36 元
14.**學佛之心態**—修正錯誤之學佛心態始能與正法相應 孫正德老師著 回郵52元
附錄：平實導師著**《略說八、九識並存…等之過失》**
15.**大乘無我觀**—《悟前與悟後》別說　平實導師述著　回郵 36 元
16.**佛教之危機**—中國台灣地區現代佛教之真相（附錄：公案拈提六則）
平實導師著　回郵 52 元
17.**燈　影**—燈下黑（覆「求教後學」來函等）　平實導師著　回郵 76 元
18.**護法與毀法**—覆上平居士與徐恒志居士網站毀法二文
張正圜老師著　回郵 76 元
19.**淨土聖道**—兼評**選擇本願念佛**　正德老師著　**由正覺同修會購贈** 回郵52 元
20.**辨唯識性相**—對「紫蓮心海《辯唯識性相》書中否定阿賴耶識」之回應
正覺同修會 台南共修處法義組 著　回郵 52 元
21.**假如來藏**—對法蓮法師《如來藏與阿賴耶識》書中否定阿賴耶識之回應
正覺同修會 台南共修處法義組 著　回郵 76 元
22.**入不二門**—公案拈提集錦 第一輯（於平實導師公案拈提諸書中選錄約二十則，
合輯爲一冊流通之）平實導師著　回郵 52 元
23.**真假邪說**—西藏密宗索達吉喇嘛《破除邪說論》真是邪說
釋正安法師著　上、下冊回郵各 52 元
24.**真假開悟**—真如、如來藏、阿賴耶識間之關係　平實導師述著　回郵 76 元
25.**真假禪和**—辨正釋傳聖之謗法謬說　孫正德老師著　回郵 76 元
26.**眼見佛性**—駁慧廣法師**眼見佛性的含義**文中謬說
游正光老師著　回郵 52 元

27.**普門自在**—公案拈提集錦 第二輯（於平實導師公案拈提諸書中選錄約二十則，合輯為一冊流通之）平實導師著　回郵 52 元

28.**印順法師的悲哀**—以現代禪的質疑為線索　恒毓博士著　回郵 52 元

29.**識蘊真義**—現觀識蘊內涵、取證初果、親斷三縛結之具體行門。
—依《成唯識論》及《唯識述記》正義，略顯安慧《大乘廣五蘊論》之邪謬　平實導師著　回郵 76 元

30.**正覺電子報** 各期紙版本　免附回郵　每次最多函索三期或三本。
（已無存書之較早各期，不另增印贈閱）

31.**現代人應有的宗教觀**　蔡正禮老師 著　回郵 31 元

32.**遠惑趣道**—正覺電子報般若信箱問答錄　第一輯　回郵 52 元

33.**遠惑趣道**—正覺電子報般若信箱問答錄　第二輯　回郵 52 元

34.**確保您的權益**—器官捐贈應注意自我保護　游正光老師 著　回郵 31 元

35.**正覺教團電視弘法三乘菩提 DVD 光碟（一）**
由正覺教團多位親教師共同講述錄製 DVD 8 片，MP3 一片，共 9 片。有二大講題：一為「三乘菩提之意涵」，二為「學佛的正知見」。內容精闢，深入淺出，精彩絕倫，幫助大眾快速建立三乘法道的正知見，免被外道邪見所誤導。有志修學三乘佛法之學人不可不看。（製作工本費 100 元，回郵 52 元）

36.**正覺教團電視弘法 DVD 專輯（二）**
總有二大講題：一為「三乘菩提之念佛法門」，一為「學佛正知見（第二篇）」，由正覺教團多位親教師輪番講述，內容詳細闡述如何修學念佛法門、實證念佛三昧，以及學佛應具有的正確知見，可以幫助發願往生西方極樂淨土之學人，得以把握往生，更可令學人快速建立三乘法道的正知見，免於被外道邪見所誤導。有志修學三乘佛法之學人不可不看。（一套 17 片，工本費 160 元。回郵 76 元）

37.**喇嘛性世界**—揭開假藏傳佛教譚崔瑜伽的面紗　張善思 等人合著
由正覺同修會購贈　回郵 52 元

38.**假藏傳佛教的神話**—性、謊言、喇嘛教　張正玄教授編著
由正覺同修會購贈　回郵 52 元

39.**隨 緣**—理隨緣與事隨緣　平實導師述　回郵 52 元。

40.**學佛的覺醒**　正枝居士 著　回郵 52 元

41.**導師之真實義**　蔡正禮老師 著　回郵 31 元

42.**淺談達賴喇嘛之雙身法**—兼論解讀「密續」之達文西密碼
吳明芷居士 著　回郵 31 元

43.**魔界轉世**　張正玄居士 著　回郵 31 元

44.**一貫道與開悟**　蔡正禮老師 著　回郵 31 元

45.**博愛**—愛盡天下女人　正覺教育基金會 編印　回郵 36 元

46.**意識虛妄經教彙編**—實證解脫道的關鍵經文　正覺同修會編印　回郵 36 元

47.**邪箭囈語**—破斥藏密外道多識仁波切《破魔金剛箭雨論》之邪說

陸正元老師著　上、下冊回郵各 52 元

48.**真假沙門**—依 佛聖教闡釋佛教僧寶之定義

蔡正禮老師著　俟正覺電子報連載後結集出版

49.**真假禪宗**—藉評論釋性廣《印順導師對變質禪法之批判

及對禪宗之肯定》以顯示真假禪宗

附論一：凡夫知見 無助於佛法之信解行證

附論二：世間與出世間一切法皆從如來藏實際而生而顯

余正偉老師著　俟正覺電子報連載後結集出版　回郵未定

★ 上列贈書之郵資，係台灣本島地區郵資，大陸、港、澳地區及外國地區，請另計酌增（大陸、港、澳、國外地區之郵票不許通用）。尚未出版之書，請勿先寄來郵資，以免增加作業煩擾。

★ 本目錄若有變動，唯於後印之書籍及「成佛之道」網站上修正公佈之，不另行個別通知。

函索書籍請寄：佛教正覺同修會　103 台北市承德路 3 段 277 號 9 樓

台灣地區函索書籍者請附寄郵票，無時間購買郵票者可以等值現金抵用，但不接受郵政劃撥、支票、匯票。大陸地區得以人民幣計算，國外地區請以美元計算（請勿寄來當地郵票，在台灣地區不能使用）。欲以掛號寄遞者，請另附掛號郵資。

親自索閱：正覺同修會各共修處。　★請於共修時間前往取書，餘時無人在道場，請勿前往索取；共修時間與地點，詳見書末正覺同修會共修現況表（以近期之共修現況表為準）。

註：正智出版社發售之局版書，請向各大書局購閱。若書局之書架上已經售出而無陳列者，請向書局櫃台指定洽購；若書局不便代購者，請於正覺同修會共修時間前往各共修處請購，正智出版社已派人於共修時間送書前往各共修處流通。 郵政劃撥購書及 大陸地區 購書，請詳別頁正智出版社發售書籍目錄最後頁之說明。

成佛之道 網站：http://www.a202.idv.tw　正覺同修會已出版之結緣書籍，多已登載於 成佛之道 網站，若住外國、或住處遙遠，不便取得正覺同修會贈閱書籍者，可以從本網站閱讀及下載。

＊＊假藏傳佛教修雙身法，非佛教＊＊

正智出版社 籌募弘法基金發售書籍目錄 2024/03/28

1.**宗門正眼**—公案拈提 第一輯 重拈 平實導師著 500 元

因重寫內容大幅度增加故，字體必須改小，並增爲 576 頁 主文 546 頁。比初版更精彩、更有內容。初版《禪門摩尼寶聚》之讀者，可寄回本公司免費調換新版書。免附回郵，亦無截止期限。（2007 年起，每冊附贈本公司精製公案拈提〈超意境〉CD 一片。市售價格 280 元，多購多贈。）

2.**禪淨圓融** 平實導師著 200 元（第一版舊書可換新版書。）

3.**真實如來藏** 平實導師著 400 元

4.**禪—悟前與悟後** 平實導師著 上、下冊，每冊 250 元

5.**宗門法眼**—公案拈提 第二輯 平實導師著 500 元
（2007 年起，每冊附贈本公司精製公案拈提〈超意境〉CD 一片）

6.**楞伽經詳解** 平實導師著 全套共 10 輯 每輯 250 元

7.**宗門道眼**—公案拈提 第三輯 平實導師著 500 元
（2007 年起，每冊附贈本公司精製公案拈提〈超意境〉CD 一片）

8.**宗門血脈**—公案拈提 第四輯 平實導師著 500 元
（2007 年起，每冊附贈本公司精製公案拈提〈超意境〉CD 一片）

9.**宗通與說通**—成佛之道 平實導師著 主文 381 頁 全書 400 頁售價 300 元

10.**宗門正道**—公案拈提 第五輯 平實導師著 500 元
（2007 年起，每冊附贈本公司精製公案拈提〈超意境〉CD 一片）

11.**狂密與真密 一～四輯** 平實導師著 西藏密宗是人間最邪淫的宗教，本質不是佛教，只是披著佛教外衣的印度教性力派流毒的喇嘛教。此書中將西藏密宗密傳之男女雙身合修樂空雙運所有祕密與修法，毫無保留完全公開，並將全部喇嘛們所不知道的部分也一併公開。內容比大辣出版社喧騰一時的《西藏慾經》更詳細。並且函蓋藏密的所有祕密及其錯誤的中觀見、如來藏見……等，藏密的所有法義都在書中詳述、分析、辨正。每輯主文三百餘頁 每輯全書約 400 頁 售價每輯 300 元

12.**宗門正義**—公案拈提 第六輯 平實導師著 500 元
（2007 年起，每冊附贈本公司精製公案拈提〈超意境〉CD 一片）

13.**心經密意**—心經與解脫道、佛菩提道、祖師公案之關係與密意 平實導師述 300 元

14.**宗門密意**—公案拈提 第七輯 平實導師著 500 元
（2007 年起，每冊附贈本公司精製公案拈提〈超意境〉CD 一片）

15.**淨土聖道**—兼評「選擇本願念佛」 正德老師著 200 元

16.**起信論講記** 平實導師述著 共六輯 每輯三百餘頁 售價各 250 元

17.**優婆塞戒經講記** 平實導師述著 共八輯 每輯三百餘頁 售價各 250 元

18.**真假活佛**—略論附佛外道盧勝彥之邪說（對前岳靈犀網站主張「盧勝彥是證悟者」之修正） 正犀居士（岳靈犀）著 流通價 140 元

19.**阿含正義**—唯識學探源 平實導師著 共七輯 每輯 300 元

20.**超意境 CD** 以平實導師公案拈提書中超越意境之頌詞，加上曲風優美

的旋律，錄成令人嚮往的超意境歌曲，其中包括正覺發願文及平實導師親自譜成的黃梅調歌曲一首。詞曲雋永，殊堪翫味，可供學禪者吟詠，有助於見道。內附設計精美的彩色小冊，解說每一首詞的背景本事。每片 280 元。【每購買公案拈提書籍一冊，即贈送一片。】

21.**菩薩底憂鬱** CD 將菩薩情懷及禪宗公案寫成新詞，並製作成超越意境的優美歌曲。 1.主題曲〈菩薩底憂鬱〉，描述地後菩薩能離三界生死而迴向繼續生在人間，但因尚未斷盡習氣種子而有極深沈之憂鬱，非三賢位菩薩及二乘聖者所知，此憂鬱在七地滿心位方才斷盡；本曲之詞中所說義理極深，昔來所未曾見；此曲係以優美的情歌風格寫詞及作曲，聞者得以激發嚮往諸地菩薩境界之大心，詞、曲都非常優美，難得一見；其中勝妙義理之解說，已印在附贈之彩色小冊中。 2.以各輯公案拈提中直示禪門入處之頌文，作成各種不同曲風之超意境歌曲，值得玩味、參究；聆聽公案拈提之優美歌曲時，請同時閱讀內附之印刷精美說明小冊，可以領會超越三界的證悟境界；未悟者可以因此引發求悟之意向及疑情，眞發菩提心而邁向求悟之途，乃至因此眞實悟入般若，成眞菩薩。 3.正覺總持咒新曲，總持佛法大意；總持咒之義理，已加以解說並印在隨附之小冊中。本 CD 共有十首歌曲，長達 63 分鐘。每盒各附贈二張購書優惠券。每片 320 元。

22.**禪意無限** CD 平實導師以公案拈提書中偈頌寫成不同風格曲子，與他人所寫不同風格曲子共同錄製出版，幫助參禪人進入禪門超越意識之境界。盒中附贈彩色印製的精美解說小冊，以供聆聽時閱讀，令參禪人得以發起參禪之疑情，即有機會證悟本來面目而發起實相智慧，實證大乘菩提般若，能如實證知般若經中的眞實意。本 CD 共有十首歌曲，長達 69 分鐘，每盒各附贈二張購書優惠券。每片 320 元。

23.**我的菩提路**第一輯　釋悟圓、釋善藏等人合著　售價 300 元

24.**我的菩提路**第二輯　郭正益等人合著　售價 300 元

（初版首刷至第四刷，都可以寄來免費更換爲第二版，免附郵費）

25.**我的菩提路**第三輯　王美伶等人合著　售價 300 元

26.**我的菩提路**第四輯　陳晏平等人合著　售價 300 元

27.**我的菩提路**第五輯　林慈慧等人合著　售價 300 元

28.**我的菩提路**第六輯　劉惠莉等人合著　售價 300 元

29.**我的菩提路**第七輯　余正偉等人合著　售價 300 元

30.**鈍鳥與靈龜**—考證後代凡夫對大慧宗杲禪師的無根誹謗。

平實導師著　共 458 頁　售價 350 元

31.**維摩詰經講記**　平實導師述　共六輯　每輯三百餘頁　售價各 250 元

32.**真假外道**—破劉東亮、杜大威、釋證嚴常見外道見　正光老師著　200 元

33.**勝鬘經講記**—兼論印順《勝鬘經講記》對於《勝鬘經》之誤解。

平實導師述　共六輯　每輯三百餘頁　售價250 元

34.**楞嚴經講記**—平實導師述 共 **15** 輯，每輯三百餘頁 售價 300 元
35.**明心與眼見佛性**—駁慧廣〈蕭氏「眼見佛性」與「明心」之非〉文中謬說
正光老師著 共 448 頁 售價 300 元
36.**見性與看話頭** 黃正倖老師 著，本書是禪宗參禪的方法論。
內文 375 頁，全書 416 頁，售價 300 元。
37.**達賴真面目**—玩盡天下女人 白正偉老師 等著 中英對照彩色精裝大本 800 元
38.**喇嘛性世界**—揭開假藏傳佛教譚崔瑜伽的面紗 張善思 等人著 200 元
39.**假藏傳佛教的神話**—性、謊言、喇嘛教 正玄教授編著 200 元
40.**金剛經宗通** 平實導師述 共九輯 每輯售價 250 元。
41.**末代達賴**—性交教主的悲歌 張善思、呂艾倫、辛燕編著 售價 250 元
42.**霧峰無霧**—給哥哥的信 辨正釋印順對佛法的無量誤解
游宗明 老師著 售價 250 元
43.**霧峰無霧**—第二輯—救護佛子向正道 細說釋印順對佛法的各類誤解
游宗明 老師著 售價 250 元
44.**第七意識與第八意識？**—穿越時空「超意識」
平實導師述 每冊 300 元
45.**黯淡的達賴**—失去光彩的諾貝爾和平獎
正覺教育基金會編著 每冊 250 元
46.**童女迦葉考**—論呂凱文〈佛教輪迴思想的論述分析〉之謬。
平實導師 著 定價 180 元
47.**人間佛教**—實證者必定不悖三乘菩提
平實導師 述，定價 400 元
48.**實相經宗通** 平實導師述 共八輯 每輯 250 元
49.**真心告訴您(一)**—達賴喇嘛在幹什麼？
正覺教育基金會編著 售價 250 元
50.**中觀金鑑**—詳述應成派中觀的起源與其破法本質
孫正德老師著 分為上、中、下三冊，每冊 250 元
51.**藏傳佛教要義**—《狂密與真密》之簡體字版 平實導師 著 上、下冊
僅在大陸流通 每冊 300 元
52.**法華經講義**—平實導師述 共二十五輯 每輯三百餘頁 售價 300 元
53.**西藏「活佛轉世」制度**—附佛、造神、世俗法
許正豐、張正玄老師合著 定價 150 元
54.**廣論三部曲**—郭正益老師著 定價 150 元
55.**真心告訴您(二)**—達賴喇嘛是佛教僧侶嗎？
—補祝達賴喇嘛八十大壽
正覺教育基金會編著 售價 300 元
56.**次法**—實證佛法前應有的條件
張善思居士著 分為上、下二冊，每冊 250 元
57.**涅槃**—解說四種涅槃之實證及內涵 平實導師著 上、下冊 各 350 元

58.**佛藏經講義**—平實導師述　共二十一輯 每輯三百餘頁 售價 300 元。
59.**成唯識論**—大唐 玄奘菩薩所著鉅論。重新正確斷句，並以不同字體及標點符號顯示質疑文，令得易讀。全書 288 頁，精裝大本 400 元。
60.**大法鼓經講義**—平實導師述　共六輯 每輯三百餘頁 售價 300 元
61.**成唯識論釋**—詳解大唐玄奘菩薩所著《成唯識論》，平實導師著述。共十輯，每輯內文四百餘頁，12 級字編排，於每講完一輯的分量以後即予出版，2023 年五月底出版第一輯，以後每七到十個月出版一輯，每輯 400 元。
62.**不退轉法輪經講義**—平實導師述 2024 年 1 月 30 日開始出版　共十輯 每二個月出版一輯，每輯 300 元
63.**中論正義**—釋龍樹菩薩《中論》頌正理。孫正德老師著　共上下二冊　下冊定於上冊出版後兩個月出版 每冊 300 元
64.**解深密經講義**—平實導師述 輯數未定　將於《不退轉法輪經講義》出版後整理出版。
65.**菩薩瓔珞本業經講義**—平實導師述 約○輯　將於《解深密經講義》出版後整理出版。
66.**假鋒虛焰金剛乘**—揭示顯密正理，兼破索達吉師徒《般若鋒兮金剛焰》　釋正安法師著 簡體字版 即將出版 售價未定
67.**廣論之平議**—宗喀巴《菩提道次第廣論》之平議　正雄居士著　約二或三輯　俟正覺電子報連載後結集出版　書價未定
68.**八識規矩頌**詳解　○○居士 註解　出版日期另訂　書價未定。
69.**中觀正義**—註解平實導師《中論正義頌》。　○○法師（居士）著　出版日期未定　書價未定
70.**中國佛教史**—依中國佛教正法史實而論。 ○○老師 著　書價未定。
71.**印度佛教史**—法義與考證。依法義史實評論印順《印度佛教思想史、佛教史地考論》之謬說　正偉老師著　出版日期未定　書價未定
72.**阿含經講記**—將選錄四阿含中數部重要經典全經講解之，講後整理出版。　平實導師述　約二輯　每輯 300 元　出版日期未定
73.**實積經講記** 平實導師述　每輯三百餘頁 優惠價 300 元 出版日期未定
74.**修習止觀坐禪法要講記**　平實導師述　每輯三百餘頁　將於正覺寺建成後重講、以講記逐輯出版　出版日期未定
75.**無門關**—《無門關》公案拈提　平實導師著　出版日期未定
76.**中觀再論**—兼述印順《中觀今論》謬誤之平議。正光老師著 出版日期未定
77.**輪迴與超度**—佛教超度法會之真義。　○○法師（居士）著　出版日期未定　書價未定
78.**《釋摩訶衍論》平議**—對偽稱龍樹所造《釋摩訶衍論》之平議　○○法師（居士）著　出版日期未定　書價未定
79.**正覺發願文**註解—以真實大願為因 得證菩提　正德老師著　出版日期未定　書價未定

80.**正覺總持咒**—佛法之總持　正圜老師著　出版日期未定　書價未定
81.**三自性**—依四食、五蘊、十二因緣、十八界法，說三性三無性。
作者未定　出版日期未定
82.**道品**—從三自性說大小乘三十七道品　作者未定　出版日期未定
83.**大乘緣起觀**—依四聖諦七真如現觀十二緣起 作者未定　出版日期未定
84.**三德**—論解脫德、法身德、般若德。　作者未定　出版日期未定
85.**真假如來藏**—對印順《如來藏之研究》謬說之平議　作者未定 出版日期未定
86.**大乘道次第**　作者未定　出版日期未定　書價未定
87.**四緣**—依如來藏故有四緣。　作者未定　出版日期未定
88.**空之探究**—印順《空之探究》謬誤之平議　作者未定 出版日期未定
89.**十法義**—論阿含經中十法之正義　作者未定　出版日期未定
90.**外道見**—論述外道六十二見　作者未定　出版日期未定

正智出版社有限公司 書籍介紹

禪淨圓融：言淨土諸祖所未曾言，示諸宗祖師所未曾示；禪淨圓融，另闢成佛捷徑，兼顧自力他力，闡釋淨土門之速行易行道，亦同時揭櫫聖教門之速行易行道；令廣大淨土行者得免緩行難證之苦，亦令聖道門行者得以藉著淨土速行道而加快成佛之時劫。乃前無古人之超勝見地，非一般弘揚禪淨法門典籍也，先讀為快。平實導師著 200元。

宗門正眼—公案拈提第一輯：繼承克勤圜悟大師碧巖錄宗旨之禪門鉅作。先則舉示當代大法師之邪說，消弭當代禪門大師鄉愿之心態，摧破當今禪門「世俗禪」之妄談；次則旁通教法，表顯宗門正理；繼以道之次第，消弭古今狂禪；後藉言語及文字機鋒，直示宗門入處。悲智雙運，禪味十足，數百年來難得一睹之禪門鉅著也。平實導師著　500元（原初版書《禪門摩尼寶聚》，改版後補充為五百餘頁新書，總計多達二十四萬字，內容更精彩，並改名為《宗門正眼》，讀者原購初版《禪門摩尼寶聚》皆可寄回本公司免費換新，免附回郵，亦無截止期限）（2007年起，凡購買公案拈提第一輯至第七輯，每購一輯皆贈送本公司精製公案拈提〈超意境〉CD一片，市售價格280元，多購多贈）。

禪—悟前與悟後：本書能建立學人悟道之信心與正確知見，圓滿具足而有次第地詳述禪悟之功夫與禪悟之內容，指陳參禪中細微淆訛之處，能使學人明自眞心、見自本性。若未能悟入，亦能以正確知見辨別古今中外一切大師究係眞悟？或屬錯悟？便有能力揀擇，捨名師而選明師，後時必有悟道之緣。一旦悟道，遲者七次人天往返，便出三界，速者一生取辦。學人欲求開悟者，不可不讀。　平實導師著。上、下冊共500元，單冊250元。

真實如來藏：如來藏眞實存在，乃宇宙萬有之本體，並非印順法師、達賴喇嘛等人所說之「唯有名相、無此心體」。如來藏是涅槃之本際，是一切有智之人竭盡心智、不斷探索而不能得之生命實相；是古今中外許多大師自以爲悟而當面錯過之生命實相。如來藏即是阿賴耶識，乃是一切有情本自具足、不生不滅之眞實心。當代中外大師於此書出版之前所未能言者，作者於本書中盡情流露、詳細闡釋。眞悟者讀之，必能增益悟境、智慧增上；錯悟者讀之，必能檢討自己之錯誤，免犯大妄語業；未悟者讀之，能知參禪之理路，亦能以之檢查一切名師是否眞悟。此書是一切哲學家、宗教家、學佛者及欲昇華心智之人必讀之鉅著。　平實導師著　售價400元。

宗門法眼—公案拈提第二輯：列舉實例，闡釋土城廣欽老和尚之悟處；並直示這位不識字的老和尚妙智橫生之根由，繼而剖析禪宗歷代大德之開悟公案，解析當代密宗高僧卡盧仁波切之錯悟證據，並例舉當代顯宗高僧、大居士之錯悟證據（凡健在者，爲免影響其名聞利養，皆隱其名）。藉辨正當代名師之邪見，向廣大佛子指陳禪悟之正道，彰顯宗門法眼。悲勇兼出，強捋虎鬚；慈智雙運，巧探驪龍；摩尼寶珠在手，直示宗門入處，禪味十足；若非大悟徹底，不能爲之。禪門精奇人物，允宜人手一冊，供作參究及悟後印證之圭臬。本書於2008年4月改版，增寫爲大約500頁篇幅，以利學人研讀參究時更易悟入宗門正法，以前所購初版首刷及初版二刷舊書，皆可免費換取新書。平實導師著　500元（2007年起，凡購買公案拈提第一輯至第七輯，每購一輯皆贈送本公司精製公案拈提〈超意境〉CD一片，市售價格280元，多購多贈）。

宗門道眼—公案拈提第三輯：繼宗門法眼之後，再以金剛之作略、慈悲之胸懷、犀利之筆觸，舉示寒山、拾得、布袋三大士之悟處，消弭當代錯悟者對於寒山大士……等之誤會及誹謗。　亦舉出民初以來與虛雲和尚齊名之蜀郡鹽亭袁煥仙夫子——南懷瑾老師之師，其「悟處」何在？並蒐羅許多眞悟祖師之證悟公案，顯示禪宗歷代祖師之睿智，指陳部分祖師、奧修及當代顯密大師之謬悟，作爲殷鑑，幫助禪子建立及修正參禪之方向及知見。假使讀者閱此書已，一時尚未能悟，亦可一面加功用行，一面以此宗門道眼辨別眞假善知識，避開錯誤之印證及歧路，可免大妄語業之長劫慘痛果報。欲修禪宗之禪者，務請細讀。平實導師著　售價500元（2007年起，凡購買公案拈提第一輯至第七輯，每購一輯皆贈送本公司精製公案拈提〈超意境〉CD一片，市售價格280元，多購多贈）。

楞伽經詳解：本經是禪宗見道者印證所悟眞僞之根本經典，亦是禪宗見道者悟後起修之依據經典；故達摩祖師於印證二祖慧可大師之後，將此經典連同佛缽祖衣一併交付二祖，令其依此經典佛示金言、進入修道位，修學一切種智。由此可知此經對於眞悟之人修學佛道，是非常重要之一部經典。此經能破外道邪說，亦破佛門中錯悟名師之謬說，亦破禪宗部分祖師之狂禪：不讀經典、一向主張「一悟即成究竟佛」之謬執。並開示愚夫所行禪、觀察義禪、攀緣如禪、如來禪等差別，令行者對於三乘禪法差異有所分辨；亦糾正禪宗祖師古來對於如來禪之誤解，嗣後可免以訛傳訛之弊。此經亦是法相唯識宗之根本經典，禪者悟後欲修一切種智而入初地者，必須詳讀。平實導師著，全套共十輯，已全部出版完畢，每輯主文約320頁，每冊約352頁，定價250元。

宗門血脈—公案拈提第四輯：末法怪象—許多修行人自以爲悟，每將無念靈知認作眞實；崇尙二乘法諸師及其徒眾，則將外於如來藏之緣起性空—無因論之無常空、斷滅空、一切法空—錯認爲 佛所說之般若空性。這兩種現象已於當今海峽兩岸及美加地區顯密大師之中普遍存在；人人自以爲悟，心高氣壯，便敢寫書解釋祖師證悟之公案，大多出於意識思惟所得，言不及義，錯誤百出，因此誤導廣大佛子同陷大妄語之地獄業中而不能自知。彼等書中所說之悟處，其實處處違背第一義經典之聖言量。彼等諸人不論是否身披袈裟，都非佛法宗門血脈，或雖有禪宗法脈之傳承，亦只徒具形式；猶如螟蛉，非眞血脈，未悟得根本眞實故。禪子欲知 佛、祖之眞血脈者，請讀此書，便知分曉。平實導師著，主文452頁，全書464頁，定價500元（2007年起，凡購買公案拈提第一輯至第七輯，每購一輯皆贈送本公司精製公案拈提〈超意境〉CD一片，市售價格280元，多購多贈）。

宗通與說通：古今中外，錯誤之人如麻似粟，每以常見外道所說之靈知心，認作眞心；或妄想虛空之勝性能量爲眞如，或錯認物質四大元素藉冥性（靈知心本體）能成就吾人色身及知覺，或認初禪至四禪中之了知心爲不生不滅之涅槃心。此等皆非通宗者之見地。復有錯悟之人一向主張「宗門與教門不相干」，此即尙未通達宗門之人也。其實宗門與教門互通不二，宗門所證者乃是眞如與佛性，教門所說者乃說宗門證悟之眞如佛性，故教門與宗門不二。本書作者以宗教二門互通之見地，細說「宗通與說通」，從初見道至悟後起修之道、細說分明；並將諸宗諸派在整體佛教中之地位與次第，加以明確之教判，學人讀之即可了知佛法之梗概也。欲擇明師學法之前，允宜先讀。平實導師著，主文共381頁，全書392頁，只售成本價300元。

宗門正道—公案拈提第五輯：修學大乘佛法有二果須證—解脫果及大菩提果。二乘人不證大菩提果，唯證解脫果；此果之智慧，名爲聲聞菩提、緣覺菩提。大乘佛子所證二果之菩提果爲佛菩提，故名大菩提果，其慧名爲一切種智—函蓋二乘解脫果。然此大乘二果修證，須經由禪宗之宗門證悟方能相應。而宗門證悟極難，自古已然；其所以難者，咎在古今佛教界普遍存在三種邪見：1.以修定認作佛法， 2.以無因論之緣起性空—否定涅槃本際如來藏以後之一切法空作爲佛法，3.以常見外道邪見（離語言妄念之靈知性）作爲佛法。 如是邪見，或因自身正見未立所致，或因邪師之邪教導所致，或因無始劫來虛妄熏習所致。若不破除此三種邪見，永劫不悟宗門眞義、不入大乘正道，唯能外門廣修菩薩行。 平實導師於此書中，有極爲詳細之說明，有志佛子欲摧邪見、入於內門修菩薩行者，當閱此書。主文共496頁，全書512頁。售價500元（2007年起，凡購買公案拈提第一輯至第七輯，每購一輯皆贈送本公司精製公案拈提〈超意境〉CD一片，市售價格280元，多購多贈）。

狂密與眞密：密教之修學，皆由有相之觀行法門而入，其最終目標仍不離顯教經典所說第一義諦之修證；若離顯教第一義經典、或違背顯教第一義經典，即非佛教。西藏密教之觀行法，如灌頂、觀想、遷識法、寶瓶氣、大聖歡喜雙身修法、喜金剛、無上瑜伽、大樂光明、樂空雙運等，皆是印度教兩性生生不息思想之轉化，自始至終皆以如何能運用交合淫樂之法達到全身受樂爲其中心思想，純屬欲界五欲的貪愛，不能令人超出欲界輪迴，更不能令人斷除我見；何況大乘之明心與見性，更無論矣！故密宗之法絕非佛法也。而其明光大手印、大圓滿法教，又皆同以常見外道所說離語言妄念之無念靈知心錯認爲佛地之眞如，不能直指不生不滅之眞如。西藏密宗所有法王與徒衆，都尚未開頂門眼，不能辨別眞僞，以依人不依法、依密續不依經典故，不肯將其上師喇嘛所說對照第一義經典，純依密續之藏密祖師所說爲準，因此而誇大其證德與證量，動輒謂彼祖師上師爲究竟佛、爲地上菩薩；如今台海兩岸亦有自謂其師證量高於 釋迦文佛者，然觀其師所述，猶未見道，仍在觀行即佛階段，尚未到禪宗相似即佛、分證即佛階位，竟敢標榜爲究竟佛及地上法王，誑惑初機學人。凡此怪象皆是狂密，不同於眞密之修行者。近年狂密盛行，密宗行者被誤導者極衆，動輒自謂已證佛地眞如，自視爲究竟佛，陷於大妄語業中而不知自省，反謗顯宗眞修實證者之證量粗淺；或如義雲高與釋性圓…等人，於報紙上公然誹謗眞實證道者爲「騙子、無道人、人妖、癩蛤蟆…」等，造下誹謗大乘勝義僧之大惡業；或以外道法中有爲有作之甘露、魔術……等法，誑騙初機學人，狂言彼外道法爲眞佛法。如是怪象，在西藏密宗及附藏密之外道中，不一而足，舉之不盡，學人宜應愼思明辨，以免上當後又犯毀破菩薩戒之重罪。密宗學人若欲遠離邪知邪見者，請閱此書，即能了知密宗之邪謬，從此遠離邪見與邪修，轉入眞正之佛道。 平實導師著 共四輯 每輯約400頁（主文約340頁） 每輯售價300元。

宗門正義—公案拈提第六輯：佛教有六大危機，乃是藏密化、世俗化、膚淺化、學術化、宗門密意失傳、悟後進修諸地之次第混淆；其中尤以宗門密意之失傳，爲當代佛教最大之危機。由宗門密意失傳故，易令 世尊本懷普被錯解，易令 世尊正法被轉易爲外道法，以及加以淺化、世俗化，是故宗門密意之廣泛弘傳與具緣佛弟子，極爲重要。然而欲令宗門密意之廣泛弘傳予具緣之佛弟子者，必須同時配合錯誤知見之解析、普令佛弟子知之，然後輔以公案解析之直示入處，方能令具緣之佛弟子悟入。而此二者，皆須以公案拈提之方式爲之，方易成其功、竟其業，是故平實導師續作宗門正義一書，以利學人。 全書500餘頁，售價500元（2007年起，凡購買公案拈提第一輯至第七輯，每購一輯皆贈送本公司精製公案拈提〈超意境〉CD一片，市售價格280元，多購多贈）。

心經密意—心經與解脫道、佛菩提道、祖師公案之關係與密意。 二乘菩提所證之解脫道，實依第八識心之斷除煩惱障現行而立解脫之名；大乘菩提所證之佛菩提道，實依親證第八識如來藏之涅槃性、清淨自性、及其中道性而立般若之名；禪宗祖師公案所證之眞心，即是此第八識如來藏；是故三乘佛法所修所證之三乘菩提，皆依此如來藏心而立名也。此第八識心，即是《心經》所說之心也。證得此如來藏已，即能漸入大乘佛菩提道，亦可因證知此心而了知二乘無學所不能知之無餘涅槃本際，是故《心經》之密意，與三乘佛菩提之關係極爲密切、不可分割，三乘佛法皆依此心而立名故。今者平實導師以其所證解脫道之無生智及佛菩提之般若種智，將《心經》與解脫道、佛菩提道、祖師公案之關係與密意，以演講之方式，用淺顯之語句和盤托出，發前人所未言，呈三乘菩提之眞義，令人藉此《心經密意》一舉而窺三乘菩提之堂奧，迴異諸方言不及義之說；欲求眞實佛智者、不可不讀！ 主文317頁，連同跋文及序文…等共384頁，售價300元。

宗門密意—公案拈提第七輯：佛教之世俗化，將導致學人以信仰作爲學佛，則將以感應及世間法之庇祐，作爲學佛之主要目標，不能了知學佛之主要目標爲親證三乘菩提。大乘菩提則以般若實相智慧爲主要修習目標，以二乘菩提解脫道爲附帶修習之標的；是故學習大乘法者，應以禪宗之證悟爲要務，能親入大乘菩提之實相般若智慧中故，般若實相智慧非二乘聖人所能知故。此書則以台灣世俗化佛教之三大法師，說法似是而非之實例，配合眞悟祖師之公案解析，提示證悟般若之關節，令學人易得悟入。平實導師著，全書五百餘頁，售價500元（2007年起，凡購買公案拈提第一輯至第七輯，每購一輯皆贈送本公司精製公案拈提〈超意境〉CD一片，市售價格280元，多購多贈）。

淨土聖道—兼評選擇本願念佛：佛法甚深極廣，般若玄微，非諸二乘聖僧所能知之，一切凡夫更無論矣！所謂一切證量皆歸淨土是也！是故大乘法中「聖道之淨土、淨土之聖道」，其義甚深，難可了知；乃至眞悟之人，初心亦難知也。今有正德老師眞實證悟後，復能深探淨土與聖道之緊密關係，憐憫眾生之誤會淨土實義，亦欲利益廣大淨土行人同入聖道，同獲淨土中之聖道門要義，乃振奮心神、書以成文，今得刊行天下。主文279頁，連同序文等共301頁，總有十一萬六千餘字，正德老師著，成本價200元。

起信論講記：詳解大乘起信論心生滅門與心眞如門之眞實意旨，消除以往大師與學人對起信論所說心生滅門之誤解，由是而得了知眞心如來藏之非常非斷中道正理；亦因此一講解，令此論以往隱晦而被誤解之眞實義，得以如實顯示，令大乘佛菩提道之正理得以顯揚光大；初機學者亦可藉此正論所顯示之法義，對大乘法理生起正信，從此得以眞發菩提心，眞入大乘法中修學，世世常修菩薩正行。平實導師演述，共六輯，都已出版，每輯三百餘頁，售價各250元。

優婆塞戒經講記：本經詳述在家菩薩修學大乘佛法，應如何受持菩薩戒？對人間善行應如何看待？對三寶應如何護持？應如何正確地修集此世後世證法之福德？應如何修集後世「行菩薩道之資糧」？並詳述第一義諦之正義：五蘊非我非異我、自作自受、異作異受、不作不受……等深妙法義，乃是修學大乘佛法、行菩薩行之在家菩薩所應當了知者。出家菩薩今世或未來世登地已，捨報之後多數將如華嚴經中諸大菩薩，以在家菩薩身而修行菩薩行，故亦應以此經所述正理而修之，配合《楞伽經、解深密經、楞嚴經、華嚴經》等道次第正理，方得漸次成就佛道；故此經是一切大乘行者皆應證知之正法。　平實導師講述，每輯三百餘頁，售價各250元；共八輯，已全部出版。

真假活佛—略論附佛外道盧勝彥之邪說：人人身中都有眞活佛，永生不滅而有大神用，但衆生都不了知，所以常被身外的西藏密宗假活佛籠罩欺瞞。本來就眞實存在的眞活佛，才是眞正的密宗無上密！諾那活佛因此而說禪宗是大密宗，但藏密的所有活佛都不知道、也不曾實證自身中的眞活佛。本書詳實宣示眞活佛的道理，舉證盧勝彥的「佛法」不是眞佛法，也顯示盧勝彥是假活佛，直接的闡釋第一義佛法見道的眞實正理。眞佛宗的所有上師與學人們，都應該詳細閱讀，包括盧勝彥個人在內。正犀居士著，優惠價140元。

阿含正義—唯識學探源：廣說四大部《阿含經》諸經中隱說之眞正義理，一一舉示佛陀本懷，令阿含時期初轉法輪根本經典之眞義，如實顯現於佛子眼前。並提示末法大師對於阿含眞義誤解之實例，一一比對之，證實唯識增上慧學確於原始佛法之阿含諸經中已隱覆密意而略說之，證實 世尊確於原始佛法中已曾密意而說第八識如來藏之總相；亦證實 世尊在四阿含中已說此藏識是名色十八界之因、之本—證明如來藏是能生萬法之根本心。佛子可據此修正以往受諸大師（譬如西藏密宗應成派中觀師：印順、昭慧、性廣、大願、達賴、宗喀巴、寂天、月稱、……等人）誤導之邪見，建立正見，轉入正道乃至親證初果而無困難；書中並詳說三果所證的心解脫，以及四果慧解脫的親證，都是如實可行的具體知見與行門。全書共七輯，已出版完畢。平實導師著，每輯三百餘頁，售價300元。

超意境CD：以平實導師公案拈提書中超越意境之頌詞，加上曲風優美的旋律，錄成令人嚮往的超意境歌曲，其中包括正覺發願文及平實導師親自譜成的黃梅調歌曲一首。詞曲雋永，殊堪翫味，可供學禪者吟詠，有助於見道。內附設計精美的彩色小冊，解說每一首詞的背景本事。每片280元。【每購買公案拈提書籍一冊，即贈送一片。】

我的菩提路第一輯：凡夫及二乘聖人不能實證的佛菩提證悟，末法時代的今天仍然有人能得實證，由正覺同修會釋悟圓、釋善藏法師等二十餘位實證如來藏者所寫的見道報告，已爲當代學人見證宗門正法之絲縷不絕，證明大乘義學的法脈仍然存在，爲末法時代求悟般若之學人照耀出光明的坦途。由二十餘位大乘見道者所繕，敘述各種不同的學法、見道因緣與過程，參禪求悟者必讀。全書三百餘頁，售價300元。

我的菩提路第二輯：由郭正益老師等人合著，書中詳述彼等諸人歷經各處道場學法，一一修學而加以檢擇之不同過程以後，因閱讀正覺同修會、正智出版社書籍而發起抉擇分，轉入正覺同修會中修學；乃至學法及見道之過程，都一一詳述之。**本書已改版印製重新流通**，讀者原購的初版書，不論是第一刷或第二、三、四刷，都可以寄回換新，免附郵費。

我的菩提路第三輯：由王美伶老師等人合著。自從正覺同修會成立以來，每年夏初、冬初都舉辦精進禪三共修，藉以助益會中同修們得以證悟明心發起般若實相智慧；凡已實證而被平實導師印證者，皆書具見道報告用以證明佛法之眞實可證而非玄學，證明佛法並非純屬思想、理論而無實質，是故每年都能有人證明正覺同修會的「實證佛教」主張並非虛語。特別是眼見佛性一法，自古以來中國禪宗祖師實證者極寡，較之明心開悟的證境更難令人信受；至2017年初，正覺同修會中的證悟明心者已近五百人，然而其中眼見佛性者至今唯十餘人爾，可謂難能可貴，是故明心後欲冀眼見佛性者實屬不易。黃正倖老師是懸絕七年無人見性後的第一人，她於2009年的見性報告刊於本書的第二輯中，爲大眾證明佛性確實可以眼見；其後七年之中求見性者都屬解悟佛性而無人眼見，幸而又經七年後的2016冬初，以及2017夏初的禪三，復有三人眼見佛性，希冀鼓舞四眾佛子求見佛性之大心，今則具載一則於書末，顯示求見佛性之事實經歷，供養現代佛教界欲得見性之四眾弟子。全書四百頁，售價300元，已於2017年6月30日發行。

我的菩提路第四輯：由陳晏平等人著。中國禪宗祖師往往有所謂「見性」之言，所言多屬看見如來藏具有能令人發起成佛之自性，並非《大般涅槃經》中 如來所說之眼見佛性。眼見佛性者，於親見佛性之時，即能於山河大地眼見自己佛性，亦能於他人身上眼見自己佛性及對方之佛性，如是境界無法爲尙未實證者解釋；勉強說之，縱使眞實明心證悟之人聞之，亦只能以自身明心之境界想像之，但不論如何想像多屬非量，能有正確之比量者亦是稀有，故說眼見佛性極爲困難。眼見佛性之人若所見極分明時，在所見佛性之境界下所眼見之山河大地、自己五蘊身心皆是虛幻，自有異於明心者之解脫功德受用，此後永不思證二乘涅槃，必定邁向成佛之道而進入第十住位中，已超第一阿僧祇劫三分有一，可謂之爲超劫精進也。今又有明心之後眼見佛性之人出於人間，將其明心及後來見性之報告，連同其餘證悟明心者之精彩報告一同收錄於此書中，供養眞求佛法實證之四衆佛子。全書380頁，售價300元，已於2018年6月30日發行。

我的菩提路第五輯：林慈慧老師等人著，本輯中所舉學人從相似正法中來到正覺同修會的過程，各人都有不同，發生的因緣亦是各有差別，然而都會指向同一個目標——證實生命實相的源底，確證自己生從何來、死往何去的事實，所以最後都證明佛法眞實而可親證，絕非玄學；本書將彼等諸人的始修及末後證悟之實例，羅列出來以供學人參考。本期亦有一位會裡的老師，是從1995年即開始追隨 平實導師修學，1997年明心後持續進修不斷，直到2017年眼見佛性之實例，足可證明《大般涅槃經》中世尊開示眼見佛性之法正眞無訛，第十住位的實證在末法時代的今天仍有可能，如今一併具載於書中以供學人參考，並供養現代佛教界欲得見性之四衆弟子。全書四百頁，售價300元，已於2019年12月31日發行。

我的菩提路第六輯：劉惠莉老師等人著，本輯中舉示劉老師明心多年以後的眼見佛性實錄，供末法時代學人了知明心之異於見性本質，足可證明《大般涅槃經》中世尊開示眼見佛性之法正眞無訛。亦列舉多篇學人從各道場來到正覺學法之不同過程，以及如何發覺邪見之異於正法的所在，最後終能在正覺禪三中悟入的實況，以證明佛教正法仍在末法時代的人間繼續弘揚的事實，鼓舞一切眞實學法的菩薩大衆思之：我等諸人亦可有因緣證悟，絕非空想白思。約四百頁，售價300元，已於2020年6月30日發行。

我的菩提路第七輯：余正偉老師等人著，本輯中舉示余老師明心二十餘年以後的眼見佛性實錄，供末法時代學人了知明心異於見性之本質，並且舉示其見性後與平實導師互相討論眼見佛性之諸多疑訛處；除了證明《大般涅槃經》中世尊開示眼見佛性之法正眞無訛以外，亦得一解明心後尚未見性者之所未知處，甚爲精彩。此外亦列舉多篇學人從各不同宗教進入正覺學法之不同過程，以及發覺諸方道場邪見之內容與過程，最終得於正覺精進禪三中悟入的實況，足供末法精進學人借鑑，以彼鑑己而生信心，得以投入了義正法中修學及實證。凡此，皆足以證明不唯明心所證之第七住位般若智慧及解脫功德仍可實證，乃至第十住位的實證與當場發起如幻觀之實證，於末法時代的今天皆仍有可能。本書約四百頁，售價300元。

鈍鳥與靈龜：鈍鳥及靈龜二物，被宗門證悟者說爲二種人：前者是精修禪定而無智慧者，也是以定爲禪的愚癡禪人；後者是或有禪定、或無禪定的宗門證悟者，凡已證悟者皆是靈龜。但後者被人虛造事實，用以嘲笑大慧宗杲禪師，說他雖是靈龜，卻不免被天童禪師預記「患背」痛苦而亡：「鈍鳥離巢易，靈龜脫殼難。」藉以貶低大慧宗杲的證量。同時將天童禪師實證如來藏的證量，曲解爲意識境界的離念靈知。自從大慧禪師入滅以後，錯悟凡夫對他的不實毀謗就一直存在著，不曾止息，並且捏造的假事實也隨著年月的增加而越來越多，終至編成「鈍鳥與靈龜」的假公案、假故事。本書是考證大慧與天童之間的不朽情誼，顯現這件假公案的虛妄不實；更見大慧宗杲面對惡勢力時的正直不阿，亦顯示大慧對天童禪師的至情深義，將使後人對大慧宗杲的誣謗至此而止，不再有人誤犯毀謗賢聖的惡業。書中亦舉證宗門的所悟確以第八識如來藏爲標的，詳讀之後必可改正以前被錯悟大師誤導的參禪知見，日後必定有助於實證禪宗的開悟境界，得階大乘眞見道位中，即是實證般若之賢聖。全書459頁，售價350元。

維摩詰經講記：本經係 世尊在世時，由等覺菩薩維摩詰居士藉疾病而演說之大乘菩提無上妙義，所說函蓋甚廣，然極簡略，是故今時諸方大師與學人讀之悉皆錯解，何況能知其中隱含之深妙正義，是故普遍無法爲人解說；若強爲人說，則成依文解義而有諸多過失。今由平實導師公開宣講之後，詳實解釋其中密意，令維摩詰菩薩所說大乘不可思議解脫之深妙正法得以正確宣流於人間，利益當代學人及與諸方大師。書中詳實演述大乘佛法深妙不共二乘之智慧境界，顯示諸法之中絕待之實相境界，建立大乘菩薩妙道於永遠不敗不壞之地，以此成就護法偉功，欲冀永利娑婆人天。已經宣講圓滿整理成書流通，以利諸方大師及諸學人。全書共六輯，每輯三百餘頁，售價各250元。

真假外道：本書具體舉證佛門中的常見外道知見實例，並加以教證及理證上的辨正，幫助讀者輕鬆而快速的了知常見外道的錯誤知見，進而遠離佛門內外的常見外道知見，因此即能改正修學方向而快速實證佛法。游正光老師著　。成本價200元。

勝鬘經講記：如來藏爲三乘菩提之所依，若離如來藏心體及其含藏之一切種子，即無三界有情及一切世間法，亦無二乘菩提緣起性空之出世間法；本經詳說無始無明、一念無明皆依如來藏而有之正理，藉著詳解煩惱障與所知障間之關係，令學人深入了知二乘菩提與佛菩提相異之妙理；聞後即可了知佛菩提之特勝處及三乘修道之方向與原理，邁向攝受正法而速成佛道的境界中。平實導師講述，共六輯，每輯三百餘頁，售價各250元。

楞嚴經講記：楞嚴經係大乘祕密教之重要經典，亦是佛教中普受重視之經典；經中宣說明心與見性之內涵極爲詳細，將一切法都會歸如來藏及佛性－妙眞如性；亦闡釋五陰區宇及五陰盡的境界，作諸地菩薩自我檢驗證量之依據，旁及佛菩提道修學過程中之種種魔境，以及外道誤會涅槃之狀況，亦兼述明三界世間之起源，具足宣示大乘菩提之奧祕。然因言句深澀難解，法義亦復深妙寬廣，學人讀之普難通達，是故讀者大多誤會，不能如實理解佛所說之明心與見性內涵，亦因是故多有悟錯之人引爲開悟之證言，成就大妄語罪。今由平實導師詳細講解之後，整理成文，以易讀易懂之語體文刊行天下，以利學人。全書十五輯，全部出版完畢。每輯三百餘頁，售價每輯300元。

明心與眼見佛性：本書細述明心與眼見佛性之異同，同時顯示了中國禪宗破初參明心與重關眼見佛性二關之間的關聯；書中又藉法義辨正而旁述其他許多勝妙法義，讀後必能遠離佛門長久以來積非成是的錯誤知見，令讀者在佛法的實證上有極大助益。也藉慧廣法師的謬論來教導佛門學人回歸正知正見，遠離古今禪門錯悟者所墮的意識境界，非唯有助於斷我見，也對未來的開悟明心實證第八識如來藏有所助益，是故學禪者都應細讀之。　游正光老師著　共448頁　售價300元。

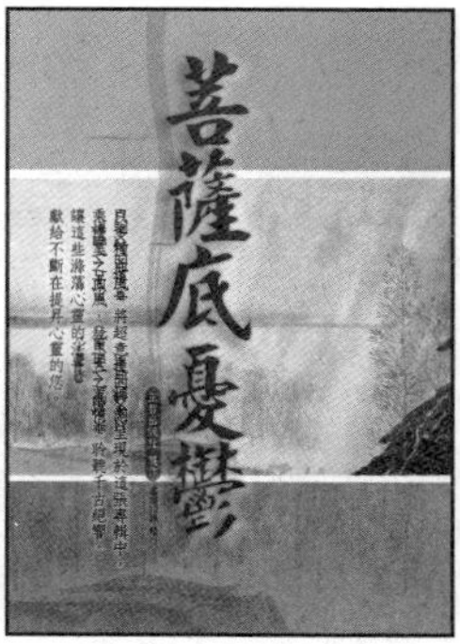

菩薩底憂鬱CD：將菩薩情懷及禪宗公案寫成新詞，並製作成超越意境的優美歌曲。　1.主題曲〈菩薩底憂鬱〉，描述地後菩薩能離三界生死而迴向繼續生在人間，但因尚未斷盡習氣種子而有極深沈之憂鬱，非三賢位菩薩及二乘聖者所知，此憂鬱在七地滿心位方才斷盡；本曲之詞中所說義理極深，昔來所未曾見；此曲係以優美的情歌風格寫詞及作曲，聞者得以激發嚮往諸地菩薩境界之大心，詞、曲都非常優美，難得一見；其中勝妙義理之解說，已印在附贈之彩色小冊中。2.以各輯公案拈提中直示禪門入處之頌文，作成各種不同曲風之超意境歌曲，值得玩味、參究；聆聽公案拈提之優美歌曲時，請同時閱讀內附之印刷精美說明小冊，可以領會超越三界的證悟境界；未悟者可以因此引發求悟之意向及疑情，眞發菩提心而邁向求悟之途，乃至因此眞實悟入般若，成眞菩薩。3.正覺總持咒新曲，總持佛法大意；總持咒之義理，已加以解說並印在隨附之小冊中。本CD共有十首歌曲，長達63分鐘，附贈二張購書優惠券。每片320元。

金剛經宗通：三界唯心，萬法唯識，是成佛之修證內容，是諸地菩薩之所修；般若則是成佛之道（實證三界唯心、萬法唯識）的入門，若未證悟實相般若，即無成佛之可能，必將永在外門廣行菩薩六度，永在凡夫位中。然而實相般若的發起，全賴實證萬法的實相；若欲證知萬法的眞相，則必須探究萬法之所從來，則須實證自心如來—金剛心如來藏，然後現觀這個金剛心的金剛性、眞實性、如如性、清淨性、涅槃性、能生萬法的自性性、本住性，名爲證眞如；進而現觀三界六道唯是此金剛心所成，人間萬法須藉八識心王和合運作方能現起。如是實證《華嚴經》的「三界唯心、萬法唯識」以後，由此等現觀而發起實相般若智慧，繼續進修第十住位的如幻觀、第十行位的陽焰觀、第十迴向位的如夢觀，再生起增上意樂而勇發十無盡願，方能滿足三賢位的實證，轉入初地；自知成佛之道而無偏倚，從此按部就班、次第進修乃至成佛。第八識自心如來是般若智慧之所依，般若智慧的修證則要從實證金剛心自心如來開始；《金剛經》則是解說自心如來之經典，是一切三賢位菩薩所應進修之實相般若經典。這一套書，是將平實導師宣講的《金剛經宗通》內容，整理成文字而流通之；書中所說義理，迥異古今諸家依文解義之說，指出大乘見道方向與理路，有益於禪宗學人求開悟見道，及轉入內門廣修六度萬行。已於2013年9月出版完畢，總共9輯，每輯約三百餘頁，售價各250元。

禪意無限CD：平實導師以公案拈提書中偈頌寫成不同風格曲子，與他人所寫不同風格曲子共同錄製出版，幫助參禪人進入禪門超越意識之境界。盒中附贈彩色印製的精美解說小冊，以供聆聽時閱讀，令參禪人得以發起參禪之疑情，即有機會證悟本來面目，實證大乘菩提般若。本CD共有十首歌曲，長達69分鐘，每盒各附贈二張購書優惠券。每片320元。

霧峰無霧—給哥哥的信　本書作者藉兄弟之間信件往來論義，略述佛法大義；並以多篇短文辨義，舉出釋印順對佛法的無量誤解證據，並一一給予簡單而清晰的辨正，令人一讀即知。久讀、多讀之後即能認清楚釋印順的六識論見解，與眞實佛法之牴觸是多麼嚴重；於是在久讀、多讀之後，於不知不覺之間提升了對佛法的極深入理解，正知正見就在不知不覺間建立起來了。當三乘佛法的正知見建立起來之後，對於三乘菩提的見道條件便將隨之具足，於是聲聞解脫道的見道也就水到渠成；接著大乘見道的因緣也將次第成熟，未來自然也會有親見大乘菩提之道的因緣，悟入大乘實相般若也將自然成功，自能通達般若系列諸經而成實義菩薩。作者居住於南投縣霧峰鄉，自喻見道之後不復再見霧峰之霧，故鄉原野美景一一明見，於是立此書名爲《霧峰無霧》；讀者若欲撥霧見月，可以此書爲緣。游宗明　老師著　已於2015年出版　售價250元。

霧峰無霧—第二輯—救護佛子向正道　本書作者藉釋印順著作中之各種錯謬法義提出辨正，以詳實的文義一一提出理論上及實證上之解析，列舉釋印順對佛法的無量誤解證據，藉此教導佛門大師與學人釐清佛法義理，遠離岐途轉入正道，然後知所進修，久之便能見道明心而入大乘勝義僧數。被釋印順誤導的大師與學人極多，很難救轉，是故作者大發悲心深入解說其錯謬之所在，佐以各種義理辨正而令讀者在不知不覺之間轉歸正道。如是久讀之後欲得斷身見、證初果，即不爲難事；乃至久之亦得大乘見道而得證眞如，脫離空有二邊而住中道，實相般若智慧生起，於佛法不再茫然，漸漸亦知悟後進修之道。屆此之時，對於大乘般若等深妙法之迷雲暗霧亦將一掃而空，生命及宇宙萬物之故鄉原野美景一一明見，是故本書仍名《霧峰無霧》，爲第二輯；讀者若欲撥雲見日、離霧見月，可以此書爲緣。游宗明　老師著　已於2019年出版　售價250元。

假藏傳佛教的神話—性、謊言、喇嘛教：本書編著者是由一首名爲「阿姊鼓」的歌曲爲緣起，展開了序幕，揭開假藏傳佛教—喇嘛教—的神秘面紗。其重點是蒐集、摘錄網路上質疑「喇嘛教」的帖子，以揭穿「假藏傳佛教的神話」爲主題，串聯成書，並附加彩色插圖以及說明，讓讀者們瞭解西藏密宗及相關人事如何被操作爲「神話」的過程，以及神話背後的眞相。作者：張正玄教授。售價200元。

達賴真面目—玩盡天下女人：假使您不想戴綠帽子，請記得詳細閱讀此書；假使您不想讓好朋友戴綠帽子，請您將此書介紹給您的好朋友。假使您想保護家中的女性，也想要保護好朋友的女眷，請記得將此書送給家中的女性和好友的女眷都來閱讀。本書爲印刷精美的大本彩色中英對照精裝本，爲您揭開達賴喇嘛的眞面目，內容精彩不容錯過，爲利益社會大眾，特別以優惠價格嘉惠所有讀者。編著者：白志偉等。大開版雪銅紙彩色精裝本。售價800元。

童女迦葉考—論呂凱文〈佛教輪迴思想的論述分析〉之謬：童女迦葉是佛世率領五百大比丘遊行於人間的歷史事實，是以童貞行而依止菩薩戒弘化於人間的大菩薩，不依別解脫戒（聲聞戒）來弘化於人間。這是大乘佛教與聲聞佛教同時存在於佛世的歷史明證，證明大乘佛教不是從聲聞法中分裂出來的部派佛教的產物，卻是聲聞佛教分裂出來的部派佛教聲聞凡夫僧所不樂見的史實；於是古今聲聞法中的凡夫都欲加以扭曲而作詭說，更是末法時代高聲大呼「大乘非佛說」的六識論聲聞凡夫極力想要扭曲的佛教史實之一，於是想方設法扭曲迦葉菩薩爲聲聞僧，以及扭曲迦葉童女爲比丘僧等荒謬不實之論著便陸續出現，古時聲聞僧寫作的《分別功德論》是最具體之事例，現代之代表作則是呂凱文先生的〈佛教輪迴思想的論述分析〉論文。鑑於如是假藉學術考證以籠罩大眾之不實謬論，未來仍將繼續造作及流竄於佛教界，繼續扼殺大乘佛教學人法身慧命，必須舉證辨正之，遂成此書。平實導師 著，每冊180元。

末代達賴—性交教主的悲歌：簡介從藏傳僞佛教（喇嘛教）的修行核心—性力派男女雙修，探討達賴喇嘛及藏傳僞佛教的修行內涵。書中引用外國知名學者著作、世界各地新聞報導，包含：歷代達賴喇嘛的祕史、達賴六世修雙身法的事蹟，以及《時輪續》中的性交灌頂儀式……等；達賴喇嘛書中開示的雙修法、達賴喇嘛的黑暗政治手段；達賴喇嘛所領導的寺院爆發喇嘛性侵兒童；新聞報導《西藏生死書》作者索甲仁波切性侵女信徒、澳洲喇嘛秋達公開道歉、美國最大假藏傳佛教組織領導人邱陽創巴仁波切的性氾濫，等等事件背後眞相的揭露。作者：張善思、呂艾倫、辛燕。售價250元。

黯淡的達賴—失去光彩的諾貝爾和平獎：本書舉出很多證據與論述，詳述達賴喇嘛不爲世人所知的一面，顯示達賴喇嘛並不是眞正的和平使者，而是假借諾貝爾和平獎的光環來欺騙世人；透過本書的說明與舉證，讀者可以更清楚的瞭解，達賴喇嘛是結合暴力、黑暗、淫欲於喇嘛教裡的集團首領，其政治行爲與宗教主張，早已讓諾貝爾和平獎的光環染污了。　本書由財團法人正覺教育基金會寫作、編輯，由正覺出版社印行，每冊250元。

第七意識與第八意識？—穿越時空「超意識」：「三界唯心，萬法唯識」是佛教中應該實證的聖教，也是《華嚴經》中明載而可以實證的法界實相。唯心者，三界一切境界、一切諸法唯是一心所成就，即是每一個有情的第八識如來藏，不是意識心。唯識者，即是人類各各都具足的八識心王——眼識、耳鼻舌身意識、意根、阿賴耶識，第八阿賴耶識又名如來藏，人類五陰相應的萬法，莫不由八識心王共同運作而成就，故說萬法唯識。依聖教量及現量、比量，都可以證明意識是二法因緣生，是由第八識藉意根與法塵二法爲因緣而出生，又是夜夜斷滅不存之生滅心，即無可能反過來出生第七識意根、第八識如來藏，當知不可能從生滅性的意識心中，細分出恆審思量的第七識意根，更無可能細分出恆而不審的第八識如來藏。本書是將演講內容整理成文字，細說如是內容，並已在〈正覺電子報〉連載完畢，今彙集成書以廣流通，欲幫助佛門有緣人斷除意識我見，跳脫於識陰之外而取證聲聞初果；嗣後修學禪宗時即得不墮外道神我之中，得以求證第八識金剛心而發起般若實智。平實導師 述，每冊300元。

中觀金鑑—詳述應成派中觀的起源與其破法本質：學佛人往往迷於中觀學派之不同學說，被應成派與自續派所迷惑；修學般若中觀二十年後自以爲實證般若中觀了，卻仍不曾入門，甫聞實證般若中觀者之所說，則茫無所知，迷惑不解；隨後信心盡失，不知如何實證佛法；凡此，皆因惑於這二派中觀學說所致。自續派中觀所說同於常見，以意識境界立爲第八識如來藏之境界，應成派所說則同於斷見，但又同立意識爲常住法，故亦具足斷常二見。今者孫正德老師有鑑於此，乃將起源於密宗的應成派中觀學說，追本溯源，詳考其來源之外，亦一一舉證其立論內容，詳加辨正，令密宗雙身法祖師以識陰境界而造之應成派中觀學說本質，詳細呈現於學人眼前，令其維護雙身法之目的無所遁形。若欲遠離密宗此二大派中觀謬說，欲於三乘菩提有所進道者，允宜具足閱讀並細加思惟，反覆讀之以後將可捨棄邪道返歸正道，則於般若之實證即有可能，證後自能現觀如來藏之中道境界而成就中觀。本書分上、中、下三冊，每冊250元，全部出版完畢。

人間佛教—實證者必定不悖三乘菩提：「大乘非佛說」的講法似乎流傳已久，卻只是日本人企圖擺脫中國正統佛教的影響，而在明治維新時期才開始提出來的說法；台灣佛教、大陸佛教的淺學無智之人，由於未曾實證佛法而迷信日本人錯誤的學術考證，錯認爲這些別有用心的日本佛學考證的講法爲天竺佛教的眞實歷史；甚至還有更激進的反對佛教者提出「釋迦牟尼佛並非眞實存在，只是後人捏造的假歷史人物」，竟然也有少數佛教徒願意跟著「學術」的假光環而信受不疑，亦導致部分台灣佛教界人士，造作了反對中國大乘佛教而推崇南洋小乘佛教的行爲，使台灣佛教的信仰者難以檢擇，亦導致一般大陸人士開始轉入基督教的盲目迷信中。在這些佛教及外教人士之中，也就有一分人根據此邪說而大聲主張「大乘非佛說」的謬論，這些人以「人間佛教」的名義來抵制中國正統佛教，公然宣稱中國的大乘佛教是由聲聞部派佛教的凡夫僧所創造出來的。這樣的說法流傳於台灣及大陸佛教界凡夫僧之中已久，卻非眞正的佛教歷史中曾經發生過的事，只是繼承六識論的聲聞法中凡夫僧，以及別有居心的日本佛教界，依自己的意識境界立場，純憑臆想而編造出來的妄想說法，卻已經影響許多無智之凡夫僧俗信受不移。本書則是從佛教的經藏法義實質及實證的現量內涵本質立論，證明大乘佛法本是佛說，是從《阿含正義》尚未說過的不同面向來討論「人間佛教」的議題，證明「大乘眞佛說」。閱讀本書可以斷除六識論邪見，迴入三乘菩提正道發起實證的因緣；也能斷除禪宗學人學禪時普遍存在之錯誤知見，對於建立參禪時的正知見有很深的著墨。平實導師 述，內文488頁，全書528頁，定價400元。

喇嘛性世界—揭開假藏傳佛教譚崔瑜伽的面紗：這個世界中的喇嘛，號稱來自世外桃源的香格里拉，穿著或紅或黃的喇嘛長袍，散布於我們的身邊傳教灌頂，吸引了無數的人嚮往學習；這些喇嘛虔誠地爲大眾祈福，手中拿著寶杵（金剛）與寶鈴（蓮花），口中唸著咒語：「唵．嘛呢．叭咪．吽……」，咒語的意思是說：「我至誠歸命金剛杵上的寶珠伸向蓮花寶穴之中」！「喇嘛性世界」是什麼樣的「世界」呢？本書將爲您呈現喇嘛世界的面貌。當您發現眞相以後，您將會唸：「噢！喇嘛．性．世界，譚崔性交嘛！」作者：張善思、呂艾倫。售價200元。

見性與看話頭：黃正倖老師的《見性與看話頭》於《正覺電子報》連載完畢，今結集出版。書中詳說禪宗看話頭的詳細方法，並細說看話頭與眼見佛性的關係，以及眼見佛性者求見佛性前必須具備的條件。本書是禪宗實修者追求明心開悟時參禪的方法書，也是求見佛性者作功夫時必讀的方法書，內容兼顧眼見佛性的理論與實修之方法，是依實修之體驗配合理論而詳述，條理分明而且極爲詳實、周全、深入。本書內文375頁，全書416頁，售價300元。

實相經宗通：學佛之目的在於實證一切法界背後之實相，禪宗稱之爲本來面目或本地風光，佛菩提道中稱之爲實相法界；此實相法界即是金剛藏，又名佛法之祕密藏，即是能生有情五陰、十八界及宇宙萬有（山河大地、諸天、三惡道世間）的第八識如來藏，又名阿賴耶識心，即是禪宗祖師所說的眞如心，此心即是三界萬有背後的實相。證得此第八識心時，自能瞭解般若諸經中隱說的種種密意，即得發起實相般若——實相智慧。每見學佛人修學佛法二十年後仍對實相般若茫然無知，亦不知如何入門，茫無所趣；更因不知三乘菩提的互異互同，是故越是久學者對佛法越覺茫然，都肇因於尚未瞭解佛法的全貌，亦未瞭解佛法的修證內容即是第八識心所致。本書對於修學佛法者所應實證的實相境界提出明確解析，並提示趣入佛菩提道的入手處，有心親證實相般若的佛法實修者，宜詳讀之，於佛菩提道之實證即有下手處。平實導師述著，共八輯，已於2016年出版完畢，每輯成本價250元。

眞心告訴您(一)——達賴喇嘛在幹什麼？這是一本報導篇章的選集，更是「破邪顯正」的暮鼓晨鐘。「破邪」是戳破假象，說明達賴喇嘛及其所率領的密宗四大派法王、喇嘛們，弘傳的佛法是仿冒的佛法；他們是假藏傳佛教，是坦特羅(譚崔性交)外道法和藏地崇奉鬼神的苯教混合成的「喇嘛教」，推廣的是以所謂「無上瑜伽」的男女雙身法冒充佛法的假佛教，詐財騙色誤導眾生，常常造成信徒家庭破碎、家中兒少失怙的嚴重後果。「顯正」是揭櫫眞相，指出眞正的藏傳佛教只有一個，就是覺囊巴，傳的是 釋迦牟尼佛演繹的第八識如來藏妙法，稱為他空見大中觀。正覺教育基金會即以此古今輝映的如來藏正法正知見，在眞心新聞網中逐次報導出來，將箇中原委「眞心告訴您」，如今結集成書，與想要知道密宗眞相的您分享。售價250元。

法華經講義：此書為平實導師始從2009/7/21演述至2014/1/14之講經錄音整理所成。世尊一代時教，總分五時三教，即是華嚴時、聲聞緣覺教、般若教、種智唯識教、法華時；依此五時三教區分為藏、通、別、圓四教。本經是最後一時的圓教經典，圓滿收攝一切法教於本經中，是故最後的圓教聖訓中，特地指出無有三乘菩提，其實唯有一佛乘；皆因眾生愚迷故，方便區分為三乘菩提以助眾生證道。世尊於此經中特地說明如來示現於人間的唯一大事因緣，便是為有緣眾生「開、示、悟、入」諸佛的所知所見——第八識如來藏妙眞如心，並於諸品中隱說「妙法蓮花」如來藏心的密意。然因此經所說甚深難解，眞義隱晦，古來難得有人能窺堂奧；平實導師以知如是密意故，特為末法佛門四眾演述《妙法蓮華經》中各品蘊含之密意，使古來未曾被古德註解出來的「此經」密意，如實顯示於當代學人眼前。乃至〈藥王菩薩本事品〉、〈妙音菩薩品〉、〈觀世音菩薩普門品〉、〈普賢菩薩勸發品〉中的微細密意，亦皆一併詳述之，可謂開前人所未曾言之密意，示前人所未見之妙法。最後乃至以〈法華大義〉而總其成，全經妙旨貫通始終，而依佛旨圓攝於一心如來藏妙心，厥為曠古未有之大說也。平實導師述，共有25輯，已於2019/05/31出版完畢。每輯300元。

西藏「活佛轉世」制度—附佛、造神、世俗法：歷來關於喇嘛教活佛轉世的研究，多針對歷史及文化兩部分，於其所以成立的理論基礎，較少系統化的探討。尤其是此制度是否依據「佛法」而施設？是否合乎佛法眞實義？現有的文獻大多含糊其詞，或人云亦云，不曾有明確的闡釋與如實的見解。因此本文先從活佛轉世的由來，探索此制度的起源、背景與功能，並進而從活佛的尋訪與認證之過程，發掘活佛轉世的特徵，以確認「活佛轉世」在佛法中應具足何種果德。定價150元。

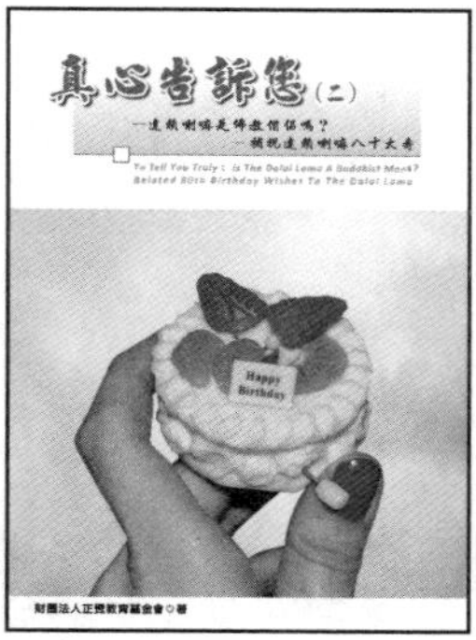

真心告訴您（二）—達賴喇嘛是佛教僧侶嗎？補祝達賴喇嘛八十大壽：這是一本針對當今達賴喇嘛所領導的喇嘛教，冒用佛教名相、於師徒間或師兄姊間，實修男女邪淫，而從佛法三乘菩提的現量與聖教量，揭發其謊言與邪術，證明達賴及其喇嘛教是仿冒佛教的外道，是「假藏傳佛教」。藏密四大派教義雖有「八識論」與「六識論」的表面差異，然其實修之內容，皆共許「無上瑜伽」四部灌頂爲究竟「成佛」之法門，也就是共以男女雙修之邪淫法爲「即身成佛」之密要，雖美其名曰「欲貪爲道」之「金剛乘」，並誇稱其成就超越於（應身佛）釋迦牟尼佛所傳之顯教般若乘之上；然詳考其理論，則或以意識離念時之粗細心爲第八識如來藏，或以中脈裡的明點爲第八識如來藏，或如宗喀巴與達賴堅決主張第六意識爲常恆不變之眞心者，分別墮於外道之常見與斷見中；全然違背 佛說能生五蘊之如來藏的實質。售價300元。

涅槃—解說四種涅槃之實證及內涵：眞正學佛之人，首要即是見道，由見道故方有涅槃之實證，證涅槃者方能出生死，但涅槃有四種：二乘聖者的有餘涅槃、無餘涅槃，以及大乘聖者的本來自性清淨涅槃、佛地的無住處涅槃。大乘聖者實證本來自性清淨涅槃，入地前再取證二乘涅槃，然後起惑潤生捨離二乘涅槃，繼續進修而在七地心前斷盡三界愛之習氣種子，依七地無生法忍之具足而證得念念入滅盡定；八地後進斷異熟生死，直至妙覺地下生人間成佛，具足四種涅槃，方是眞正成佛。此理古來少人言，以致誤會涅槃正理者比比皆是，今於此書中廣說四種涅槃、如何實證之理、實證前應有之條件，實屬本世紀佛教界極重要之著作，令人對涅槃有正確無訛之認識，然後可以依之實行而得實證。本書共有上下二冊，每冊各四百餘頁，對涅槃詳加解說，每冊各350元。

佛藏經講義：本經說明爲何佛菩提難以實證之原因，都因往昔無數阿僧祇劫前的邪見，引生此世求證時之業障而難以實證。即以諸法實相詳細解說，繼之以念佛品、念法品、念僧品，說明諸佛與法之實質；然後以淨戒品之說明，期待佛弟子四衆堅持清淨戒而轉化心性，並以往古品的實例說明歷代學佛人在實證上的業障由來，教導四衆務必滅除邪見轉入正見中，不再造作謗法及謗賢聖之大惡業，以免未來世尋求實證之時被業障所障；然後以了戒品的說明和囑累品的付囑，期望末法時代的佛門四衆弟子皆能清淨知見而得以實證。平實導師於此經中有極深入的解說，總共21輯，已於2022/11/30出版完畢，每輯三百餘頁，售價300元。

大法鼓經講義：本經解說佛法的總成：法、非法。由開解法、非法二義，說明了義佛法與世間戲論法的差異，指出佛法實證之標的即是法——第八識如來藏；並顯示實證後的智慧，如實擊大法鼓、演深妙法，演說如來祕密教法，非二乘定性及諸凡夫所能得聞，唯有具足菩薩性者方能得聞。正聞之後即得依於 世尊大願而拔除邪見，入於正法而得實證；深解不了義經之方便說，亦能實解了義經所說之眞實義，得以證法——如來藏，而得發起根本無分別智，乃至進修而發起後得無分別智；並堅持布施及受持清淨戒而轉化心性，得以現觀眞我眞法如來藏之各種層面。此爲第一義諦聖教，並授記末法最後餘八十年時，一切世間樂見離車童子以七地證量而示現爲凡夫身，將繼續護持此經所說正法。平實導師於此經中有極深入的解說，總共六輯，已於2023/11/30出版完畢，每輯三百餘頁，售價每輯300元。

成唯識論釋：本論係大唐玄奘菩薩揉合當時天竺十大論師的說法加以辨正而著成，攝盡佛門證悟菩薩及部派佛教聲聞凡夫論師對佛法的論述，並函蓋當時天竺諸大外道對生命實相的錯誤論述加以辨正，是由玄奘大師依據無生法忍證量加以評論確定而成爲此論。平實導師弘法初期即已依於證量略講過一次，歷時大約四年，當時正覺同修會規模尚小，聞法成員亦多尚未證悟，是故並未整理成書；如今正覺同修會中的證悟同修已超過六百人，鑑於此論在護持正法、實證佛法及悟後進修上的重要性，已於2022年初重講，並已經預先註釋完畢編輯成書，名爲《成唯識論釋》，總共十輯，每輯目次41頁、序文7頁、每輯內文多達四百餘頁，並將原本13級字縮小爲12級字編排，以增加其內容；於增上班宣講時的內容將會更詳細於書中所說，涉及佛法密意的詳細內容只於增上班中宣講，於書中皆依佛誡隱覆密意而說，然已足夠所有學人藉此一窺佛法堂奧而進入正道、免入岐途。重新判教後編成的〈目次〉已經詳盡判定論中諸段句義，用供學人參考；是故讀者閱完此論之釋，即可深解成佛之道的正確內涵。本書總共十輯，預定每一輯內容講述完畢時即予出版，第一輯於2023年五月底出版，然後每七至十個月出版下一輯，每輯定價400元。

不退轉法輪經講義：世尊弘法有五時三教之別，分爲藏、通、別、圓四教之理，本經是大乘般若期前的通教經典，所說之大乘般若正理與所證解脫果，通於二乘解脫道，佛法智慧則通大乘般若，皆屬大乘般若與解脫甚深之理，故其所證解脫果位通於二乘法教；而其中所說第八識無分別法之正理，即是世尊降生人間的唯一大事因緣。如是第八識能仁而且寂靜，恆順眾生於生死之中從無乖違，識體中所藏之本來無漏性的有爲法以及眞如涅槃境界，皆能助益學人最後成就佛道；此謂釋迦意爲能仁，牟尼意爲寂靜，此第八識即名釋迦牟尼，釋迦牟尼即是能仁寂靜的第八識眞如；若有人聽聞如是第八識常住、如來不滅之正理，信受奉行之人皆有大乘實證之因緣，永得不退於成佛之道，是故聽聞釋迦牟尼名號而解其義者，皆得不退轉於無上正等正覺，未來世中必有實證之因緣。如是深妙經典，已由平實導師詳述圓滿並整理成書，於2024/01/30開始，每二個月發行一輯，總共十輯，每輯300元。

中論正義：本書是依龍樹菩薩之《中論》詳解而成，《中論》是依第八識眞如心常處中道的自性而作論議，亦是依此眞如心與所生諸法之間的非一非異、非俱非不俱等中道自性而作論議；然而自從 佛入滅後四百餘年的部派佛教開始廣弘之時起，本論已被部派佛教諸聲聞凡夫僧以意識的臆想思惟而作思想層面之解釋，此後的中論宗都以如是錯誤的解釋廣傳天下，**積非成是**以後便成爲現在佛教界的應成派中觀與自續派中觀的六識論思想，成爲邪見而荼毒廣大學人，幾至全面荼毒之局面。今作者孫正德老師以其所證第八識眞如的中道性現觀，欲救末法大師與學人所墮之意識境界中道邪觀，造作此部《中論正義》，詳解《中論》之正理，欲令廣大學人皆得轉入正見中修學，而後可有實證之機緣成爲實義菩薩，眞可謂悲心深重也。本書分爲上下兩冊，下冊將於上冊出版後兩個月再行出版，每冊售價300元。

解深密經講義：本經是所有尋求大乘見道及悟後欲入地者所應詳讀串習的三經之一，即是《楞伽經》、《解深密經》、《楞嚴經》三經中的一經，亦可作爲見道眞假的自我印證依據。此經是 世尊晚年第三轉法輪時，宣說地上菩薩所應熏修之無生法忍唯識正義經典；經中總說眞見道位所見的智慧總相，兼及相見道位所應熏修的七眞如等法；亦開示入地應修之十地眞如等義理，乃是大乘一切種智增上慧學，以阿陀那識—如來藏—阿賴耶識爲成佛之道的主體。禪宗之證悟者，若欲修證初地無生法忍乃至八地無生法忍者，必須修學《楞伽經、解深密經、楞嚴經》所說之八識心王一切種智。此三經所說正法，方是眞正成佛之道；印順法師否定第八識如來藏之後所說萬法緣起性空之法，墮於六識論中而著作的《成佛之道》，乃宗本於密宗喀巴六識論邪思而寫成的邪見，是以誤會後之二乘解脫道取代大乘眞正成佛之道，承襲自古天竺部派佛教聲聞凡夫論師的邪見，尚且不符二乘解脫道正理，亦已墮於斷滅見及常見中，所說全屬臆想所得的外道見，不符本經、諸經中佛所說的正義。平實導師曾於本會郭故理事長往生時，於喪宅中從**首七**開始宣講此經，於每一七起各宣講三小時，至**十七**而快速略講圓滿，作爲郭老之往生後的佛事功德，迴向郭老早證八地、速返娑婆住持正法。茲爲今時後世學人故，已經開始重講《解深密經》，以淺顯之語句講畢後，將會整理成文並梓行流通，用供證悟者進道；亦令諸方未悟者，據此經中佛語正義修正邪見，依之速能入道。平實導師述著，全書輯數未定，每輯三百餘頁，預定於《不退轉法輪經講義》發行圓滿之後逐輯陸續出版。

菩薩瓔珞本業經講義：本經是律部經典，依之修行可免誤犯大妄語業。成佛之道總共有五十二階位，前十階位爲十信位，是對佛法僧三寶修學正確的信心，如實理解三寶的實質都是依第八識如來藏而成就的；然後轉入四十二個位階修學，才是正式修學佛道，即是十住、十行、十迴向、十地、等覺、妙覺，分別名爲習種性、性種性、道種性、聖種性、等覺性、妙覺性，所應修習完成的是銅寶瓔珞、銀寶瓔珞、金寶瓔珞、琉璃寶瓔珞、摩尼寶瓔珞、水精瓔珞，依於如是所應修學的內容及階位而實修，方是眞正的成佛之道。此經中亦對大乘菩提的見道提出了判位，名爲「第六般若波羅蜜正觀現在前」，說明正觀現時應該如何方能成爲眞見道菩薩，否則皆必退轉。平實導師述著，全書輯數未定，每輯三百餘頁，預定於《解深密經講義》出版發行圓滿之後逐輯陸續出版。

修習止觀坐禪法要講記：修學四禪八定之人，往往錯會禪定之修學知見，欲以無止盡之坐禪而證禪定境界，卻不知修除性障之行門才是修證四禪八定不可或缺之要素，故智者大師云「性障初禪」；性障不除，初禪永不現前，云何修證二禪等？又：行者學定，若唯知數息，而不解六妙門之方便善巧者，欲求一心入定，未到地定極難可得，智者大師名之爲「事障未來」：障礙未到地定之修證。又禪定之修證，不可違背二乘菩提及第一義法，否則縱使具足四禪八定，亦不能實證涅槃而出三界。此諸知見，智者大師於《修習止觀坐禪法要》中皆有闡釋。作者平實導師以其第一義之見地及禪定之實證證量，曾加以詳細解析。將俟正覺寺竣工啓用後重講，不限制聽講者資格；講後將以語體文整理出版。欲修習世間定及增上定之學者，宜細讀之。平實導師述著。

阿含經講記—小乘解脫道之修證：小乘解脫道之修證：數百年來，南傳佛法所說證果之不實，所說解脫道之虛妄，所弘解脫道法義之世俗化，皆已少人知之；阿含解脫道從南洋傳入台灣與大陸之後，所說法義虛謬之事，亦復少人知之；今時台灣全島印順系統之法師居士，多不知南傳佛法數百年來所說解脫道之義理已然偏斜、已然世俗化、已非眞正之二乘解脫正道，猶極力推崇與弘揚。彼等南傳佛法近代所謂之證果者皆非眞實證果者，譬如阿迦曼、葛印卡、帕奧禪師、一行禪師……等人，悉皆未斷我見故。近年更有台灣南部大願法師，高抬南傳佛法之二乘修證行門爲「捷徑究竟解脫之道」者，然而南傳佛法縱使眞修實證，得成阿羅漢，至高唯是二乘菩提解脫之道，絕非究竟解脫，無餘涅槃中之實際尚未得證故，法界之實相尚未了知故，習氣種子待除故，一切種智未實證故，焉得謂爲「究竟解脫」？即使南傳佛法近代眞有實證之阿羅漢，尚且不及三賢位中之七住明心菩薩本來自性清淨涅槃智慧境界，則不能知此賢位菩薩所證之無餘涅槃實際，仍非大乘佛法中之見道者，何況彼等普未實證聲聞果乃至未斷我見之人？謬充證果已屬逾越，更何況是誤會二乘菩提之後，以未斷我見之凡夫知見所說之二乘菩提解脫偏斜法道，焉可高抬爲「究竟解脫」？而且自稱「捷徑之道」？又妄言解脫之道即是成佛之道，完全否定般若實智、否定三乘菩提所依之如來藏心體，此理大大不通也！平實導師爲令修學二乘菩提欲證解脫果者，普得迴入二乘菩提正見、正道中，是故選錄四阿含諸經中，對於二乘解脫道法義有具足圓滿說明之經典，預定未來十年內將會加以詳細講解，令學佛人得以了知二乘解脫道之修證理路與行門，庶免被人誤導之後，未證言證，梵行未立，干犯道禁自稱阿羅漢或成佛，成大妄語，欲升反墮。本書首重斷除我見，以助行者斷除我見而實證初果爲著眼之目標，若能根據此書內容，配合平實導師所著《識蘊眞義》《阿含正義》內涵而作實地觀行，實證初果非爲難事，行者可以藉此三書自行確認聲聞初果爲實際可得現觀成就之事。此書中除依二乘經典所說加以宣示外，亦依斷除我見等之證量，及大乘法中道種智之證量，對於意識心之體性加以細述，令諸二乘學人必定得斷我見、常見，免除三縛結之繫縛。次則宣示斷除我執之理，欲令升進而得薄貪瞋痴，乃至斷五下分結…等。平實導師將擇期講述，然後整理成書。共二冊，每冊三百餘頁。每輯300元。

＊喇嘛教修外道雙身法，墮識陰境界，非佛教＊

＊弘揚如來藏他空見的覺囊派才是眞正藏傳佛教＊

總經銷：　聯合發行股份有限公司

231 新北市新店區寶橋路 235 巷 6 弄 6 號 4F

Tel.02－2917-8022（代表號）　Fax.02－2915-6275（代表號）

零售：1.**全台連鎖經銷書局：**

三民書局、誠品書局、何嘉仁書店

敦煌書店、紀伊國屋、金石堂書局、建宏書局

諾貝爾圖書城、墊腳石圖書文化廣場

2.**台北市：**佛化人生 **大安區**羅斯福路 3 段 325 號 6 樓之 4　台電大樓對面

3.**新北市：**春大地書店 **蘆洲區**中正路 117 號

4.**桃園市：**御書堂 **龍潭區**中正路 123 號

5.**新竹市：**大學書局 **東區**建功路 10 號

6.**台中市：**瑞成書局 **東區**雙十路 1 段 4 之 33 號

佛教詠春書局 **南屯區**永春東路 884 號

文春書店 **霧峰區**中正路 1087 號

7.**彰化市：**心泉佛教文化中心 南瑤路 286 號

8.**高雄市：**政大書城 **前鎮區**中華五路 789 號 2 樓（高雄夢時代店）

明儀書局 **三民區**明福街 2 號

青年書局 **苓雅區**青年一路 141 號

9.**台東市：**東普佛教文物流通處 博愛路 282 號

10.**其餘鄉鎮市經銷書局：**請電詢總經銷**聯合**公司。

11.**大陸地區請洽：**

香港：樂文書店

銅鑼灣店 :香港銅鑼灣駱克道 506 號 2 樓

電話 :(852) 2881 1150　email: luckwinbs@gmail.com

廈門：廈門外圖臺灣書店有限公司

地址:廈門市思明區湖濱南路809 號 廈門外圖書城3 樓 郵編:361004

電話：0592-5061658（臺灣地區請撥打 86-592-5061658）

E-mail：JKB118＠188.COM

12.**美國：世界日報圖書部：**紐約圖書部　電話 7187468889#6262

洛杉磯圖書部　電話 3232616972#202

13.**國內外地區網路購書：**

正智出版社 書香園地　http://books.enlighten.org.tw/

（書籍簡介、經銷書局可直接聯結下列網路書局購書）

三民 網路書局　http://www.sanmin.com.tw

誠品 網路書局　http://www.eslitebooks.com

博客來 網路書局　http://www.books.com.tw

金石堂 網路書局　http://www.kingstone.com.tw

聯合 網路書局　http://www.nh.com.tw

附註：1.請儘量向各經銷書局購買：郵政劃撥需要八天才能寄到（本公司在您劃撥後第四天才能接到劃撥單，次日寄出後第二天您才能收到書籍，此六天中可能會遇到週休二日，是故共需八天才能收到書籍）若想要早日收到書籍者，請劃撥完畢後，將劃撥收據貼在紙上，旁邊寫上您的姓名、住址、郵區、電話、買書詳細內容，直接傳眞到本公司 02-28344822，並來電 02-28316727、28327495 確認是否已收到您的傳眞，即可提前收到書籍。 2.因台灣每月皆有五十餘種宗教類書籍上架，書局書架空間有限，故唯有新書方有機會上架，通常每次只能有一本新書上架；本公司出版新書，大多上架不久便已售出，若書局未再叫貨補充者，書架上即無新書陳列，則請直接向書局櫃台訂購。 3.若書局不便代購時，可於晚上共修時間向正覺同修會各共修處請購（共修時間及地點，詳閱**共修現況表**。每年例行年假期間請勿前往請書，年假期間請見共修現況表）。 4.郵購：郵政劃撥帳號 19068241。 5.正覺同修會會員購書都以八折計價（戶籍台北市者爲一般會員，外縣市爲護持會員）都可獲得優待，欲一次購買全部書籍者，可以考慮入會，節省書費。入會費一千元（第一年初加入時才需要繳），年費二千元。**6.尚未出版之書籍，請勿預先郵寄書款與本公司，謝謝您！** 7.若欲一次購齊本公司書籍，或同時取得正覺同修會贈閱之全部書籍者，請於正覺同修會共修時間，親到各共修處請購及索取；**台北市讀者**請洽：103 台北市承德路三段 267 號 10 樓（捷運淡水線 圓山站旁）請書時間：週一至週五爲 18.00~21.00，第一、三、五週週六爲 10.00~21.00，雙週之週六爲 10.00~18.00 請購處專線電話：25957295-分機 14（於請書時間方有人接聽）。

敬告大陸讀者：

大陸讀者購書、索書捷徑（尚未在大陸出版的書籍，以下二個途徑都可以購得，電子書另包括結緣書籍）：

1.廈門外國圖書公司：廈門市思明區湖濱南路 809 號 廈門外圖書城 3F
　郵編：361004　電話：0592-5061658　網址：http://www.xibc.com.cn/

2.電子書：正智出版社有限公司及正覺同修會在台灣印行的各種局版書、結緣書，已有『**正覺電子書**』陸續上線中，提供讀者於手機、平板電腦上購書、下載、閱讀正智出版社、正覺同修會及正覺教育基金會所出版之電子書，詳細訊息敬請參閱『正覺電子書』專頁：http://books.enlighten.org.tw/ebook

關於平實導師的書訊，請上網查閱：
　成佛之道　http://www.a202.idv.tw
　正智出版社 書香園地　http://books.enlighten.org.tw/

中國網採訪佛教正覺同修會、正覺教育基金會訊息：

http://foundation.enlighten.org.tw/newsflash/20150817_1

http://video.enlighten.org.tw/zh-CN/visit_category/visit10

★ 正智出版社有限公司售書之稅後盈餘，全部捐助財團法人正覺寺籌備處、佛教正覺同修會、正覺教育基金會，供作弘法及購建道場之用；懇請諸方大德支持，功德無量。

★ 聲　明 ★

本社於 2015/01/01 開始調整本目錄中部分書籍之售價，以因應各項成本的持續增加。

＊ 喇嘛教修外道雙身法、墮識陰境界，非佛教 ＊

＊ 弘揚如來藏他空見的覺囊派才是真正藏傳佛教 ＊

國家圖書館出版品預行編目(CIP)資料

中論正義／孫正德著. -- 初版.
-- 臺北市：正智出版社有限公司, 2024.04
面； 公分

ISBN 978-626-98256-4-6(上冊：平裝)

1.CST: 中觀部 2.CST: 注釋

222.12 113005252

中論正義——上冊

作者：孫正德老師
出版者：正智出版社有限公司
電話：〇二 28327495 28316727（白天）
傳眞：〇二 28344822
111 台北郵政 73-151 號信箱
郵政劃撥帳號：一九〇六八二四一
正覺講堂：總機 〇二 25957295（夜間）
總經銷：聯合發行股份有限公司
231 新北市新店區寶橋路 235 巷 6 弄 6 號 4 樓
電話：〇二 29178022（代表號）
傳眞：〇二 29156275
初版首刷：二〇二四年四月三十日 二千冊
定價：新台幣三〇〇元